# 문화의 이해

조수동 · 김주완 · 이강화 · 이윤아 공저

이문출판사

# 문화의 이해

펴낸곳/이문출판사(변경등록:1994. 6. 3. 제7-20호)
발행인/지경원
지은이/조수동 · 김주완 · 이강화 · 이윤아

초판 발행/2002년 8월 30일
3판 발행/2011년 3월 25일

주소/704-306 대구시 달서구 진천동 581-3
/121-844 서울 마포구 성산동 114-15
전화/02) 359-8250, 053) 624-3113
팩스/02) 359-8251

값 10,000 원

ISBN 978-89-7334-151-1

# 문화의 이해

# 머리말

90년대 이후 우리 사회는 급격한 변화를 경험하게 되는데 이 중에서 가장 두드러진 현상은 문화가 사회의 여러 측면에서 차지하는 역할이 급격하게 증대되었다는 사실이다. 90년대 이전까지 한국 사회에 대한 논의는 하부구조로서의 경제적 관계와 상부구조로서의 정치적 관계이라는 이원론을 전제하면서 이 두 영역의 변화를 위한 실천적 투쟁에 그 초점이 놓여 있었다. 그러나 90년대에 접어들면서 이러한 투쟁방식은 급격히 영향력을 상실하게 되었는데, 그 이유로는 소련을 비롯한 동구사회의 몰락이라는 현실적 조건과 이로 인한 정치의식의 보수화 현상, 그리고 이와 병행하여 광범위하게 확대된 소비문화의 영향력 등을 들 수 있다.

물론 문화 영역의 확대가 곧바로 정치나 경제 영역의 축소를 가져온 것은 아니다. 오히려 정치나 경제의 영역에 문화적인 변화가 침투하여 상호 작용을 불러일으킨다는 식의 설명이 더 정확한 것 같다. 다시 말해서 문화는 소비를 매개로 주체를 형성하는 과정을 통해 사회 전체에 어떤 효과를 낳게 되며 특정한 사회의 변화는 그 단계나 국면에서 문화적 효과의 중층적인 결정을 통해 변화를 가져오게 된다는 것이다. 이리하여 문화를 정치, 경제와는 다른 자율적 영역으로 보았던 근대적 사고는 변화될 수밖에 없다. 이것은 문화의 '자율성'이 사회관계의 재생산과 주체의 개인적, 사회적 형성에 어떤 방식으로 개입하는지 파악하는 것이 중요하다는 것을 보여준다.

이 중에서 특히 대중문화는 쾌락과 재미, 오락을 생산하고 그것을 소비하는 통로를 통해서 사회적 상징 체계를 생산, 재생산하고 유통시키는데 이러한 과정에서 물적 토대인 경제적인 관계에 영향을 미치며 자본을 축적하게 한다. 또 그 가치의 침전물이나 제도, 관습의 사회적인 형성을 통해 사회적인 하나의 체계를 형성하는데, 이것이 사회활동의 전체를 이루게 된다. 이처럼 대중문화의 급속한 발전은 대중문화를 단지 문화, 예술적인 것의 차원에서 논의하는 것을 불가능하게 만들었다. 이처럼 대중문화의 확산은 후기 자본주의 사회라고 칭해지는 자본주의 발전의 새로운 단계와 맞물려 있는 것이다.

이렇게 볼 때 치부의 수단으로 보든, 전복과 해체를 위한 사회적 운동 수단으로 보든, 문화가 이제는 그 어느 것보다 강력한 도구가 되었다는 사실은 아무도 부인할 수 없다. 문화에 대한 관심이 경제적 이유에 있다면 단순히 상업주의를 탓하기 전에 화폐를 지불하면서 문화적 상품을 소비하는 사회적 현상을 분석해야 한다. 문화가 사회변혁 운동의 수단이라면 그 속에 담긴 어떤 메시지가 변화를 가져오는지를 밝혀 내어야 한다. 대중문화가 설사 특정 이데올로기로 포장되어 있다고 하더라도, 다시 말해서 삶과 사회를 보는 특정한 관점이 특정 상품 속에 담긴 메시지를 생산하고 유포시킨다고 하더라도 이에 대해서 가치 판단을 하기 전에 객관적 분석이 선행되어야 하는 것이다.

여기에서 문화를 새로운 눈으로 읽고 보는 일이 일상 생활에서 왜 중요한가가 설명되어진다. 이는 문화가 사회적으로 팽창되는 경제적 사회적 여건에 대해서 살펴보면서 보다 구체화되고 장기적인 접근과 비평이 요구된다는 점을 인식했음을 의미한다. 다시 말해서 확장된 시야와 생생한 비평을 위해, 그리고 문화와 대중문화에 대한 비평을 위해 대중문화를 보다 객관적으로 보는 관점이 요구된다. 문화에 대해 보다 총체적이고 종합적으로 접근하기 위해서는 그 이데올로기와 문화산업, 의식산업의 정치경제학적 기초에 대해 보다 과학적으로 이해해야 한다. 문화 연구와 비평은 문화의 구체적 현상이 담고 있는 내용에 접근하는 방법론적 확장이 크게 요구된다. 예를 들어 문화적 '텍스트'의 구체적인 현상을 '기호'로 보고 그 상징과 이미지를 연구하는 '기호학적' 접근법을 참고할 수 있다. 따라서 문화 비평은 이제 몇몇 비평가의 몫이 아니라 소비 중심의 자본주의 사회에서 인간의 물신화와 인간성의 왜곡을 극복하는 자기 정화의 운동으로 자리잡혀야 한다. 이를 위하여 일상적인 비평이 솔직하고 전투적으로 이루어져야 한다. 단지 대중문화의 재미에 매몰되지 말아야 하며, 그로부터 진보성의 힘을 발견하는 것이 되어야 할 것이다.

이 책은 대중문화를 바라보는 여러 시각의 전개와 그 변천과정을 알기 쉽게 소개함으로써 전문 연구자는 물론 이제 막 문화에 대해 관심을 가지기 시작하는 예비연구자들 및 독자들에게도 비교적 쉽게 접근할 수 있는 입문서라 볼 수 있다. 이를 위해서 문화 연구를 위한 중요한 방법론, 즉 대중문화, 이데올로기 등의 기본적인 개념들의 조망에서부터 영국의 문화주의, 구조주의, 마르크스주의, 페미니즘, 생태학, 그리고 최근의 포스트모더니즘에 이르기까지 다양한 시각 등을 제시하고 있다.

물론 이 책에서 설명되는 방법론이 주로 미국 및 유럽 문화권의 대중문화 연구성과에 집중되어 있기 때문에, 우리 사회에 이러한 이론들을 적용시키는 데는 어느 정도 한계가 있음을 부인할 수 없다. 따라서 독자들은 이 책에서 제시된 방법론의 사회 문화적, 역사적 특수성에 대한 충분한 고려가 있어야 할 것이다. 그러나 다른 한편으로 문화의 지구화 혹은 세계화 현상은 특정 문화가 고립된 상황에서 고유한 양식으로 머무르는 것을 불가능하게 한다는 점에서 이러한 방법론의 보편성을 확인할 수 있다.

이 책은 4명의 저자가 공동 집필하였다. 따라서 개념들을 정의하면서 가끔 중복된 부분이 나타난다. 이 점 독자 여러분의 양해를 구한다. 책의 집필에 있어 잘못된 부분은 이후 수정하고자 한다. 마지막으로 상업성이 보장되지 않는 이러 종류의 책을 기꺼이 출판해 주신 이문출판사의 지경원 사장님에게 심심한 감사를 표하며 출판사의 발전을 기원한다.

2002. 8.

**지은이** 일동

# 목 차

## 제2부 문화의 이해

## 제3부 현대문화의 제영역

# 제1부 문화의 의미

# 1장. 문화란 무엇인가?

## 1. 문화란 무엇인가?

### 1) 왜 문화인가?

문화만큼 일상생활에서나 학문적으로 흔하게 사용되는 개념도 드물 것이다. 그것은 그만큼 문화가 우리들의 삶에 중요한 의미를 갖기 때문이다. 문화가 우리들의 삶에 있어 중요한 이유를 살펴보면 그것은 대체로 다음과 같은 몇 가지로 말해질 수 있다. 첫째, 문화는 인간의 다양한 삶의 양식을 총괄적으로 표현한다. 둘째, 과학기술의 발전으로 인한 대량 생산과 대량 소비가 이루어져 민족과 계층을 초월한 인류 보편의 문화를 가능하게 하였다. 셋째, 인류 보편의 문화는 문화의 다양성을 가져온다. 문화가 대중문화 특히 예술, 오락분야로 발전함으로써 문화는 더 이상 종래와 같이 특권층의 전유물이 아닌 누구나 다 향유할 수 있는 것이 되었다. 문화가 보편화됨으로써 문화는 시·공간의 제약을 벗어나 모든 사람들에게 개방되는 이른바 다양한 문화사회의 성립을 가능케 하였다.

문화는 우리가 일상적으로 사용하고 있는 개념이지만, 그 정확한 개념 정의는 쉽지 않다. 레이먼드 윌리엄즈 Raymond Williams는 문화는 영어 단어 가운데서 가장 난해한 몇 단어들 중의 하나라고 하고 있는데, 그의 이 말은 문화라는 개념이 여러 계층에서 복잡 다양하게 사용되고 있어 정의하기가 쉽지 않음을 의미한다 하겠다. 따라서 문화의 정의는 다양할 수밖에 없다. 그 정의가 다양하다는 것은 아직까지 확정된 정의가 없다는 것을 의미한다. 문화는 사회학, 역사학, 인류학, 철학 등 여러 분야에서의 정의가 가능하다. 그러므로 문화에 대한 올바른 정의를 내리기 위해서는 다양한 학문간의 상호 접근과 이해, 교류가 필요하다. 이것은 문화의 분석을 통한 문화 자체에 대한 연구보다는 인간과 인간의 삶의 본질적인 모습에서 문화 연구는 시작되어야 한다는 것을 말해준다. 인간과 인간이 살고 있는 사회와 인간의 삶의 방식, 삶의 구조에 대한 이해를 통해 문화는 이해될 수 있다.

### 2) 문화의 의미

'문화'란 culture의 번역어이다. culture는 라틴어인 cultura를 어원으로 하는데, 이 말은 '보살핀다', '경작한다', '재배한다', '양육한다'는 뜻을 갖는 colera라는 동사에서 유래하고 있다. 그 형용사는 '경작하다', 혹은 신체를 '훈련하다' 등을 의미하는 colo이다. 그러므로 문화라는 말에는 인간의 손으로 만들어낸 것이라는 의미 즉 자연 상태에 있는 것에 대해서 인간이 만들어낸 것이란 뜻을 가지고 있다. 물론 인간이 만들어낸 것이라 해도 문화라 하기 위해서는 거기에 일정한 형식이 있어야 한다.

인류 역사를 통해서 보면 도구의 제작에서 비롯하는 '인류 혁명'을 문화의 탄생이라 할 수 있다. 그리고 보다 복잡한 기술에 의한 자연의 가공이 이루어진 '농업 혁명'은 문자 그대로 '경작하는 것 cultura'으로서 보다 높은 문화의 형성이라 할 수 있다. 문화가 정신적 의미를 갖는 '도야', '교양' 등의 의미로 사용되기 시작한 것은 로마시대 키케로에 의해서이다. 이후 문화는 물질적 영역을 가꾸는 것보다 마음(정신)을 가꾸는 특히 도덕적 정신을 함양하는 것으로 사용되고 있다.

레이먼드 윌리엄즈는 그의 『문화의 분석』에서 문화를 정의함에 있어서는 세 가지 일반적인 범주가 있다고 하고 있다. 그것을 살펴보면, 첫째, 문화는 어떤 절대적 또는 보편적 가치의 측면에서 이상적인 것으로, 인간이 완벽함에 이르는 과정이나 그 상태이다. 이것에 의하면 문화 분석의 역할은 생활이나 작품 속에서 영원한 질서를 구성하는 또는 보편적 인간의 상태와 연관을 갖는 가치들을 찾아내고 묘사하는 것이라 할 수 있다. 그는 문화를 “현실적인 사회적 판단 과정 위에 위치하면서 동시에 완충적이며, 새로운 선택을 제공하는 인간의 마지막 대법정”이라고 하였다. 두 번째, 문화는 문서화된 기록들, 즉 기록된 텍스트의 실천행위로 이루어진 것이다. 문하는 인간의 생각과 경험들이 구체적인 방법으로 다양하게 기록된 지적, 상상적 작업의 유기체라는 것이다. 문화는 인간 표현의 정수를 찾아낼 때까지 비판을 통해 가려내는 작업이다. 세 번째, 문화는 특정한 사회 방식에 대한 묘사를 의미한다. 이것은 문화에 대한 사회적 정의로 문화주의의 출발에 있어 가장 핵심적인 것이다.[1)]

레이먼드 윌리엄즈는 문화 개념의 변천사를 다음과 같이 말하고 있다. 첫째, 문화는 토지를 경작하거나 곡식을 재배하고 가축을 기르는 행위이다. 둘째, 문화는 정신·예술·문명의 배양 즉 지적·정신적·심미적 발전의 일반 과정이다. 셋째, 문화는 산업 발전의 일반적 과정 그리고 보편적 과정으로서의 문화, 즉 지적, 특

1) John Storey, 『대중문화와 문화연구』, 박만준 역, 경문사, 2002, 62쪽 참조.

히 예술적 활동의 산물이나 실천이다. 넷째, 문화는 특정 민족이나 시대, 집단이 공유하는 특정한 삶의 방식이다. 다섯째, 문화는 하나의 사회적 질서가 반드시 그것을 통해 전달, 재생산, 체험되고 탐구되는 의미화 체계이다. 즉 문화는 의미를 생산하는 실천이다.[2)]

이것을 통해서 우리는 문화라는 개념이 시대적으로 어떻게 변천되어 왔는가를 짐작할 수 있다. 특히 레이먼드 윌리엄즈는 문화에 대한 사회적 정의에는 문화가 특정한 삶의 방식의 표현이라는 인류학적 입장과 문화가 어떤 의미와 가치의 표현이며, 문화 분석 작업이 특정한 삶의 방식이나 특정한 문화에 내재되거나 표출된 의미와 가치를 밝히는 일이어야 한다는 3가지 요소를 가지고 있어야 한다고 말한다. 문화의 사회적 정의에 포함된 세 요소가 바로 문화주의의 일반적 관점과 기본 과정들인데, 그것들은 특정한 생활 방식으로서 문화, 특정한 생활 방식의 표현인 문화와 그 방식을 재구성하는 방법으로서 문화 분석이다.[3)]

우리는 일반적으로 문화에 대해 광의와 협의의 두 가지 정의를

---

2) Raymond Williams, Keywords, Fontana Paperbacks, 1983, pp. 87~93 참조. 박훈하, 김용구 편저, 『2000 문화가 선 자리』, 2001. 세종출판사, 48~49쪽 주 7번 재인용.

3) John Storey, 같은 책, 61~62쪽 참조. 레이먼드 윌리엄즈는 위와 같은 그의 문화에 대한 견해를 바탕으로 넓은 의미에서 문화를 다음과 같이 정의하고 있다. 첫째, 문화는 지적, 정신적, 심미적 능력을 개발하는 일반과정을 일컫는다. 둘째, 문화는 한 인간이나 한 시대 혹은 한 집단의 특정한 생활 방식을 가리킨다. 셋째, 문화는 지적 산물이나 지적 행위, 특히 예술 활동을 일컫는다. 바꾸어 말하면 이는 의미를 나타내거나 생산하는 혹은 의미 생산의 근거가 되는 것을 그 주된 기능으로 하는 텍스트나 문화적 행위를 말한다. 즉 의미를 나타내는 실천행위와 동일하다.

말할 수 있다.

첫째, 넓은 의미에서 보면, 문화는 자연에 대립되는 인간의 모든 활동과 그 활동의 산물을 가리킨다. 이것은 인간만이 문화를 창출할 수 있다는 관념을 토대로 하고 있다. 그래서 문화적 행위와 그 산물이 인간을 동물로부터 구분시켜 주는 것이라 본다. 문화에 대한 이러한 이해에는 일반적으로 인간의 보편적 가치에 대한 믿음이 깔려 있다. 인간의 보편적인 가치를 실현시키며, 인간화에 기여할 수 있는 것을 문화라 한다는 것이다.

그리고 문화는 사회과학적, 인류학적 의미에서 보면 인간의 지적, 실천적, 정신적, 물질적인 모든 산물을 가리키는 것이다. 즉 인간의 육체적, 정신적인 모든 활동의 산물 혹은 그 양식을 가리킨다. 그러므로 문화는 인간의 삶의 양식 자체이거나 그것을 결정하는 모든 요소 혹은 영역을 포괄한다. 우리들의 삶을 영위하는 데 필수적인 의식주나 종교, 철학, 과학, 가치들의 신념 체계나 사회, 정치, 경제적 활동, 법과 관습, 그들로부터 파생되는 모든 산물이 문화에 포함된다. 각자의 개별적인 문화들은 각자 독자성과 자율성을 가지면서도 서로 연관되어 있다.

그런데 이러한 것들을 모두 문화 속에 포함할 수 있는 것은 문화의 규범성에 있다. 규범은 문화의 속성으로서 인간의 자율적 결정에 의해서 인간이 제작한 상징 체계 속에서 기호 혹은 의미로 존재하는 관념적 질서를 의미한다. 이 때 체계, 기호, 의미로서의 규범과 이 규범에 의해서 존재하는 문화는 가시적 세계에서 시간과 공간 속에 존재하는 자연과 존재론적으로 서로 대치되며, 이러한 사실은 자연과 문화의 구별이 형이상학적 성격을 띠고 있음을 전제한다. 그러나 문화적 산물이 근원적으로 자연에서부터 비롯되었다면, 다시 말해서 자연 전체가 인간의 정신적 활동을 통해서

변형한 것에 불과하다면 자연과 문화에 대한 이러한 형이상학적 구분은 별로 타당하지 않을 수도 있다.[4)]

둘째, 좁은 의미에서의 문화는 인간의 모든 활동 중에서 경제적, 정치적인 활동과 구분되는 활동인 정서적 가치의 표현을 말한다. 이것에 의하면 문화는 인간의 창조적인 정신 활동의 산물이다. 창조적 사고와 행위는 환경세계에 대한 인간 자신의 이해에 대한 표상으로 창조적 행위는 인간의 본래적인 능력이며, 품성으로 인간의 표현적 욕구에 기인한다. 여기에는 학문, 예술, 종교 활동 및 그 산물들이 포함되는데, 비록 예술작품이 아니더라도 특수한 건축, 특수한 공산품들이 문화의 범주에 속할 수 있는 것은 그러한 것들의 실용성의 차원이 아니라 예술성 혹은 심미성에서 그 가치를 인정할 수 있기 때문이다. 특히 우리가 일반적으로 창조적 활동이라 할 때 그것은 예술활동이 주된 것이 된다. 예술작품이 문화라는 범주에서 중요한 영역을 차지하는 이유는 예술이 무엇보다도 인간의 삶에 있어서 필수 불가결한 요소이기 때문이다. 예술은 문화의 가장 구체적이면서도 실제적인 표현이 되며, 따라서 예술은 문화에 커다란 영향을 미치며, 그 문화의 방향을 잡는 데 도움을 주기도 한다.[5)]

지금까지의 문화에 대한 개념 정의를 통해서 보면 문화는 넓은 의미에서 우리들의 삶의 표현이라 할 수 있다. 그렇지만 문화가 우리들의 삶의 표현이라 하더라도 그것은 인간의 활동과 그 활동에서 나타나는 산물을 가리키기 때문에 그러한 측면에서 본다면 문화는 인간의 의도적인 행위의 산물이다. 우리들은 우리들 자신과 우리들이 살고 있는 환경세계에 대해 어떤 일정한 규정을 갖고

4) 김영필 · 이강화, 『철학의 근본문제들』, 학문사, 1998, 296쪽 참조.
5) 김영필 · 이강화, 같은 책, 297쪽 참조.

있지만, 그러한 일정한 규정과 환경에 만족하지 않는다. 인간은 자신이 포함되어 있는 환경세계를 개선하려는 경향성을 가지고 있다. 문화는 환경세계를 개선시키려는 우리들의 의지, 그리고 그 의지가 반영되어 나타난 행동과 그 결과로서의 산물이다. 따라서 문화는 인간의 의식적인 행위에서 규정될 수 있다.

그런데 오늘날에 있어 문화는 대중문화를 지칭하는 경우가 많다. 대중문화는 고급문화와 구별된다. 대중문화는 일반적으로 하위문화이지만 현재의 문화를 주도하고 있다. 특히 전통적으로 서민들과 괴리되어 귀족의 전유물로 고급문화의 영역을 이루었던 예술의 영역에서 대중문화화 현상이 현저하게 나타나고 있다. 이러한 대중문화를 가능케 한 것은 물질문명의 발달에 따른 문화의 상업화에 의해서이다.

문화를 인간의 활동과 그 활동의 산물이라고 하게 되면, 문화는 인간이 직접 노동을 통해 자연으로부터 어떠한 가치나 의미를 발생시키는 활동이나 그 결과물이 된다. 거기에는 의미와 가치에 대한 이해 관계가 표현되고 실현되어 있다. 그러므로 문화는 하나의 복합적인 연관 관계 즉 자연적, 사회적 생활 조건에 대한 인간의 실천적 관계이다.

현대 자본주의는 모든 문화적 생산물을 화폐와 교환대상으로 봄으로써 문화 규정에도 많은 변화를 초래케 하였다. 자본주의 사회에서는 상품과 화폐의 가치를 문화적 영역으로 침투시킴으로써 대중문화의 등장을 가능하게 하였다. 대중문화는 자본에 의해 생산되고 분배되어 상품 소비자에게 수용됨으로써 대중의 일상적 삶과 의식을 지배하게 된다. 대중문화의 발달은 종래 고급문화로부터 소외되었던 민중들이 쉽게 문화를 접할 수 있는 문화적 민주주의를 가능케 하였지만, 다른 편에서는 자본의 논리에 의한 문화의 동질화와 저속화를 초래하여 문화의 수준 저하를 불러왔다. 그리고 대중문화는 건전한 비판의식 대신 향락과 군중심리를 조장함으로써 대중들을 조종할 수 있는 도구로 사용되기도 한다. 다시 말하면 문화가 지배 체제를 옹호하고 유지하기 위한 이데올로기 역할을 할 수도 있다는 것이다.

## 2. 문화 상대주의

문화에는 여러 가지 다양한 정의가 가능함을 살펴보았다. 그래서 문화는 때와 장소, 집단과 집단 사이에서 서로 다르게 정의될 수 있다. 왜냐하면 한 국가의 사회 체계, 예절, 규범, 관습 등 우리가 문화라고 부를 수 있는 것이 다른 국가의 그것과 다르기 때문이다. 그럼에도 불구하고 18세기이래 세계를 지배하게 된 유럽인들은 자신들의 문화에만 보편성을 부여하고, 자신들의 문화를 객관적인 잣대로 삼아 자신들과 다른 문화 즉 비유럽적인 문화를 가치 없는 것으로 보았다. 그래서 유럽인들은 자신들과 문화가 다른 비유럽인들을 무지하고 계몽되어야 할 대상으로 생각했다.

서구인들의 문화와 문명에 대한 이러한 판단 기준은 유럽인들의 자기 민족 중심주의, 자기 문화 우월주의, 문화 제국주의적인 입장에서 나온 것이다. 그런데 서구인들이 가지고 있던 이러한 문화적 우월주의가 흔들리게 된 것은 문화 상대주의의 등장에 의해서이다.

문화 상대주의는 콩트, 타일러, 스펜서, 모건 등 문화 진화론자들에 의해서 주장되었고, 19세기 내지 20세기에는 민족주의에 대한 반동에서 문화 상대주의가 주장되었다. 또한 근래의 페미니즘

운동이나 문화 복수주의 운동도 유럽인들의 유럽문화 중심주의를 비판한다. 문화 상대주의적 입장은 문화는 삶을 영위하고 있는 인간 존재 활동의 어떤 특수한 양태이기 때문에 보편적이고 가치론적인 문화는 인정할 수 없다는 것이다. 따라서 문화 이념은 상대적일 수밖에 없다는 것이다.

문화 상대주의란 개개의 문화는 현실적으로 서로 다르다는 것에 근거한다. 개개의 문화는 각기 특수성과 독자성을 가지고 있어서 이들 여러 개별 문화들 사이에 가치 우열은 없다. 특정한 시기와 특정한 지역에 살고 있는 사람들은 각자 독자적인 문화를 이루고 있다. 그리고 그들 개별문화들에는 가자 고유한 가치가 있다. 우리들과 다른 문화를 이해하기 위해서는 먼저 다른 개별문화에 대한 가치를 인정하고 상호 존중하여야 한다. 문화 상대주의에 의하면 적어도 문화 현상에 있어 한 문화 현상의 우월성을 결정하는 보편적 잣대는 존재하지 않으며, 한 문화의 가치와 의미는 그 문화의 독특한 맥락 안에서만 평가되고 이해될 수 있다는 것이다.[6)]

철학사적인 입장에서 보면 문화 상대주의도 여러 상대주의들 가운데 하나이다. 상대주의에 의하면 진리는 그 자체적으로 정당한 것이 아니라 다른 어떤 조건에 의존한다. 그리고 그 조건이 변함에 따라 진리도 변할 수 있다고 한다. 그 조건이 무엇이냐에 따라 상대주의의 명칭이 달라지는데, 문화 상대주의는 문화가 조건인 경우이다.

그런데 문화 상대주의는 문화를 이해하는 데 있어 몇 가지의 장점을 제공해 준다. 첫째, 우리가 선호하고 우리가 정당하다고 믿고 있는 문화의 절대적 기준 그 자체를 회의하게 함으로써 열린 마음

---

6) 김영필 · 이강화, 같은 책, 299쪽.

으로 다른 문화들을 볼 수 있게 한다. 둘째, 우리는 더 이상 다른 시대나 다른 사회의 문화양식이 우리 자신의 시대나 사회의 그것보다 더 열등하거나 더 우수하다고 볼 수 없게 되었다. 결국 다른 규범과 도덕적 가치를 그대로 받아들이고 공존하고 합의하는 일, 다시 말하면 서로 관용을 베푸는 것이 문화 상대주의의 장점인 것이다. 어느 편도 결정적으로 정당하다는 것이 입증되지 않는 한 자신의 견해를 상대방에게 억지로 강요할 수는 없을 것이다.[7)]

그리고 문화간의 충돌이나 한 문화가 다른 문화를 지배했을 때의 문화는 절대주의 문화관, 혹은 세계 시민적 보편적 문화관, 자기 민족 중심주의에 바탕하고 있었다. 개별문화의 다양성과 독자성을 인정하고, 문화의 충돌이 아닌 문화 공존으로 나아가기 위해서는 각자의 문화에 대한 가치 인정이 우선되어야 한다.

문화 상대주의가 문화를 이해하는 데 있어 이러한 장점을 분명 가지고 있지만 거기에 전혀 문제가 없는 것은 아니다. 각 민족이나 종족이 가지고 있는 독특한 문화현상을 인권, 관용, 자비와 같은 현대 인류의 보편적 가치에서 보면 거기에는 분명 비가치적인 것들이 존재한다. 이러한 것들을 문화 상대주의적 입장에서 옹호할 수는 없을 것이다. 왜냐하면 문화는 인간이 부여하는 가치의 구현체로서 보편적 가치에 부응해야 하기 때문이다.

문화에 있어 보편성의 추구는 어떤 하나의 객관적 상황에서는 사회 집단마다 다를 수 있다. 그러나 그 방안의 효율성은 지리적, 문화적, 정치적, 역사적인 측면에서 객관적으로 측정할 수 있고, 또 그 방안의 우월성을 결정할 수 있다. 예를 들면 일부일처제나 민주주의 제도 등이 그것이다. 일부의 극단적인 예를 제외하면 이

7) 김영필 · 이강화, 같은 책, 299쪽.

들은 일부다처제나 독재주의보다 훨씬 더 가치를 가지고 있다. 이와 같이 어떤 문화에 대해 그 문화적 가치의 우월성은 측정할 수 있다. 그러므로 한 시대 혹은 한 지역의 문화의 우월성을 다른 지역 혹은 다른 시대의 문화에 비추어 언급할 수 있는 것이다. 이것은 문화가 고정된 것이 아니라 인류의 오랜 역사적 삶을 통해 항상 변화를 거듭하기 때문이다.

## 3. 문화와 문명

### 1) 문명의 의미

문화는 문명을 구성하는 개별적 요소이며 그 양상이다. 문명과 문화의 관계는 위계적인 관계가 아니라 총체와 개체, 복합성과 단일성, 내재와 외형, 제품과 재료의 포괄적 관계이다. 예컨대 문명이 총체로서의 피륙이라면 문화는 개체로서의 재료인 날줄과 씨줄이다. 문화와 문명의 구별은 문명의 비교 연구를 위해서 매우 중요한 과제이지만, 문화와 문명의 구별은 분명치 않는 점이 있다.

일반적으로 문명이란 국가의 성립, 계급의 분화, 문자의 발명을 수반한 '도시 혁명' 이후 인간이 만든 것을 문명이라 한다. 예컨대 메소포타미아 문명, 이집트 문명, 인도 문명, 중국의 은(殷) 문명 등이 그것이다.

문명(civilisation)의 어원은 라틴어 civilizatio(도시화)이다. civis는 '시민'이라는 뜻이고, civilis는 '시민의'란 형용사이다. civilizatio는 그와 같은 도시민 신분을 지니는 일, 또는 도시민 신분을 가진 상태를 뜻한다. 이 말은 로마 시민을 다른 평민이나 야만족과 구분하는 civilitas(시민의 자격이 있음)이라는 말과 관련이 있다.

문명이란 개념은 18세기 이후 '문명화된'이라는 의미 즉 '예절바른', '세련된'이라는 의미로 주로 프랑스 궁전에서 사용되기 시작했다. 이것은 귀족 계층의 행동 방식, 생활 방식을 의미하는 말이었다. 산업혁명 이후 이 개념은 중산 계층의 증가에 따라 그들의 이상적인 인간사회를 의미하는 말로 사용되게 된다.

이러한 변천을 통해서 보면 서구에서의 문명이라는 개념은 야만성으로부터 탈피하여 합리적, 이성적 지식을 기반으로 하는 인간의 업적이나 행동양식을 의미하고 있음을 알 수 있다. 여기에는 다른 민족, 다른 문화에 대한 서구인의 우월감을 암묵적으로 드러내고 있다.

세계 4대 문명이라는 말에서 나타나는 것처럼 문명은 문화보다는 훨씬 넓은 의미를 가지고 있으며, 보다 넓은 지역에 보편적으로 분포하고 있고 조직화되어 있다. 이와 같이 대규모의 공고한 조직화, 제도화, 통합화가 문명의 특징으로 그것은 '도시 혁명'의 필연적 결과였다. 나아가서 '정신 혁명'을 거친 고대의 그리이스 문명과 중국 문명, 더 내려와서 '과학 혁명'을 겪고 난 이후의 근대의 과학 기술문명은 모두 도시 문명의 공통성을 지니고 있다. 특히 근대 과학 기술문명은 문명의 최고 수준에 도달한 형태라 볼 수 있다.

문명이란 인간의 육체적 정신적 노동을 통하여 창출된 결과물의 총체로서 물질문명과 정신문명으로 대별된다. 문명의 생명은 공유성이다. 인류 문명은 자생(自生)성과 모방성에 의해 탄생하고, 발달하며 풍부해진다. 자생성은 문명의 내재적이고 구심적인 속성으로서 문명의 보편성과 개별성을 규제한다. 모방성은 문명의 외연적이고 원심적인 속성으로서 문명의 전파성과 수용성을 결과한다. 따라서 자생성과 모방성은 문명의 2대 속성인 동시에 문명 발달의 2대 요소이기도 하며, 서로 상보·상조적인 관계에 있다.

문명권이란 문명의 전승이나 전파를 통해 이루어진 공통적인 문명 구성요소들을 공유한 국가나 민족, 지역을 망라하여 형성된 문명의 역사적 및 지역적 범주를 말한다.[8] 하나의 문명권이 형성되기 위한 전제 조건은 다음과 같다.

첫째, 다른 지역 문명과 구별되는 일련의 독창적인 문명 구성요소들을 공유해야 한다. 둘째, 하나의 문명은 시대적으로 장기간 존속해야 하고, 특정한 지역에 비교적 넓게 유포되어야 한다. 셋째, 장기간에 걸쳐 지역 사회 전반에 영향력을 지속적으로 행사할 수 있는 생명력이 유지되어야 한다.

문명이란 사회=문화적 통일체이며, 특정 지역에서 일정한 기간 동안 지속하는 문화적 통일체이다. 문명의 탄생 이유는 복합적이지만, 이떤 이유로 문명이 탄생한 다음에는 성장과 번영, 좌절과 해체를 거쳐서 사멸해 간다. 토인비에 의하면 이집트와 메소포타미아에서 5천년 전에 인류 최초의 문명이 탄생한 이후 21개 내지는 23개의 문명이 흥망과 성쇠를 반복해 왔는데 현존하는 문명은 7개이다.

토인비는 세계사를 구성하는 궁극적인 단위가 문명이며, 이 문명을 단위로 역사를 구분하여 비교 연구해 가는 것을 문명론이라고 하였다. 역사적으로 하나의 국가가 그 국가의 명칭을 바꾸고, 왕조가 교체되고, 국가를 구성하는 민족이 바뀌어지기도 하고, 때로는 보다 더 큰 국가에 통합되어도 그 국가 사회를 지탱하고 있는 것이 동일문화이면 즉 국가의 흥망을 지탱하고 있는 사회의 주

---

8) 정수일, 『고대문명교류사』, 사계절, 2001, 29쪽.

체가 동일문화의 지배를 받는다면, 이 사회=문화적 통일체를 문명이라 한다는 것이다.

### 2) 문명 진화론과 문명 교류

문명은 진화한다. 문명의 진화(문화의 진화)란 장기간에 걸쳐서 문명이 단계적으로 하나의 유형에서 다른 유형으로 변해 나가는 것을 말한다. 즉 문명이 시간의 연속선상에서 장기적으로 단계적으로 변화가 거듭된다고 보는 것이다.[9] 문명이 진화한다고 해서 그것이 생물체의 진화와 동일한 방식으로 진화하는 것은 아니다. 문명의 진화는 모방과 학습에 의해서 이루어진다. 그것은 한 문명체계 내에서의 새로운 문명요소의 발명이나 발견에 의해서 일어나거나, 서로 다른 문명간의 접촉에 의한 문명의 전파에 의해서도 일어난다.

문명진화론은 맬더스, 스펜서, 모건, 타일러 등에 의해서 주장되었다. 사회학자인 맬더스는 1798년 그의 저서『인구론』에서 적자생존의 원리를 제시했고, 스펜서 H. Spencer는 1852년「발전가설」에서 문명진화론을 피력했다. 인류학의 선구자인 모건 H. Morgan과 타일러 E. B. Tylor도 문명진화론을 주장했다. 이들의 문명진화론에 의하면 문명은 세계의 모든 사회에서 기본적으로 동일한 양식으로 연속적인 발전 단계를 따라 진화한다는 것이다.[10] 이러한 문명진화론은 각 사회의 문화적 다양성이나 구체적인 현상을 무시했다는 단점이 있다. 그래서 스튜어트 J. Steward는 다선진화론(多線進化, multilian evolution)을 주장했는데, 그것에 의하면 모

---

9) 정수일, 같은 책, 25쪽.
10) 정수일, 같은 책, 25~26쪽.

든 문명은 동일한 선을 따라 진화하는 것이 아니라 여러 선을 따라 진화한다는 것이다.

문명의 기원에 대해서는 두 가지 설이 있다. 하나는 문명이 한 곳에서 발생한 후 다른 지역으로 확산되었나는 일원적인 발전 단계설 즉 문명단원설(文明單元說, 문명일원설)과 다른 하나는 여러 문명이 제각기 자생한 후 발달되어 왔다는 다문화권설, 문명복원설(文明復原說)이 있다. 문명단원설은 문명의 이동에 바탕을 두고 있다. 이 설에 의하면 문명의 유일한 발상지는 이집트로 여타 세계의 문명은 모두 이집트로부터 이동·확산되었다는 설이다. 문명단원설에 의하면 문명의 역사는 오리엔트→그리스·로마→중세 그리스도교 세계→근대 서구 문명→서구 문명의 세계화라는 단선적인 계보를 그리면서 이어져 왔다고 본다. 이 견해에 따르게 되면 이집트 문명 이외 다른 문명권의 고유한 발전은 무시되거나 아니면 서구 문명에 종속시켜 서구 중심의 척도로 문명을 이해하게 된다. 문명단원설은 유라시아 대륙의 서쪽에 자리한 서구 뮤명의 발선에만 초점을 맞춘 것으로 서구 중심의 문명 설명이라 하겠다.

다문화권설, 문명복원론은 다니레프스키, 슈펭글러, 토인비에 의해서 주장되는 문명론이다. 이들은 서구 중심의 일원적인 문명사관을 부정하고, 과거에서부터 현재까지 인류문명은 복수의 문명들이 독자적인 형태를 가지고 존재해 오고 있다고 주장한다. 그들은 서구 문명도 그러한 복수문명 중의 하나일 뿐이라는 것이다. 이와 같이 병립하고 있는 독자적인 문명의 발전을 비교 고찰해 가려는 입장을 문명사관(文明史觀)이라 부른다.

문명 교류란 구성 요소를 달리하는 문명간의 상호 전파와 수용을 말한다. 문명의 기본적인 속성이 자생성과 모방성에 있기 때문에 한 문명의 다른 문명과의 교류는 불가피한 현상이다. 다시 말하면 한 문명이 발전하기 위해서는 다른 문명과의 접촉과 교류가 필요하다는 것이다. 문명 교류의 구체적인 과정은 문명의 전파와 다른 문명의 수용에 의해 실현된다. 문명 교류의 이러한 속성 때문에 그것은 물리적 거리나 여러 가지 장애 요인이 있음에도 불구하고 진행된다.

문명 교류를 통해서 개개의 문명은 자기의 고유 문명을 창조하고 발전시켜 나가게 된다. 문명 전파에는 직접적으로 전파되는 경우와 제3자를 통한 전파가 있다. 전파에 의해 이동된 문명이 다른 문명 속에 합류, 정착, 수용되는 과정은 어디까지나 선택적인 과정이다. 선택된 전파문명만이 살아 남을 수 있다. 이 접촉 과정에서 피전파문명 속에서는 이른바 문명 접변이라는 문명적 변동이 일어난다. 순기능적인 수용에 의한 접변은 선진문명의 창조라든가 전통문명(피전파문명)의 풍부화 등 창조적이고 긍정적인 좋은 결과를 초래한다. 두 문명의 융합 현상이 여기에 속한다. 역기능적인 수용에 의한 접변은 피전파문명의 해체나 퇴화 등 파괴적이고 부정적인 나쁜 결과를 낳는다. 이러한 두 문명 접변의 나쁜 결과로 인해 제3의 문명이 형성되는 융화와 일방적인 흡수인 동화 현상이 나타난다.[11]

문명이란 문화의 발전 형태이다. 그것은 '도시 혁명'을 통한 도시문명에서부터 오늘의 과학 기술문명에까지 이어지고 있다. 이렇게 볼 때, 문화와 문명은 대립된 개념이 아니라 연속적인 것이며, 문명이란 하나의 진보된 '특수한' 문화의 양상을 뜻하는 것이 된다.

---

11) 정수일, 같은 책, 39쪽 참조.

# 2장. 문화와 예술

'문화예술'이라는 말이 자연스럽게 쓰이고 있다. 나아가 '문화예술계', '문화예술인'이라는 말 또한 공공연히 쓰여지고 있고, 듣는 이에게도 거부감 없이 받아들여지고 있다. 인터넷 검색창의 상하위 분류 영역 안에도 '문화예술'이란 항목이 있다. 한국의 경우 국가기관으로도 <한국문화예술진흥원>이 있고, 지역마다 <문화예술회관>이 자리잡고 있다. 단위가 더욱 세분화되어 <청소년문화예술회관>이라는 곳도 현대식 건물로 번듯하게 문을 열어놓고 있다. 그러나 '문화예술'이란 도대체 무엇을 의미하는가? 누구도 분명하게 말할 수는 없는 것 같다. 국어사전이나 백과사전에서도 찾을 수 없는 말이 '문화예술'이다.

'문화예술'이라는 말은 '문화'와 '예술'의 복합어이다. 두 개념을 따로따로 보았을 때, 외연의 일치는 부분에 국한된다. 그리고 예술은 문화에 포섭되는 관계에 있다. 그러니까 모든 예술은 문화에 포함될 수 있지만 모든 문화가 모두 예술인 것은 아니다.

여기서는 '문화'와 '예술'이라는 두 개념의 말뜻과 본질특징, 유사성과 차별성, 관계 등을 살펴봄으로써 정보화 사회에서 쓰여지고 있는 '문화예술'이라는 말이 실제로 무엇을 의미하는 것이며, 그것이 개념적으로 성립될 수 있는가를 살펴보기로 한다.

## 1. 문화예술의 말뜻

### 1) 문화

서양어에서 문화라는 용어는 라틴어의 cultura에서 파생한 culture를 번역한 말로 본래의 뜻은 경작이나 재배였는데, 나중에 교양·예술 등의 뜻을 가지게 되었다. 교양과 예술은 인간이 가진 소양을 가꾸고 키움(경작함)으로써 성장하고 성숙할 수 있다는 데서 의미의 전이가 생겼다고 할 수 있다. 성장이나 성숙은 앞뒤의 단계가 있다. 미숙이 있고 완숙이 있는 것이다. 그래서 영어로는 '쿨투르(culture)'가 '하이 컬처(high culture)'로 번역되어 '고급문화'를 의미하게 된다. 그러니까 "유럽사회의 교육을 잘 받은 엘리트에 의해 수용되는 예술, 음악, 문학 및 기타 상징적 산물을 가리키는"[12] 것이 문화라는 것이다. 여기에 따랐을 때 인간은 문화인과 야만인, 또는 지식인과 무식인으로 구분된다.

그러나 현대에 와서 문화라는 개념도 꾸준히 확대되는 과정에 있다. "당초에 문화라는 말은 종교, 예술, 과학, 국가운영의 기술과 같은 인간의 고도의 지적·정신적 생활이 미치는 범위에서의 다양한 표현들을 망라하는 말이었다."[13] 여기서 문화를 정신에 연결시키고 문명을 기술에 연결시키는 개념의 분화가 나타나 '정신문화'와 '기술문명(물질문명)'이라는 개념도 생겨져 나왔다. 그러나 문화를 이런 개념으로 보는 방식은 이미 그 유효성을 잃어버린 지

12) 허버트 J. 갠스, 『대중문화와 고급문화』, 강현두 역, 나남출판, 1998, 29쪽.
13) C. A. 반 퍼어슨, 『문화의 전략』, 오영환 역, 1981, 6쪽.

가 오래 되었다. 현대 문화철학자인 반 퍼어슨 같은 사람은 "문화는 인간의 삶의 방식을 표현하는 것"[14]이라고 본다. 그러니까 예술, 과학, 종교만이 문화가 아니라, 인간과 자연의 만남이나 죽음과 삶, 성적 사랑, 재화 획득의 방법, 상품의 제조 등의 이러한 모든 것이 문화의 일부를 이룬다고 보는 것이다. 이보다 앞선 시대의 영국의 인류학자 E. B. 타일러는 저서 『원시문화 Primitive Culture』(1871)에서 문화란 "지식·신앙·예술·도덕·법률·관습 등 인간이 사회의 구성원으로서 획득한 능력 또는 습관의 총체"라고 정의를 내린 바 있다.

따라서 서양에 있어서 전통적인 문화개념과 현대적인 문화개념은 다음과 같이 정리될 수 있다. 서양의 전통적인 문화개념은 다음과 같다.

① 구미풍(歐美風)의 요소나 현대적 편리성(문화생활·문화주택 등).

② 높은 교양과 깊은 지식, 세련된 생활, 우아함, 예술풍의 요소(문화인·문화재·문화국가 등).

③ 인류의 가치적 소산으로서의 철학·종교·예술·과학 등을 가리킨다.[15]

그러나 서양 현대의 사회과학, 특히 문화인류학에서는 미개와 문명을 가리지 않고, 모든 인류가 문화를 소유하며 인류만이 문화를 가진다고 생각한다. 여기서는 문화란 인류에서만 볼 수 있는

---

14) C. A. 반 퍼어슨, 같은 책, 6쪽.

15) ③의 경우는 독일의 철학이나 사회학에 전통적인 것이며, 인류의 물질적인 소산을 문명이라 부르고 문화와 문명을 구별하고 있다. ①과 ②의 경우는 문화가 없는 인류가 과거에 존재하였고, 현재도 존재하고 있다는 것이다.

사유, 행동의 양식(생활방식) 중에서 유전에 의하는 것이 아니라 학습에 의해서 소속하는 사회(협동을 학습한 사람들의 집단)로부터 습득하고 전달받은 것 전체를 포괄하는 총칭이 된다.

동양에서의 문화개념은 한자어의 자원에서 찾아볼 수 있다. 문화에 있어서 문(文)의 자원(字源)은 상형으로서, 무늬가 놓인 모양을 본뜬 그림이 발달한 자이다. 그러므로 '무늬'란 뜻을 나타낸다. 따라서 인간이 다른 동물이나 식물과는 다르게 가지는 무늬와 색깔로 꾸며진 것이 '문(文)'이다. 물론 여기서도 인간의 고도의 지적·정신적 생활이 미치는 범위에서의 다양한 표현들을 망라하는 것이라는 뜻이 함의되어 있다. 그래서 동양에서의 문화개념이 가지는 사전적 의미는 다음과 같다.

① 문덕(文德)으로써 교화(敎化)함. 문치교화(文治敎化).

② 인지(人智)가 깨고 세상이 열리어 밝게 됨.

③ 자연을 이용하여 인류의 이상을 실현해 나아가는 정신 활동.

그러니까 과학·예술·교육·정치·경제·법률·풍속·종교 등의 발달과 변천을 통해 만들어진 인류의 정신적·사회적 소산(所産)이 동양에서의 문화이며, 그것은 미개의 상태에서 만개의 상태로 나아가는 방향을 취하게 된다. 그러나 세계화라는 거대한 조류를 타고 동양에서의 문화개념도 오늘날에 와서는 보다 많은 것을 지칭하고 있다.

어쨌든 동서양을 막론하고 오늘날 문화라는 말은 너무 폭넓게 쓰여지고 있다. 주형일은 "오늘날 '문화'라는 단어는 너무나 여러 분야에서 대단히 많은 것들을 지칭하는 데 사용되고 있기 때문에 명확하게 그것을 구분하기가 쉽지 않다"[16]고 한다.

---

16) 장-피에르 바르니에, 「문화의 세계화에 대한 몇 가지 생각 들」, 『문화의 세계화』, 주형일 역, 한울, 2000, 157쪽.

## 2) 예술

동서양을 막론하고 예술이란 원래 기술과 같은 의미를 지닌 말이었다. 기술이란 어떤 물건을 제작하는 능력을 가리킨다. 자원이나 어원을 살펴보기로 하자.

예술이라는 한자에서 '예(藝)'는 본디 '심는다(種 · 樹)'는 뜻이었다. 심는 데는 기술이 필요하다. 기술적으로 잘 심은 나무는 살아서 자라고 그렇지 못한 나무는 죽고 마는 것이다. 따라서 '예(藝)'는 '기능(機能)' '기술(技術)'을 의미하며 고대 동양에서 사대부가 필수적으로 갖추어야 하는 덕목이었다. 육예(六藝 : 禮 · 樂 · 射 · 御 · 書 · 數)에서의 '예'는 인간적 결실을 얻기 위하여 필요한 기초 교양의 씨를 뿌리고 인격의 꽃을 피우는 수단으로 여겼던 만큼 거기에는 인격도야의 의의도 있다. '예(藝)'가 가지는 '심는다(種 · 樹)'는 이러한 의미는 '경작'을 의미하는 서양어에서의 '문화'와 아주 유사하다. 그리고 '술(術)'은 본디 '나라 안의 길(邑中道)'을 의미하며, 이 '길(道 · 途)'은 어떤 곤란한 과제를 능숙하게 해결할 수 있는 실행방도(實行方途)로서 역시 '기술'을 의미하는 말이다. 이와 같은 뜻을 지닌 '예술'이라는 말은 고대부터 동양에 존재하였으며, 『후한서(後漢書)』 「안제기(安帝紀)」에 이미 '백가예술(百家藝術)'이라는 기록으로 나타난다.

서양어에 있어서, 예술에 해당하는 그리이스어 테크네(techn), 라틴어 아르스(ars), 영어 아트(art), 독일어 쿤스트(Kunst), 프랑스어 아르(art) 등도 일반적으로 일정한 과제를 해결해낼 수 있는 숙련된 능력 또는 활동으로서의 '기술'을 의미하였던 말로서, 오늘날 미적(美的) 의미에서의 예술이라는 뜻과 함께 '수공(手工)' 또는 '효용적 기술'의 의미를 포괄한 말이었다. 이러한 기술로서의 예술의 의미가 예술활동의 특수성 때문에 미적 의미로 한정되어 기술일반과 예술을 구별해서 '미적 기술(fine art)'이라는 뜻을 지니게 된 것은 18세기에 이르러서이다.

이와 같이 보았을 때, 예술의 의미는 동서양을 막론하고 공통적으로 기술과 연관을 가진다. 그러나 그것은 기술일반이 아니라 미적 창조와 감상의 기술이다. 여기서 우리는 예술의 사전적 의미를 되새기게 된다. 예술의 사전적 의미는 "인간의 정신적·육체적 활동을 빛깔·모양·소리 등에 의하여 미적(美的)으로 창조·표현하는 일, 또는 그것의 성과"[17]이다. 아름다운 빛깔로 창조한 것은 미술이고 아름다운 모양으로 창조한 것은 조각이며, 아름다운 소리로 창조한 것은 음악이다. 창조·표현하는 일이 곧 기술이며, 그러한 미적 기술의 성과는 즐거움의 원천이 된다. 아름다운 소리로 창조·표현한 기술의 산물인 음악은 곧 말 그대로 '소리의 즐거움(音樂)'인 것이다.

따라서 예술이란 미적(美的) 작품을 형성시키는 인간의 창조 활동을 말한다. 예술은 자연이 아닌 인위이며, 그 인위는 사람이 가진 재주나 기능에 의하여 이루어지는 인위이다. 다만 그 목적이 아름다움과 즐거움을 추구하는데 있다는 데서 예술은 예술 이외의 다른 인위와 구별이 된다. 예술 즉, "미적(美的) 작품을 형성시키는 인간의 창조 활동"에는 우리가 흔히들 말하는 '창작'과 '감상'이 모두 포함될 수 있다. 감상을 감상의 자유라는 보다 적극적인 입장에서 본다면 "감상자 나름대로의 추창작 또는 재창작"이라고 볼 수 있기 때문이다.

---

17) 신기철·신용철, 『새 우리말 큰사전』 하, 제5차 수정 증보 제1판, 삼성출판사, 1984, 2406쪽.

## 2. 본질특징

### 1) 문화

문화의 특징은 우선 전통의 전달 수단으로 볼 수 있다. 전통이란 푸이용(J. Pouillon)이 『민족학 · 인류학 사전』(1991)에서 정의한 바와 같이 "과거로부터 현재까지 지속되어 현재에도 전해지고 계속 살아 움직이며, 그것을 받아들여 다음 세대에 전하는 사람들의 인정을 받는 그 무엇"이다.[18] 그러므로 문화는 전승되고 습득되는 것이다. 쟝-피에르 바르니에는 문화의 본질특징을 다음과 같이 정리한다.

> 문화는 한 사회의 구성원인 인간이 취득한 규범, 습관 그리고 행동과 표상 지침으로 이루어진 복잡한 총체이다. 모든 문화는 특수한 것이고 지역적, 사회적으로 구분되며 주어진 한 언어 안에서의 담론적 표현 대상이고, 집단과 개인들에게는 정체성과 다른 사람에 대한 차이를 만드는 요소이며, 사회 성원들이 서로에 대해 그리고 그들의 환경에 대해 가지는 방향지시의 요소이다. 모든 문화는 역사적 맥락에 따라 재구성된 전통들을 통해 전달된다.
>
> 문화는 종교, 교육, 음식, 예술, 유희의 행위와 믿음들로 이루어져 있다. 문화는 또 혈족, 가족 그리고 정치 집단의 규칙들과도 연관되어 있다.[19]

문화에 대한 이러한 개념 규정은 윌리엄즈의 문화이론이 가지는

18) 쟝-피에르 바르니에, 같은 책, 16쪽.
19) 쟝-피에르 바르니에, 같은 책, 25쪽.

두 가지 경향과도 상통한다. 윌리엄즈에 따르면, 문화는 '일상적인 것'이며, '삶의 전체방식'이라는 것이다.[20] 문화란 우리가 생각할 수 있는 최고의 것도 아니고, 성취된 문명의 정상이나 완벽함의 이상도 아니다.[21] 문화는 또한 "인간의 생각과 경험이 구체적인 방법으로 다양하게 기록된 지적, 상상적 작업의 유기체"[22]이다. 여기에서 문화란 인류에서만 볼 수 있는 사유, 행동의 양식(생활방식) 중에서 유전에 의하는 것이 아니라 학습에 의해서 소속하는 사회로부터 습득하고 전달받은 것 전체를 포괄하는 총칭이 된다.

문화의 기원은 대개 인류의 뇌의 발달 결과로 설명한다. 혹은 직립보행과 언어의 사용, 도구의 제작이라는 측면에서 설명하기도 한다. 오늘날에 와서는 후자가 정설로 되어 있다. 이에 따르면, 인류의 직립 2족 보행(直立二足步行)이라는 생물학적 조건이 손 2개와 손가락 10개의 기능과 신경 계통을 발달시켜 신경 조정을 복잡·고도화하였다고 본다. 뿐만 아니라 이에 연유하여 언어의 사용과 도구의 제작을 가능하게 되었다는 것이다. 즉 문화와 신체는 병행하여 진화 과정을 밟았으며, 서로 원인이 되고 결과가 되었다. 따라서 인류는 다른 생물과 같은 유전과 변이의 반복만이 아니라, 특수화하고 복잡하게 발달한 대뇌와 신경 계통을 통하여 인류사의 어느 단계에서부터 급속히 문화를 발달시켰던 것이다.

문화는 학습에 의하여 사회적으로 습득·전달된다고 하지만, 그러한 일은 유인원에게서도 어느 정도 볼 수 있다. 또 도구의 제작을 문화의 특성이라고 하지만, 이것 역시 원인에게서 찾아볼 수

---

20) 이동연, 『대중문화연구와 문화비평』, 문화과학사, 2002, 16쪽 참조.
21) 스튜어트 홀, 『스튜어트 홀의 문화이론』, 임영호 편역, 한나래, 1996, 206쪽 참조.
22) Raymond Williams, The Long Revolution, Middlesex, 1965, p.57.

있다. 그러므로 학습이나 사회적 전달도 그 자체만으로는 인류에게 특유한 것이라고 말할 수 없다. 인류의 학습은 유전에 의해서만 이루어지는 것이 아니고, 사회적 전달도 몸짓이나 음성에 의해서만 되는 것이 아니다.

인류의 학습이나 사회적 전달은 언어의 상징화(심벌화) 작용을 주요 수단으로 하여 사고(思考)의 추상화, 사고의 체계화, 복잡・광범위한 전달이라는 형태를 취하고 있다. 이러한 점에서 인류는 다른 생물과 다르다. 언어는 음성을 자의적으로 끼워 맞춘 것이 아니라, 특정한 음성을 특정한 배열에 따라 짜맞추어 인류 스스로가 그 집단에 통용되는 특정한 의미를 부여한 다음, 이를 상징으로서 사용하는 것이다. 이러한 언어의 싹이 유인원에게 있었는지의 여부에 대해서는 학설이 갈라지는데, 인류의 문화는 언어와 함께 시작된다는 것이 통설이다. 따라서 "한 문화에 동화된다는 것은 우선 그 언어에 동화된다는 것"[23]에 다름 아니게 된다. 언어학자 클로드 아제쥬(Claude Hagège)는 「인간의 언어행위」라는 논문(1998)에서 전 세계에 약 6천 개의 언어가 있고 그에 상응하는 언어 공동체들이 있다고 추정한다."[24] 그렇다면 그만큼 많은 6천 개의 문화 영역이 있다는 말이 된다.

문화를 성립시키는 요소들은 여러 가지이지만, 기술・가치・사회관계・언어 등 4가지, 또는 여기에 물질을 덧붙여 5가지로 크게 나눌 수 있다. 이러한 요소들은 독자적인 기능과 작용을 가지면서 내부적으로는 서로 보족・관련할 뿐 아니라, 구조적・기능적으로 통합적인 전체를 이룬다. 즉 기술이나 경제는 진화와 진보라는 척도로 측정되는 데 대하여, 예술이나 종교와 같은 가치의 세계에서는 그러한 척도가 적용

23) 장-피에르 바르니에, 같은 책, 19쪽.
24) 장-피에르 바르니에, 같은 책, 19쪽.

되지 않는다. 또 사회 관계(결혼·친족 관계·지연적 연결 등)는 기술이나 가치와 깊은 관련을 가지면서도 독자적인 법칙을 가지고 있다. 언어 역시 다른 요소들에 의한 영향을 가장 받기가 어렵다는 성질을 가지면서도 상징화 작용에 의해 문화의 학습과 문화의 전달에 커다란 역할을 수행한다. 그러나 결코 이 요소는 따로따로 있는 것을 자의적으로 끌어 모은 것이 아니다. 따라서 문화는 무기물(無機物)이 아니다. 각 요소가 유기적(有機的)으로 통합되어 하나의 전체를 이루며, 그 전체가 개성을 지닌다.[25]

이러한 맥락에서 반 퍼어슨은 문화를 명사가 아닌 동사로 본다. 문화는 문화유산의 단순한 집합이 아니라는 것이다. 문화는 인간의 일상생활에 있어서 다양한 행동 양식과 유기적으로 관련되어 있으며 그것은 변화의 과정 자체로 파악된다.

문화는 예술 작품이나 책, 생활 도구 등 문화유산의 집합이 아닐 뿐더러 박물관과 대학 건물, 회의장이나 세무서를 모두 모아 놓은 것은 더더구나 아니다. 문화는 이제 도구와 무기 제작, 춤과 서약송(誓約頌) 의식, 육아법과 정신질환자 치료법, 성애와 사냥, 의회 소집과 칵테일 파티 등에서의 다양한 행동 양식과 관련되어 있는 것으로 이해된다.

…그러므로 문화는 항상 변화에 관한 이야기요, 기존 문화 패턴의 변형에 관한 역사이다.

문화 개념은 그러므로 이제 훨씬 더 넓어졌고 역동적인 개념으로 자리잡게 되었다.[26]

이러한 점에서 문화는 유기체를 닮았으나, 문화에는 가치라는 면이 있으며, 이것이 통합에 큰 역할을 한다는 것을 생각할 때,

---

25) 쟝-피에르 바르니에, 같은 책, 19쪽 참조.

26) C. A. 반 퍼어슨, 『급변하는 흐름 속의 문화』, 강영안 역, 서광사, 1994, 21쪽.

A. L. 크로버가 주장하듯이 문화에 초유기성(超有機性)을 인정하지 않을 수 없을 것 같다. 이러한 의미에서 문화를 통합 형태(configuration)라 부르며, 개별문화에는 패턴(pattern : 型·類型·範型)이라든지 주제(theme)가 있다고 한다. 이는 지역이나 집단에 따라 특유한 성격을 띠는데, 지역적 분포상으로 보아 비슷한 문화패턴을 지닌 것을 문화 영역(culture area) 또는 문화권(文化圈 : Kulturkreis)이라 부른다. 이러한 패턴 중에서 어느 정도까지 과학적으로 파악할 수 있는 상태에 있는 것이 민족성이나 국민성이며, 그밖에도 범위를 잡기에 따라 통속적으로 무수한 것을 들 수 있다.

이같이 이질성(異質性)·독자성을 전제로 하는 복수(複數)의 패턴은 저마다 장기간에 걸쳐 그 통합성을 유지하며, 단기적으로 보았을 때는 좀처럼 변화하지 않는다. 그러나 내부의 여러 문화 요소가 지닌 상관적 관련에 어떤 모순이 생기고 확대되면, 그 통합성이 무너져 변화하게 되며 다른 통합 형태가 형성된다. 그리하여 민족성과 국민성도 역사의 큰 흐름 속에서는 변모한다. 문화의 패턴이 변하기 어렵다고는 해도, 직접 눈으로 보고 귀로 들을 수 있는 여러 문화 요소(顯在的 문화)는, 그 바탕이나 배경에 존재하여 지각될 수 없으나 그 문화의 담당자에게는 의식적·무의식적으로 인식되는 여러 문화 요소(숨은 문화)에 비하면, 상대적으로 변하기 쉽다. 같은 시기에 이처럼 여러 문화 요소간에 변화의 차가 있을 때, 그 변화가 늦어지는 경우를 문화적 지체(cultural lag)라고 한다.

라틴 문화나 이슬람 문화를 보더라도, 정치·경제 체제상의 변혁은 있었으나 그 배후에 있는 사람들의 기풍이나 일상생활의 미묘한 측면은 좀처럼 변하지 않는다. 이질적·개별적 문화의 범위를 넘어, 근친상간(近親相姦)의 금지 등이 인류에게 보편적으로 인정되는 것을 보면, 문화는 이질성과 함께 동질성(同質性)도 갖추고 있는 것으로 생각된다. 이 동질성에 대해서는 아직 충분히 구명되지 않았지만, 개별문화가 역사의 과정에서 차례로 붕괴하여도 다른 개별문화가 뒤이어 생겨나는 것은 이러한 동질성이 일정한 역할을 수행하기 때문일 것이다. 이질성만 보면 문화의 상대성이 강조된 나머지 인간성의 존재마저 부정하지 않을 수 없을 것이다.[27]

단기적으로 보면 문화는 변하기 어려운 성질을 가지면서도 장기적으로는 변하게 된다. 문화가 변화한다고 했을 때, 여러 문화요소 중에서 그 문화를 움직이는 결정적인 동인이 무엇인지, 나아가서 문화의 변화를 가져오는 궁극적인 것이 무엇인지에 대해서는 의견이 반드시 일치하지는 않는다. 어떤 사람은 이를 가치 체계에서 구하고 어떤 사람은 기술에서 구한다. 이러한 논의는 모두 넓은 의미로는 문화변화론에 통하는 요소를 가지고 있다.

문화변화론에 관한 학설은 대개 다음과 같이 나누어 볼 수 있다.

① 단선적 진화론(單線的進化論) : 문화는 세계 어디서나 동일한 과정을 거쳐 진화한다는 입장.

② 독립기원설(獨立起源說) : 인류의 마음과 뜻은 어디서나 비슷하므로 비슷한 현상에 대해서는 비슷한 반응을 보이며, 그 때문에 개별적인 조건에 따라서 비슷한 여러 가지의 이질적 문화가 생긴다는 입장.

③ 전파설(傳播說) : 인류의 발명·발견의 능력은 한정되어 있으

27) C. A. 반 퍼어슨, 같은 책, 21쪽 참조.

므로, 특정 지역·민족에 발생한 문화는 다른 지역·민족에 전파한다는 입장.

④ 다선적 진화론(多線的進化論) : 각지의 조건에 따라 특정 문화가 각각 진화 과정을 밟는다는 입장.

전파설의 입장에서 "모든 문화간의 교차결합(cross-links) 현상"[28]이 더욱 가속화되고 있다는 것이 현대의 특징이다. 이러한 사정을 반 퍼어슨은 다음과 같이 설명하고 있다.

> 세계는 점점 넓어지고 있다. 지구 반대편에서 일어난 사건을 텔레비전을 통해 안방에서 볼 수 있고, 햄버거와 콜라, 청바지는 세계 도처에 넘쳐흐르고 낯선 사상과 입장은 벽과 경계를 넘나들고 있다. 그러면서 세계는 점점 좁혀지고 있다. 나라와 나라 사이는 그 어느 때보다 가까워지고 있고 다양한 문화가 공존했던 세계는 하나의 세계가 되고 있다. 그래서 많은 사람들이 지적하고 있듯이 바치 '지구촌'이라는 한 마을에 살고 있는 듯한 느낌을 받는다.
>
> 그런데 '좁고도 넓은' 이 지구 공동체는 새로운 차원을 갖게 되었다는 사실에 주목해야 한다. 이것은 문화의 역할과 관련이 있다. '문화'는 이제 예술, 종교, 박물관, 학교, 규범에 한정되지 않는다. 인간이 스스로 결정해야 할 일이 있다면 그 일이 모두 '문화'이다. 음식을 먹더라도 인간은 짐승처럼 그렇게 '자연'에 따라 본능적으로 먹지 않는다. 음식을 먹는 데도 일정한 형식이 있고 절차가 있고 관습이 있다. 개는 한국의 개든, 네덜란드의 개든, 일본 개든, 독일 개든 간에 먹는 방식이 모두 같다. 하지만 인간은 나라에 따라 요리하는 방식이나 습관이 서로 다르다. 죽는 것도 마찬가지다. 동물은 그냥 죽어가지만, 인간은 죽는 데도 절차가 있고 의식이 있다. 이와 같이 문화는 전승된 사물(예술품, 암기해야 할 생활규범 등)에 그치지 않는다. 문화는 무엇보다

---

28) C. A. 반 퍼어슨, 같은 책, 10쪽.

> "결정하고 변형하고 새로운 대안을 찾는 인간의 활동"이다. 문화는 정태적이기보다는 역동적이고, 명사적이기보다는 오히려 동사에 가깝다.
>
> 이것은 두 가지 결과를 가져온다. 첫째, 세계는 점점 하나의 세계가 되고 있지만 문화에는 다양성과 차이가 있다는 사실이다. 종교, 도덕 규범, 건축 양식, 요리 방식은 다채롭고도 다양하다. 둘째, 교육과 정치, 경영 등에 문화적 차원이 있다는 사실을 인식해야 한다는 것이다. 무엇을 배우기만 하는 것이 교육이 아니듯이 힘겨루기를 하는 것만이 정치가 아니고, 경제적 이윤 추구만이 기업 경영의 목적이 아니다. 종교적 신념, 도덕적 가치, 사회적 요구, 미래에 대한 결단 등 문화적 가치가 이 모든 분야에 함께 영향을 미치고 있다.[29]

문화의 세계화 시대를 맞이하고 있는 현대에 있어서 각각의 문화적 이질성에 대한 인정과 고유성에 대한 존중이 토대가 되는 위에서 비로소 문화의 생산적 활용 방안이 모색되어야 할 당위성이 자리하고 있다고 할 수 있다.

### 2) 예술

예술이란 무엇인가? 우선 우리는 인간을 인간 이외의 다른 존재와 구별시켜 주는 여러 가지 중의 하나가 예술이라고 할 수 있다. 인간이 짐승이나 맹수 혹은 식물과 다른 점은 여러 가지가 있다. 인간을 이성적 존재라고 하거나, 생각하는 갈대라고 하거나, 자기 의식을 가진 존재라고 하거나 혹은 도덕적 존재나 문화적 존재하고 했을 때, 이러한 인간 규정 모두는 다른 존재와 차별화 되는 인간의 특성을 말하는 것이다. 이러한 인간 규정에 대한 논의는 인간학의 소관사이다. 여기서 인간을 문화적 존재라고 하는 입장이

29) C. A. 반 퍼어슨, 같은 책, 3~4쪽.

예술로서 인간을 특징짓고자 하는 우리의 입장을 포섭한다고 볼 수 있다. 왜냐하면 문화는 예술을 포괄한다고 보아야 하기 때문이다. 요컨대 예술은 인간 이외의 어떤 동물도 가지고 있지 않으며 오직 인간만이 가지고 있는 것이다.

인간은 어떻게 예술을 가지는가? 인간은 눈만 뜨면 직·간접적으로, 의식적·무의식적으로 예술을 접하게 되고 그 속에서 하루를 꾸려간다. 라디오에서 흘러나오는 음악, TV에서 보는 각종 광고와 드라마와 기타의 영상들, 벽에 걸린 한 폭의 회화, 달력 속의 그림들, 집의 벽지와 거실의 바닥재와 가구의 무늬와 장식들, 커피잔과 티스푼, 갖가지 색깔과 소재와 디자인의 옷들, 시계·만년필·라이터·귀걸이·목걸이·반지·팔지 등 각종 생활용품과 장신구 등을 접하거나 착용하면서 살아간다. 뿐만 아니라 영화관이나 전시장이나 공연장 또는 서적이나 컴퓨터나 오디오를 통한 전문적인 예술작품의 감상도 때때로 한다.

이와 같이 예술은 인간의 삶의 전 영역에 침투하여 있다. 거꾸로 말하면 예술은 인간의 삶의 터전이며 정서적 자양분의 원천이다. 인간의 생활 중에서 이러한 부분을 예술적 삶이라고 한다면, 바로 이 예술적 삶이 인간으로 하여금 다른 모든 존재보다 우위에 서도록 하는 것이라고 할 수 있다.[30] 생존과 노동 그리고 번민은 인간을 각박하고 삭막하게 만들지만 예술은 인간을 풍요하게 만든다.

그렇다면 인간은 왜 이러한 예술을 가지는가? 인간은 거기서 자기 정체성을 찾고 개성을 확인하면서 즐거움과 만족과 기쁨을 얻기 때문에 예술을 가진다. 인간은 생명을 유지하는 일 외에도 많은 일을 하면서 산다. 살아있는 자는 어쨌든 무엇이든지 할 수밖

30) 김주완, 『아름다움의 가치와 시의 철학』, 형설출판사, 1998, 78쪽 참조.

에 없다. 인간이 하는 많은 일 중의 하나가 이와 같이 예술과 관계되는 것이다. 인간은 우선 생활세계 내에서 각종 예술을 접하고 거기서 즐거움과 만족과 기쁨을 얻는다. 뿐만 아니라 스스로 예술작품을 힘들여 만들어냄으로써 자기 성취감과 자기 만족을 얻음은 물론 그것을 만인의 소유로 내어놓음으로서 다른 사람들로 하여금 즐거움과 만족과 기쁨을 얻도록 한다.[31] 예술만이 인간에게 즐거움과 만족과 기쁨을 주는 것은 아니지만, 예술이 인간에게 그러한 것들을 준다는 것은 바로 예술의 본질특성에 해당한다. 따라서 예술은 "즐거움을 주는 형식을 창조하고 향수하는(즐기는) 것"이라고 잠정적으로 일반적 정의를 내릴 수 있다. 즐거움을 창조하고 누리기를 포기한 인간이나 즐거움을 박탈당한 인간은 인간이 아니라 비인간(非人間)이다. 비인간의 징표는 삭막, 각박, 짜증, 분노, 투쟁, 공격, 욕설 등이라 할 수 있다. 이런 것들을 여유 없음에서 기인하는 것이라고 한다면, '여유 없음'은 비인간으로 직결되고 '여유 있음'은 인간과 인간적 즐거움으로 직결된다고 할 수 있다. 그러므로 여유롭게 즐길 줄 아는 자만이 참된 인간인 것이다.

모든 예술은 사람을 즐겁게 해 주겠다는 목적으로 창조된다. 창조란 그 이전에는 있지 않았던 어떤 것을 새로이 만들어 낸다는 것을 의미한다. 여기서 예술작품과 상업적 상품의 서로 다른 점이 드러난다. 예술작품은 '즐거움의 추구'와 '하나 뿐인 창조성'을 목적으로 하지만 상업적 상품은 '구매 의욕의 자극'과 '다수의 제조성'을 목적으로 한다.[32] 물론 상업적 상품의 조형미나 채색의 아름다움을 보고 우리가 즐거워 할 수 있고, 그러한 상품의 구입에 따른 만족감을 즐길 수도 있다.

31) 김주완, 같은 책, 78쪽 참조.
32) 조요한, 『예술철학』, 경문사, 중판, 1989, 26쪽 참조.

그러나 그렇다고 하여 상품과 예술작품이 동일해지는 것은 아니다. 상품이 가진 조형미나 채색의 아름다움을 보고 우리가 즐거워하거나 만족한다면 바로 그런 한에서 우리는 상품이 가진 예술성에 만족하고 즐거워하는 것이지 그것의 상품성에 만족하고 즐거워하는 것은 아니라고 보아야 한다. 상품의 구입에 따른 만족감은 소유욕의 충족으로 인한 만족감이지 예술적 만족감은 아니다. 이와는 다른 측면도 있다. 예술작품은 상품으로서 거래되고 매매될 수 있다. 이 때는 예술성이 상품성으로 치환되는 현상이 나타난다. 예술작품의 수준이 그 가격을 규정하는 셈이 된다. 그러나 이 경우의 거래는 상품의 거래이지 예술작품의 거래라고 할 수는 없다. 이러한 견해가 옳다는 것은 "예술적 소유의 법칙"이 증명한다.

"예술적 소유의 법칙"[33]에서 말하는 소유는 일상적 소유와는 다른 소유이다. 예술적으로 소유한다는 것은 예술적으로 볼 줄 아는 사람에게만 가능한 일이다. 예컨대 많은 돈을 내고 예술작품을 사들이는 사람이 작품을 소유하는 것은 경제적 가치 때문이 아니라 예술적 가치 때문인 것이다. 다시 말해서 돈 때문이 아니라, 그 작품을 잘 이해하기 때문이다. "예술작품은 이 작품에 대해서 이해관계 없이 기뻐할 수 있는 사람에게 속한다."[34]는 것이 예술적 소유의 법칙이다. 골목길 옆 담장 위에 흐드러지게 피어있는 장미넝쿨은 일상적으로는 그 집주인의 소유이겠지만, 그 골목길을 지날 적마다 장미의 아름다움에 기분이 좋아지는 사람이 있다면 예

---

33) Nicolai Hartmann, Einführung in die Philosophie, Überarbeitete vom Verfasser genehmigte Nachschrift der Vorlesung im Sommersemester 1949, in Göttingen (Bearbeitung:Karl Auerbach), 5. Aufl.(이하 EiP.로 약기함), S. 186.

34) ebd.

술적으로는 바로 그 사람의 소유인 것이다. 예술적 소유는 그러므로 예술적 가치를 보고 즐길 줄 아는 사람에게만 속하는 것이다.

우리는 어떠할 때 즐거워지는가? 아름다운 것, 좋은 것을 보거나 만들거나 가지게 되었을 때 사람들은 기분 좋아하고 만족하며 즐거워한다. 여기서 미(美)와 예술의 밀접한 관련성이 드러난다. 그것은 위에서 언급한 바와 같이 예술의 사전적 정의에서도 확인할 수 있다. 예술의 사전적 의미는 "인간의 정신적 · 육체적 활동을 빛깔 · 모양 · 소리 등에 의하여 미적(美的)으로 창조 · 표현하는 일, 또는 그것의 성과"[35]이었다. 아름다운 빛깔로 창조한 것은 미술이고 아름다운 모양으로 창조한 것은 조각이며, 아름다운 소리로 창조한 것은 음악이다. 이것들은 모두 즐거움의 원천이다. 음악은 곧 '소리의 즐거움(音樂)'인 것이다.

실제로, 고전주의적 예술관에서는 "예술이 곧 미(美)"[36]라고 보기도 했다. 이러한 예술관도 일정한 의미에 있어서는 타당성을 가진다. 전문적인 모든 예술은 하나같이 아름다움을 추구한다. 왜냐하면 "오직 아름다운 것만을 창작하려고 의식적으로 노력하는 것이 예술"[37]이기 때문이다. 그러므로 예술적으로 무언가를 만들어 낸다는 것은 곧 무언가를 아름답게 만들어 낸다는 것을 의미한다. 다시 말해서 작가는 예술작품 속에 그 자신만이 할 수 있는 독특한 아름다움을 간직시키고 감상자는 예술작품 속에 있는 아름다움을 즐기는 것이다.[38] 이러한 의미에서 "예술은 곧 미"라는 명제

---

35) 신기철 · 신용철, 『새 우리말 큰사전』 하, 제5차 수정 증보 제1판, 삼성출판사, 1984, 2406쪽.

36) 조요한, 같은 책, 15쪽.

37) Nicolai Hartmann, Ästhetik(1953), 2. Aufl. Berlin 1966.(이하 Ä.로 약기함), S. 263.

38) 김주완, 같은 책, 81쪽 참조.

가 부분적인 타당성을 지니는 것이다. 그러나 예술이 미를 추구한다고 해서 예술이 곧 미인 것은 아니다. 왜냐하면 예술 이외에도 아름다운 것은 많이 있으며,[39] 예술은 아름다움을 표현하기도 하지만 때로는 추한 것을 표현하는 경우도 있기 때문이다.[40]

오히려 "미적인 것과 예술적인 것은 원리상으로 불가분리의 관계에 있다."[41]는 것이 보다 큰 설득력을 가진다. 조요한 교수는 이러한 맥락에서 "미는 예술을 통하여 성립하는 내용이고, 예술은 미적인 것을 형성시키는 형식이다"[42]라고 한다. 이와 같이 "예술은 미적인 것을 형성시키는 형식"이라고 했을 때, 형성시키는 일은 누구가 하며 형성은 구체적으로 무엇을 의미하는가? 예술적 형식에 따라 형성시키는 일은 작가가 하며 형성은 기능을 전제한다. 형성시킬 수 있는 기능을 가진 자만이 형성할 수 있기 때문이다. 하르트만도 "예술이라는 말의 본래적 뜻은 예술가의 기능을 의미하는 데 있다"[43]고 한다. 이것은 예술이라는 말의 글자적 의미에서도 확인된다.

위에서 살펴본 바와 같이, 예술을 재주나 기능이라고 했을 때 인간 이외에 기능이나 재주를 가진 것으로 보여지는 동물들에게도 예술이 있는가 하는 물음을 제기할 수 있다. 동물에게는 재주나 기능은 있어도 예술은 없다. 그들에게는 자연은 있어도 반자연(反自然)이나 부자연(不自然)은 없기 때문이다. 이것은 현상이 확증해 준다. 따라서 예술은 인간만이 가지는 것이며, 인간을 인간

39) 예술 이외의 아름다움으로서 크게 자연미와 인간미 등을 들 수 있다.
40) 조요한, 같은 책, 32쪽 참조.
41) 조요한, 같은 책, 17쪽.
42) 조요한, 같은 책, 17쪽.
43) Ä. 20.

이외의 다른 존재와 구별시켜 주는 중요한 척도라고 할 수 있다. 예술을 인간만이 가지는 것이라고 한다면, 도대체 인간의 어느 부문이 예술과 관련되는 것일까? 그리고 이러한 인간의 예술적 측면은 유전되는 것일까? 먼저 예술은 인간의 감정 부문과 밀접하게 관련된다고 볼 수 있다. 캇시러는 "예술은 전달을 예상하는 인간 감정의 외화(外化)이다."[44]라고 한다. 예술이 감정의 외화인가? 그렇다면 예술의 내용은 모두 감정이라는 말이 된다. 이것이 사실인가? 이 문제에 대해서는 또 다른 논의가 필요하다.[45] 이 보다는 "예술은 이성적 의식을 감정에 옮기는 인간생활의 기관이다."[46]라고 한 톨스토이의 언급이 더 적절하다고 해야 할 것 같다. 왜냐하면, 감정은 예술 자체가 아니라 예술의 통로이기 때문이다. 예술작품의 창작과 감상에서 일어날 수 있는 감흥은 말 그대로 '감정의 고조'이거나 '감정적 홍취'이기는 하지만, 그것 자체가 창작과 감상의 내용인 것은 아니며 오히려 작품 속에 있는 내용에 대하여 생겨나는 감정(홍취)인 것이다. 감홍이나 도취는 예술로 가는 통로이거나 예술로부터 얻는 결과물이지 그것 자체가 예술의 내용일 수는 없는 것이다. 또한 예술은 감정의 표현만인 것도 아니다. 왜냐하면, "예술이 만일 단순한 자기 감정의 표현이라면, 원시적인 즐거움의 외침소리나 고함소리를 가리켜 예술이라고 할 것"[47]이

44) 조요한, 같은 책, 39쪽에서 재인용.
45) 캇시러가 예술을 인간감정의 외화라고 한 것은 예술을 상징적 언어로 보는 그의 상징설의 입장에서 한 말로 보인다.(조요한, 같은 책, 38~41쪽 참조.) 여기서 제기될 수 있는 예술의 내용이 과연 감정만으로 다해질 수 있는가? 하는 문제는 이윤아, 『예술정신』, 2.1.3 「예술과 정신」을 참조할 것.
46) 조요한, 『예술철학』 50쪽에서 재인용.
47) 조요한, 같은 책, 27쪽.

지만 아무도 그렇게 생각하지는 않기 때문이다.

인간의 예술적 측면은 유전되는 것인가? 흔히들 예술적인 소질은 타고난다고 한다. 그렇다면 그것은 유전된다는 말과 다르지 않다. 그러나 그렇다고 하여 예술 그 자체가 유전된다고 할 수는 없다. 왜냐 하면, "원시인이나 어린아이는 우리가 '예술적'이라고 하며 기뻐하는 것에 사로잡히지 않는다."[48]는 사실 때문이다. 어린아이는 아직 예술작품을 예술작품으로 볼 줄 모른다. 성장하면서 교육을 통하여, 인지가 발달하고 정서가 계발됨에 따라 차츰 예술작품의 수준을 식별하고 감상할 줄 알게 되는 것이다.

따라서 인간이 그에게 주어진 문화적 환경에 던져짐으로써 생존을 위하여 어쩔 수 없이 적응하게 되고, 예술적 환경에 적응하는 그러한 과정을 통하여 예술적인 눈이 뜨여진다고 하여야 한다. 단지 예술에 대한 감수성이나 감각은 처음부터 개인차가 있을 수 있는 것이기에, 그러한 한계 내에서의 감성을 예술적 소질이라고 한다면 그것이 유전된다는 것은 상당한 타당성을 가진다고 할 수 있을 것이다. 달리 말해서, 예술적 재능이 타고나는 것이라고 했을 때 그것은 인위가 아닌 자연이라고 해야 할 것인 데 반하여, 예술은 그 본질특성상 자연이 아닌 인위라고 해야 하는 것이기에 예술은 결코 유전된다고 할 수는 없는 것이다.

## 3. 유사성과 차별성

문화와 예술의 유사성과 차별성에 대해서는 관점이나 분류기준

---

48) 조요한, 같은 책, 24쪽.

에 따라 많이도 적게도 열거할 수 있을 것이다. 우리는 여기서 '문화'와 '예술'이라는 두 개념의 구분을 이해하기 위하여 그 중에서 우선 적시할 수 있는 몇 가지만 나열해 보기로 한다.

### 1) 문화와 예술의 유사성

① 문화와 예술은 인간이라는 존재가 가지는 특유한 영역이며 소산이다.

② 문화와 예술은 다 같이 생산자와 소비자의 관계에서 파악될 수 있으며, 그러한 경우 그것은 곧 산업 개념과 연결되어 문화산업이나 예술산업 이론으로 체계화 될 수 있다.

③ 문화와 예술은 다같이 정신철학적으로 설명할 수 있으며,[49] 그 때 양자는 모두 생동하는 것으로서 객관적 정신에 속하며 명사라기보다 동사로서 이해할 수 있다. 그러나 생성된 문화 자체와 창작된 예술작품 자체는 고정화되어 있는 객체화한 정신이다.

④ 문화와 예술은 다같이 "결정하고 변형하고 새로운 대안을 찾는 인간의 활동"이다.

⑤ 인간은 태어나면서 이미 문화와 예술 속에 던져지는 것이며, 그런 의미에서 문화와 예술은 다같이 인간의 삶의 터전이 된다.

### 2) 문화와 예술의 차별성

① 모든 예술은 문화에 포함될 수 있지만, 모든 문화가 예술인 것은 아니다.

---

49) 예술에 대한 정신철학적 이해는 이윤아, 『예술정신』(형설출판사, 2002.)을 참조할 것.

② 모든 예술은 미적 즐거움을 목표로 하고 그것은 향수자(수혜자)의 많고 적음에 따라 그 분량이 변화되지 않지만 문화는 반드시 그러한 것이 아니다. 예컨대 도박문화는 그것이 아무리 건전하더라도 사행심의 충족과 일확천금을 목표로 하고, 돈은 소수자가 많이 치지하고 나면 나머지 사람은 적게 차지할 수밖에 없는 것이다.

③ 문화는 인간에 대한 지배력을 가지고 있으며 인간이 문화를 따라오도록 요구하는 강제력을 가지고 있지만, 예술은 인간에게 어떠한 강제도 하지 않는다.

④ 문화가 일정한 시대와 지역에 속하는 집단 구성원의 언어라고 한다면, 예술은 시·공간을 초월하는 만국 공통어라고 할 수 있다.

⑤ 문화의 본질로써 유기성과 초유기성은 모든 사람에게 적용되지만, 예술에 있어서의 그것은 예술에 대한 안목이 있는 자에게만 적용된다.

## 4. 문화예술의 개념

문화예술이란 '문화'라는 개념이 보다 좁게 쓰여진 개념이다. 그러나 예술이란 개념보다는 넓게 쓰여진 개념이라고 할 수 있다. 문화와 예술 사이에 있는 중간영역으로써 예술을 포괄하는 개념이 '문화예술'의 영역인 것이다. 그러니까 문화보다는 좁지만 예술보다는 넓은 개념이 문화예술이라고 할 수 있다.

다음 페이지의 그림에서 보았을 때, 인간의 삶 전체가 문화인 것은 아니다. 고전적 문화개념으로 보았을 때 인간의 삶에는 비문화적이거나 본능적인 부분도 있겠기 때문이다. 그러나 본능적이거나 무의식적인 삶의 부분조차도 이미 문화화한 것이라고 본다면

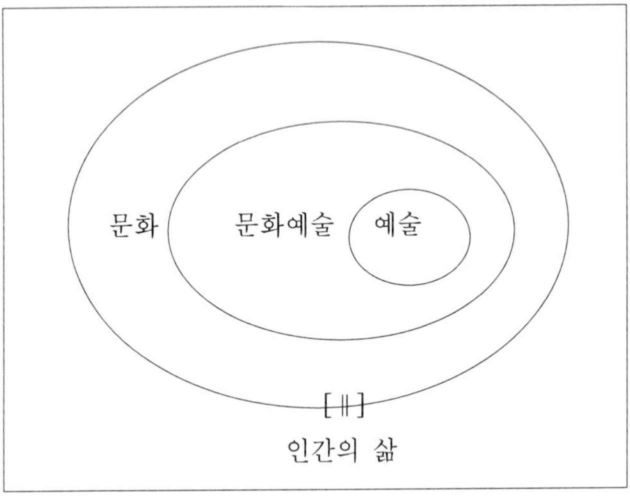


인간의 삶 전체가 문화일 수 있다. 인간의 삶은 곧 문화일 수도 있고 문화보다 넓은 것일 수도 있다.

그러나 문화는 너무 넓은 개념이다. 정신문화-물질문화, 노인문화-청소년문화, 복식문화-음식문화, 결혼문화-장례문화, 정치문화-시장문화, 주거문화-여행문화, 전통문화-사이버문화, 노동문화-향락문화, 고급문화-대중문화, 귀족문화-천민문화 등 우리는 문화에 있어서의 상관개념들을 얼마든지 만들어낼 수 있다.

예술 또한 넓은 개념이다. 문학, 미술, 음악, 연극, 영화 등 예술의 장르는 계속하여 분화하고 있고, 창작-작품-감상 또한 예술의 부분 영역들이다. 순수예술-대중예술, 고급예술-민중예술, 전통예술-전위예술, 표현예술-장식예술, 영상예술-음향예술 등 예술의 성격에 따른 분류 또한 얼마든지 가능하다. 그러나 우리는 쉽게 예술과 비예술의 개념을 구분한다. 예술이란 대개 무엇을 의미하는 것이며, 어떤 것이 예술인지를 우리는 분명하게 말할 수는 없다고 하더라도 어렴풋이 알 수는 있다.

그러나 '문화예술'은 문화와 예술 사이에 있는 것 같은데 그것이 구체적으로 무엇을 의미하는지는 분명하지가 않다. 그럼에도 불구하고 우리는 일상생활 가운데서 '문화예술 분야', '문화예술계', '문화예술인'이라는 말들을 거리낌없이 자주 사용하고 있다. 문화예술이란 말은 도대체 무엇을 의미하는 것인가? '문화예술인'과 '예술인'의 대비에서 우리는 어느 정도의 해답을 얻을 수 있다.

시인, 소설가, 연예인, 무용인, 화가, 조각가, 도예가, 음악가, 사진작가, 영화감독 등은 예술인에도 문화예술인에도 속한다. 그러나 예술이론을 전공하는 학자나 방송·언론사의 종사자(기자, 앵커, PD, 사무원, 간부 요원 등), 전시장의 운영인, 출판이나 음반제작 등의 종사자, 문화 관련 공무원이나 사회단체의 사무원 등 이러한 사람들은 예술가는 아니지만 문화예술인임에는 분명하다. 문화예술인 중에서도 예술의 장르가 분화함에 따라서 보다 국한된 의미에서의 예술가가 되어 버리는 경우도 있다. 예컨대 텔레비전 방송국의 분장사는 처음에 예술인이 아니었을 수 있다. 그러나 영상방송의 경우 분장의 중요성과 전문성이 신장되어 마침내 독립한 전문영역으로 되었을 때 그들은 문화예술인이 아니라 전문적인 예술가가 될 수 있다. 따라서 모든 예술인은 문화예술인에 포함될 수 있지만, 문화예술인은 그 일부만이 예술인에 포함될 수 있다고 해야 할 것 같다.

문화예술인이란 모든 예술인을 당연히 포함하는 개념으로서, 직접적인 예술가는 아니지만 그 분야에 종사하는 사람들을 추가하여 포함하는 개념이라고 할 수 있다. 그렇다고 하여 직접적인 예술가가 아닌 문화예술인에 대해서는 그 전문성을 인정하지 않아야 한다는 것은 아니다. 왜냐하면 그들도 그들 분야에서는 전문적인 사람이고 그 직종에 있어서도 마찬가지이기 때문이다.

이러한 맥락에서 굳이 규정하고자 한다면, 문화예술은 "예술을 포함하는 전문적인 문화분야"나 혹은 "상당한 전문성을 가진 문화예술분야"라고 하여야 할 것이다. 이를 위 그림에서 보면, 문화예술은 예술을 포함하면서 예술보다는 넓고 문화보다는 좁은 개념영역에 위치하고 있다는 것이 된다.

## 5. 정보화 사회에서의 문화와 예술

20세기말부터 회자되기 시작한 정보화 사회가 20세기에 진입하면서 본격적으로 열리기 시작하였다. 인류가 일찍이 경험해 본 적이 없는 정보화 사회를 맞아 이제 문화예술은 어떤 상황에 처하게 되고 어떤 방향으로 진전하게 될 것인가? 여기서는 이러한 문제를 살펴본다.

### 1) 정보와 정보화 시대

정보란 무엇인가? "정보라는 개념은 한 체계 안팎에 관한 중요한 자료(지식)를 생산, 구입, 획득하여 현재 일어나고 있거나 앞으로 일어날 일(사건)에 대해 좀 더 효과적인 영향을 줄 수 있게 하는 과정 전체를 포괄하는 말이다."[50] 여기서 체계라는 것은 한 개인일 수도 법인일 수도 있고 또는 단체나 집단(종족에서 다국적

---

50) C. A. 반 퍼어슨, 같은 책, 240쪽.

기업까지)일 수도 있다. 그러므로 교육, 뉴스, 도덕적 충고, 학문적 이론, 실천 전략, 세계관 등 "알아두면 좋은 것이라면 무엇이나 정보가 된다."[51]

반 퍼어슨은 우리가 정보화 시대 속에 있다는 것을 다음과 같은 두 가지 이유에서 찾는다.[52]

① 정보만큼 결정적인 영향을 주는 것도 없다는 사실이 날이 갈수록 더욱 더 분명해지고 있기 때문이다. 주가 변동에 관한 정보는 금전적 가치가 있고, 첩보원의 정보는 무기보다 더 결정적일 수 있으며, 정치가의 시의 적절한 정보는 그에게 권력을 가져다준다.

② 컴퓨터의 발달과 소형화(PC, 노트북 컴퓨터 등)와 그에 따른 인터넷과 전자우편의 보편화로 인하여 정보 전달이 쉽게 이루어질 수 있기 때문이다.

### 2) 정보화 시대의 특징[53]

① 사람들은 무엇을 암송해야 할 필요가 없어지므로 기억력이 감퇴하게 된다.

② 문자를 통해 출현한 '읽기 문화'가 퇴조하고 영상을 통한 '보기 문화'가 등장한다.

③ 도서관의 장서 대신에 정보 처리시설(정보 생산, 축적, 보관, 재생산 시설)이 들어선다.

④ 정보는 모든 사람을 위한 것이 되면서 곧장 몸에 와 닿는 것

---

51) C. A. 반 퍼어슨, 같은 책, 240쪽.
52) C. A. 반 퍼어슨, 같은 책, 240쪽. 참조.
53) C. A. 반 퍼어슨, 같은 책, 241~254쪽 참조.

이 된다. 어떤 사건이든 클로즈 업, 핫 뉴스, 생방송, 충격적인 몽타쥬 등을 통해 현장에서 눈으로 보는 것처럼 생생하게 화면을 통해 직접 전달된다.

⑤ 사용자와 소비자에 대한 관계가 중요하게 된다. 시나리오 작가, 영화 감독, 연극 연출가, 매체 심리학자는 '어떤' 메시지를 담을 것인가 하는 것보다 '어떻게' 전달할 것인가 하는 것에 더 고심하게 된다.

⑥ 정보의 상품화와 지적 소유권에 대한 주장이 대두되기 시작하지만, 정보는 그 본성상 상품화도 독점도 힘들어지게 된다. 정보는 물건이 아니고, 사고 팔 수 있는 물건처럼 쉽게 통제할 수 없는 성격을 가지고 있기 때문이다. 상품이나 에너지는 타인에게 넘겨주면 그 사람은 그만큼 가난해진다. 그런 의미에서 상품이나 에너지는 고갈될 수 있다. 하지만 정보의 경우 정보를 생산하면 생산자의 위치는 더욱 더 강화된다. 어떤 대가를 받지 않고 정보를 주게 되면, 바로 그 때문에 정보 제공자의 위치는 더욱 강해진다.

⑦ 정보는 고갈될 수 없을 것이다. 왜냐하면 정보를 생산할 수 있는 사건과 자료는 끊임없이 주어지고 사건과 사건, 자료와 자료 또는 생산된 정보와 정보를 새롭게 연결할 수 있는 가능성이 항상 열려 있기 때문이다. 그러므로 통신망이 사실의 내용보다 훨씬 중요하게 된다.

⑧ 정보에 의해 접촉되면서 모든 것이 이제 바뀌게 된다. 예컨대 과거에는 돈의 수량이 금 보유량에 따라 결정되었지만, 이제는 이와 같은 관행이 흐릿해지고 돈에 대한 정보로 대치된다. 개인의 지출도 이제는 현금보다는 신용 카드가 보편화되고 심지어는 컴퓨터를 통한 지불도 가능해진다. 신문의 뉴스도 안방의 컴퓨터로 더 빠르게 볼 수 있고 코드 번호만 누르면 관광 안내나 상품 광고,

연구 자료 심지어는 심리상담이나 질병치료까지도 정보를 얻게 된다. 사람들은 이제 어떤 영역의 정보든지 마음대로 얻을 수 있다는 생각을 가지게 될 것이다. 하지만 소비자에게 제공되는 자료는 관광 기획팀, 정책 연구소, 판매 홍보팀, 사회 심리학자, 의사, 매체 전문가들이 어떤 의도를 가지고 선별해서 제공한 자료들이다. 소비자들은 자료 선별의 기준을 알 수 없고, 자료 선별에 실제로 영향을 줄 수도 없다. 모든 사람이 모든 것에 관해 객관적인 자료를 폭넓게 접할 수 있는 것처럼 보이지만 실상 접할 수 있는 정보는 제한되어 있고 그 배후에는 알려지지 않은 의도와 동기가 숨어 있다.

⑨ 이와 같이 정보는 그것이 가진 보편성과 직접성으로 인하여 조작주의의 위험[54]에 쉽게 빠질 수가 있다.

⑩ 정보의 생산, 저장, 유통을 중심으로 사회가 중앙 집중화되기 때문에 개인의 사생활이 사라져 버릴 수 있다. 개인에 대한 정보는 타인에 의해 쉽게 수집되고 저장될 수 있다. 개인의 생각이나 감정, 특징, 정치적 선호는 사회가 이명화되면 될수록 중앙정보센터에 빼앗길 가능성이 커진다.

⑪ 돈보다는 정보가 더 크게 권력을 만들어낸다.

⑫ 개인과 개인의 사회적 거리가 더욱 벌어지게 된다. 정보가 가까울수록 사람은 그만큼 더 멀어진다.

⑬ 교육은 정보와 기술 전달에 그치게 된다.

⑭ 인간과 사회에 새로운 전망을 보여주는 뜻 있는 의사소통은 사라지고, 내용도 없는 텅 빈 통신망, 광고 모델의 천편일률적인 몸짓, 무제한한 정보조작 등이 판을 칠 것이다.

---

54) 조작주의의 위험에 대해서는 C. A. 반 퍼어슨의 『급변하는 흐름 속의 문화』 제4장을 참조할 것.

### 3) 정보화 사회에서의 문화예술

정보화 사회에서는 문화예술이 엄청난 변화를 하게 될 것이 분명하다. 그 징후는 벌써부터 어느 정도 나타나고 있다. 예측할 수 있는 문화예술의 변화를 열거하여 보자.

① 영상과 음향을 중심으로 하는 문화예술이 급격하게 발달할 것이다.

② 순수나 고급 쪽보다는 퓨전과 대중 쪽의 문화예술이 번성할 것이다.

③ 사회 전체가 사지선다형의 문화, 퀴즈 문화가 되어 버리고 예술은 표피적, 말초적 흥미와 쾌락 중심으로 되어 버릴 것이다

④ 느끼고 감동하는 문화예술이 아니라, 보고 흥분하는 문화예술로 대중의 선호가 바뀔 것이다.

⑤ 문화는 인간을 해방으로 이끄는 전략으로 늘 기능 하였기에, 정보화 문화가 새로이 형성되어 시행착오를 거친 후에 정착하게 되면 문화예술은 인간해방이라는 본래적 기능을 복구할 수도 있을 것이다.

⑥ 문화예술의 분화가 가속화되어 새로운 문화예술 영역이 급속하게 생성될 것이다.

⑦ 이종문화의 교접과 그에 따른 혼란이 상당히 지속될 것이다.

# 3장. 고급문화와 대중문화

## 1. 문화 유물론과 문화 관념론

문화의 의미는 너무나 다의적이기 때문에 그 정의가 결코 용이하지 않음은 널리 알려진 사실이다. 영국의 문화 이론가인 레이먼드 윌리암스는 "문화라는 말은 영어에서 가장 까다로운 두 세 개의 말 중의 하나"라고 말한 적이 있다.[55] 그 이유는 '문화'를 다루는 학문의 영역이 너무나 다양하고 이데올로기의 차이에 따라 그 정의가 달라지기 때문이다. 영어로 문화는 culture로 표기되는데 그 어원은 라틴어 Kultur 에서 비롯되었고 원래의 뜻은 "땅을 갈다" 혹은 "경자하고 양육하다" 등이다. 최초에 문화란 농경이나 원예 등의 실제적이고 구체적인 활동을 의미하였다. 따라서 문화란 일차적으로 인간이 노농을 통해서 자연으로부터 어떠한 가치나 의미를 발생시키는 활동 혹은 그 결과물이라 볼 수 있다. 그러나 인간의 활동 혹은 그 결과물이 자연물과 구분되는 것은 인간이 노동을 통해서 일련의 상징적인 표상을 만들어내고, 이러한 상징체계가 인간과 자연을 매개함으로써 자신과 자신의 세계를 이해하고 변화시킨다는 데 있다.

그리고 좀더 시간이 흐르면서 실제적이고 도구적인 기술보다는 좁은 의미로서 정서적 가치의 표현인 정신적 산물을 지칭하게 된

---

55) 존 스토리, 『문화연구와 문화이론』, 박 모 역, 현실문화연구, 1994, 13쪽에서 재인용.

다. 이리하여 문화는 인간의 정신적 활동이라는 점에서 종교, 윤리, 철학, 과학 등과 같은 신념체계 혹은 학문체계를 의미하거나, 그 활동의 결과물로서의 기술과 예술을 의미하게 되었다. 예술작품이 문화라는 범주에서 중요한 영역을 차지하는 이유는 예술이 무엇보다도 인간의 정신적 삶을 위한 필수 불가결한 요소이기 때문이다. 여기에서 예술과 문화라는 개념의 친화성을 확인할 수 있다.

그러나 모든 문화적 산물이 근원적으로 자연으로부터 비롯되었다면, 다시 말해서 자연 자체를 인간의 정신적 활동을 통해서 변형한 것에 불과하다면 자연과 문화에 대한 이러한 구분은 별로 타당하지 않을 수도 있다. 왜냐하면 자연의 법칙을 이해하지 않고서는 결코 자연을 변화시킬 수 없기 때문이다. 무엇보다도 인간 자체가 이러한 자연의 산물인 한, 자연의 법칙은 곧 인간의 법칙이 되기 때문이다. 따라서 예술이 문화의 가장 구체적이면서 실제적인 표현이며 문화에 가장 큰 영향을 미치기는 하지만, 예술은 문화의 하위개념으로 문화의 한 영역에 속할 뿐이다. 여기에서 문화를 바라보는 두 가지 관점, 즉 문화 관념론과 문화 유물론이 제기된다.

문화관념론이란 앞에서도 보았듯이 문화를 인간정신의 뛰어난 활동 및 그 산물로 보는 관점이다. 이러한 관점에서의 문화는 힘들고 천박한 물질적 노동으로부터 해방된 수준 높은 엘리트들이 창조해낸 것이며, 이러한 문화 산물을 이해하고 향유할 수 있는 것도 선천적인 재능을 부여받은 소수의 엘리트만이 가능하다는 것이다. 자본주의 이전의 전통사회에 뿌리를 두고 있는 이러한 사고방식은 근대 이후에도 오랫동안 영향력을 발휘하였다. 그러나 관점의 일정한 유용성에도 불구하고, 문화를 오로지 관념론적으로만 바라보는 것은 문화와 문화 현상을 전체적으로 접근하기에는 한계를 보여준다.

그 어원이 말해주듯이, 문화라는 것은 애초부터 인간 사회가 만든 역사적 소산으로서 역사상에 나타난 경제적, 사회적 구성체에 의해서 규정되는 생산물들 중의 하나이다. 예를 들어 고대 노예제 사회나 중세봉건사회에 있어서의 문화는 사회적 신분계층들간의 엄격한 위계질서를 반영한다는 데 그 특징을 보여준다. 이들 사회에서 지배층은 피지배층의 노동의 산물을 수탈하여 축적한 막대한 부를 기반으로 자기들만의 특수한 '고급문화'를 형성하여 즐길 수 있었는데 반해서, 피지배 대중들은 그들로부터 격리된 채 그들 나름대로의 공동체적인 삶을 다양한 방식으로 표현하였다. 이처럼 문화를 인간 정신 활동의 산물로 보면서도 그 활동을 사회적, 역사적 혹은 물질적 조건과의 연관 속에서 파악하고자 하는 것이 문화 유물론이다.56)

시장원리라는 메커니즘이 철저하게 지배하는 자본주의사회는 예술작품을 포함하는 모든 문화적 산물들을 생산과 유통, 소비라는 과정을 통해서 그 존재가치를 인정받게 하였고 그 존재의미는 상품성이라는 단일한 판단기준에 의해서 결정되었다. 이렇게 보면 문화라는 개념은 자기 완결적인 독자적 실체가 아니라 사회 구성체의 변화과정을 그때마다 반영하는 유동적 개념임을 알 수 있다.57) 따라서 종래에는 높은 수준을 자랑하는 정신적 산물만을 문

---

56) 문화유물론이란 개념 역시 레이먼드 윌리엄스가 마르크스주의에 입각하여 창시한 문화비평 용어이다. 레이먼드 윌리엄스는 사회적 존재가 의식을 결정한다는 마르크스주의의 명제에서 출발하여 문화는 하나의 전 사회적 과정으로 이해해야 한다는 주장 아래 다양한 문화형식을 분석하였다. 그는 유물론적이지만 모든 문화활동을 경제적 토대의 단순한 효과로 이해하는 한계에서는 탈피한 새로운 형식의 비평활동을 시도하였다.

화라고 불렀지만 오늘날에는 일상적인 삶의 모든 영역이 문화의 범주에 포함된다.58)

이처럼 문화라 불리는 모든 표현양식이 일정한 시기의 사회 구성체의 산물이라면, 오늘날의 문화는 더 이상 순수하지도 않고 보편적이지도 않다. 그리고 그 양식을 이해하기 위해서 어느 정도 지적 훈련이나 자질이 요구된다는 의미에서 고급문화는 소수의 교육받은 지식인들에 의해서 생산, 수용되는 수준 높은 지적 산물임에 반해서, 감성적 차원에서나 지적 차원에서 이해능력이 결여된 다수 대중의 사고방식이나 삶의 방식을 반영하면서 이들에 의해서 생산되고 소비된다는 의미에서 대중문화는 저급하고도 무질서한 욕구표현으로 간주되는 종전의 이원론적 견해도 설득력을 잃게 되는 것이다. 오히려 고상하고도 심원한 그 무엇을 담고 있다고 인정되는 고급문화가 일상적인 삶과는 유리된 추상적인 표현인 데 반해서, 일정한 사회구조 속에서의 구체적인 물질적 활동으로서, 다시 말해서 하나의 상품으로서의 대중문화가 다수 대중의 사고방식이나 그 내용을 반영하고 규제하는 구체적이고 실제적인 의미체계로 이해되었다. 그런데 대중문화를 좀더 정확하게 이해하기 위해서는 우선 대중사회에 대한 이해가 선행되어야 한다.

---

57) 사실 고급문화와 대중문화는 통시적이면서도 공시적이다. 클랙식음악으로 분류되는 성악곡 중의 많은 곡들이 지난 시대 서민들의 노래였고, 필름느와르나 몇몇 호러영화는 멸시받는 대중영화에서 30년이 채 지나지 않아서 예술영화 혹은 컬트무비가 되었다.

58) 문화의 개념이 이같이 확대된 첫 번째 원인은 문화 유물론적 관점을 선호하는 문화인류학의 영향이었다. 문화인류학적으로 여러 형태의 문화를 비교 연구할 때 문화란 단지 문명사회의 세련된 표현뿐만 아니라 인간 사회 어디에서나 발견될 수 있는, 즉 의식주로 표현되는 일상적인 모든 삶의 양식이 문화에 포함되는 것이다.

## 2. 대중사회에 관한 세 가지 이론

대중사회에 대한 관점은 전통적으로 비관론과 낙관론이 서로 대립되어 왔다. 비관론적 입장에서 대중사회란 전통적이고 유기적인 사회를 파괴시킨 혼란스러운 사회 구성체를 의미한다. 낙관론적 입장에서 대중사회란 이전의 전통적인 사회에 비해서 사회 구성원들이 전체사회에 대해서 보다 근접한 의식을 가지게 되는 열린 사회가 된다.

콘하우저는 자신의 저서 『대중사회의 정책』에서 대중사회에 대한 비판적 시각을 시대적 변화에 따라 두 가지로 구분한다.[59] 첫 번째는 19세기 유럽사회의 혁명적 변화에 대한 반작용에 의한 것과, 다른 하나는 20세기 러시아와 독일에 있어서의 전체주의 출현에 대한 반발에 근거한 것이다.

전통적인 지배계층의 입장에서 본다면 시민사회로부터 대중사회에로의 변모는 자신들 계층의 정치적, 문화적 독점성과 배타성의 상실과 이 계층에 대한 대중의 위협조차 가능해졌음을 의미하였다. 산업혁명과 함께 시작된 공업화, 도시화 현상은 다수의 농촌 인구를 도시로 집중하게 만들었고 도시로 모여든 이들은 익명적이고, 이질적이며, 수동적이고, 상호 결속력이 약한 군중들이었다. 이처럼 고립되고 소외된 무기력한 집단을 지배계층들은 매스(mass)라고 불렀다. 따라서 엘리트들은 이른바 정치적으로 문화적으로 무지하고 폭력적인 대중에 대해서 두려움과 증오를 보이면

59) William Kornhauser, The Politic of Mass Society, (New York : Free Press, 1959), 17~25쪽.

서 이들이 주장하는 평등이라는 말에 적의를 보이게 된다.

두 번째는 자본주의의 도래와 대중사회의 출현이 오히려 비엘리트 계층, 즉 민중의 정치적 문화적 소외를 가져왔으며 이것이 마침내 전체주의를 불러왔다는 것이다. 예를 들어 비판이론가들이 보기에 대중사회의 원자화된 개인은 맹목적 필연성에 의한 체제에 의하여 위로부터 지배되어진다. 사람들은 점점 원자화되고 정치에 무관심하게 되고 수동화되어 가며 이성적 공중들은 점점 사라져 버리고 대량생산 체제의 소비자라는 지위를 감수하게 된다. 더구나 매스 미디어의 조작된 기능과 문화적 상부구조를 통한 통제로 인해서 노동자계급은 자본주의 질서 속으로 통합되어 버리고 그들의 혁명적 역할도 사라져 버리게 된다.

전자가 대중사회에 대한 '귀족주의적' 비판이라면, 후자는 전체주의에 대항하는 '민주주의적' 비판이라고 볼 수 있는데, 비판의 근거가 어디에서 유래하던 대중사회의 도래를 부정적으로 바라보고 있음은 공통적이다.

한편 스윈지우드는 자신의 저서 『대중사회의 신화』 중 제 1장 「대중사회의 이론」에서 대중사회에 관한 이전의 다양한 견해들을 정리하여 대중 사회의 기원, 다원 민주주의의 대중 사회론, 전체주의 대중사회론 등 세 가지로 나누어 설명한다.[60]

첫째, 스윈지우드는 대중사회의 기원을 19세기 후반의 서구 자본주의로 인한 급속한 산업화에 두고 있다. 노동의 분화, 대규모의 공장조작, 일상용품의 생산, 중앙집권적 의사결정, 광범위하게 확산된 커뮤니케이션, 대중 정치운동의 육성, 선거권의 확대 등을 구체적 요인으로 보고 있다. 그리고 이러한 시대를 배경으로 대중사

---

60) Allan Swingewood, *The Myth of Mass Culture* (London : The Macmillan Press, 1977), 2쪽.

회이론을 전개한 초기의 사상가들로서는 토크빌, 밀, 니체, 엘리어트, 리비스, 가세트 등이 있으며 이들은 대중사회에 대한 부정적 견해를 공통적으로 표명한다. 이들에 의하면 대중사회란 왜곡된 평등을 바탕으로 하는 사회라는 것이다. 대중사회에서 민주주의적 이념들은 당시의 산업 프롤레타리아들에 의해서 오용되었다는 것이다. 이들이 생각하는 민주주의는 개인의 이상적인 실현을 의미한다고 볼 수 있고 이런 의미에서 대중사회에서의 민주주의는 개인 차원에서가 아니라 집단적 차원에서 이루어졌다는 것이다.

특히 토크빌이나 가세트 등은 대중에 의한 민주주의의 오용, 즉 소수에 대한 다수의 횡포, 이로 인한 정치적인 소외 등을 두려워하였다. 대중사회에 만연해진 민주주의의 원리는 오히려 개인주의, 물질주의 등과 같은 사회의 불안정성의 기반이 된다고 보았다. 특히 밀이 두려워한 것은 대중 자체에 대해서라기보다는 자기 만족적이고 위선적인 중간 계층의 민주주의의 악용이었다. 따라서 이들이 보기에 대중교육이나 대중매체의 등장과 확장은 계몽정신과 거리가 있으며 사회의 지적 수준을 하향시키는 역할을 할 뿐이다.

둘째, 다원 민주주의를 대표하는 학자들로서는 쉴즈, 벨, 리스만 등이 있다. 이들은 대중사회에 대한 진보주의적 진화론을 제시하면서 산업화와 기술발달이 인간의 창의력과 자유를 신장한다고 예찬한다. 다원주의 사회에서 사회생활은 향상되고 풍부해지며 인구의 팽창으로 인한 대중의 형성이 민주문화 형태로 나타난다고 보고 있다. 따라서 대중사회를 다원주의와 민주주의의 소산으로 본다. 이러한 견해는 격렬한 계급투쟁 대신 인종적 지역적 다양성을 추구하는 미국사회의 특징을 보여준다. 그리고 미국 지성사에서 이 대중사회론이 보여주는 의미는 미국이라는 사회가 합의의 사회이며, 안과 밖으로부터의 위협에 공동으로 대처할 수 있는 개방된 사회라는 것에 대한 자부심이다.

대중사회를 긍정적으로 바라보는 미국의 이론가들은 미국문화가 대체로 세 부류의 문화적 계층을 이루고 있다고 본다. 정제되고 우수한 고급문화, 중간층의 문화 그리고 투박한 하층 문화가 그것이다. 그런데 대중사회가 본격화되면서 그러한 문화적 지도가 바뀌게 되었다는 것이다. 정제되고 우수한 고급문화의 중요성이 차츰 감소되고, 대신 두 번째와 세 번째 문화의 중요성이 증대하고 있다는 것이다. 그러나 대중사회 옹호론자들은 이러한 현상을 부정적으로 보지 않는다. 오히려 자신들에게 주어진 것만을 수용하던 소극적 수용자들에게 이러한 문화의 교류와 혼재는 미적인 안목을 가지고 하였고, 더구나 문화가 독점되지 않고 다양한 형태로 대중에게 호소력을 가지려고 노력하다 보니 새로운 문화적인 분화가 일어난다는 것이다. 오히려 이러한 문화적 분화 현상은 사회의 활력을 위해서도 필요한 것이다.

셋째, 전체주의 대중사회론을 전개한 이론가로서는 프랑크푸르트학파가 있다. 프랑크푸르트학파의 비판이론은 마르크스주의를 논하는 장에서 구체적으로 설명하기로 하겠다. 이상이 대표적인 대중사회론으로서 여기에서 표명된 대중사회에 대한 견해는 대중문화에 대한 견해로 직접적으로 연결된다.

## 3. 대중문화에 관한 세 가지 이론

### 1) 엘리트주의적 이론

초기 대중문화에 관한 이론은 산업혁명과 정치혁명을 통해서 가능해진 "폭력과 과격으로 달리는 것밖에 별 다른 재간이 없는 무지한 대중"[61]들의 출현을 지극히 불안한 시선으로 바라보았던 엘리트 계층이 현상유지를 바라면서 제기하는 보수적인 관점에서 비롯된다. 이러한 관점이 산업혁명을 통해서 일찍부터 근대적 시민사회와 노동계급의 출현을 경험한 영국에서 가장 먼저 나타났음은 지극히 당연하며 매튜 아놀드와 리비스주의가 이를 대표한다.

아놀드는 『문화와 무정부주의』에서 "심성과 정신의 내적 조건으로서 완벽을 향한 사상"인 고전문화가 산업화의 급속한 확산으로 압도되고 점차 기계화되고 외향적으로 변모하는 경향이 있음을 한탄하면서 고전문화의 복구는 "우리 시대의 병든 영혼을 보살피기 위해서"[62]반드시 필요함을 역설하고 있다. 아놀드에게 문화란 두 가지 의미를 가지고 있다. 첫 번째 의미로서의 문화는 지식체계이다. 이는 "인간사고와 표현의 정수"를 의미한다. 두 번째는 "이성과 신의 의지가 널리 퍼지도록"[63] 하는 것이다. 다시 말하면 문화는 인간 사고와 표현의 정수를 알기 위한 수단인 동시에 지식체계이며 그 지식을 "정신과 영혼의 내적 상태"에 적용하는 것이다.[64]

문화를 이러한 관점에서 이해하는 아놀드에게 대중문화는 당연히 천박한 부르조아 내지 무정부적인 노동계급들에 의해서 생성되고 소비되는 분열적이고 파괴적인 삶의 양식으로 이해된다. 문화의 사회적 기능 중의 하나는 "이러한 파괴적이고 분열적인 부르

61) D. Bell, "America as a Mass Society", in *The End of Ideology* (New York : The Free Press, 1962), 21~22쪽.
62) M. Arnold, *Culture and Anarchy* (London : Cambridge University Press, 1960), 163쪽.
63) M. Arnold, 같은 책, 42쪽.
64) M. Arnold, 같은 책, 31쪽.

조아들, 즉 거칠고 세련되지 못한 대중들, 엄청나게 많으며 비참하고 다루기 힘든 천민들인 군중들"[65]을 계도하는 것이다. 특히 노동계급에게 "우리(지배계층)를 위협하는 것처럼 보이는 무정부적 경향과는 반대되는 권위의 원칙"[66]을 심어줄 때만이 강력한 국가가 존립 가능하기 때문이다. 문명은 한 전체로서의 국가를 의미하며 결국 문명을 이끌어 가는 것은 교화된 식자계층이라면 무지한 대중들의 계도는 식자층의 가장 중요한 의무 중의 하나이다. 결국 아놀드의 주된 관심은 문화적 복종과 종속을 통해 획득된 사회질서와 권위일 뿐이다.

이러한 아놀드의 견해는 리비스주의[67]에 그대로 이어진다. 리비스주의는 아놀드의 견해를 영국에서의 1930년대 '문화적 위기'에 적용하였다. 리비스주의에게 20세기는 점차 뚜렷해지는 문화적 쇠퇴기로 이해된다. 19세기에 모습을 드러낸 문화적 '평준화와 하향화'가 20세기에 누적된 것이다. 리비스주의도 근본적으로 문화는 항상 소수의 유지자들에 의해서 지켜왔다는 데서 출발한다. 따라서 "소수만이 과거에 있었던 최선의 인간 경험을 이용할 수 있으며 이들만이 가장 미묘하고도 연약한 부분을 살려서 유지한다."[68] 왜냐하면 "그들에게는 한 시대를 살아가는 훌륭한 생활의 질서를 세우는 무언의 기준이 있기 때문이다."[69]

---

65) M. Arnold, 같은 책, 193쪽.

66) M. Arnold, 같은 책, 82쪽.

67) 아놀드의 이론과는 달리 리비스의 이론이 리비스주의라 불리우는 이유는 40여년에 걸쳐 이루어진 그의 문화연구가 단순히 F. R. 리비스 한 개인에 의해서 이루어진 것이 아니라, 그의 이론에 공감하는 Q. D. 리비스와 D. 톰슨 등에 의해서 공동으로 이루어졌기 때문이다.

68) F. R. Leavis & Denys Thompson, *Culture and Environment* (Westport, CT : Greenwood Press, 1977), 5쪽.

리비스에 의하면 19세기 이전의 영국에는 하나의 '일반문화'만이 존재하였다. 산업혁명이 도래한 후 일반문화는 두 개의 문화로 분열되었는데, 즉 소수문화와 대량문명이 바로 그것이다. 소수문화는 문학적 전통으로 축소된 '사고와 표현의 정수'의 가치로 형성된 '교육받은 엘리트의 문화'로 이어졌었지만, 대량문명은 '교육받자 않은 다수'에 의해서 소비되는 대량, 대중문화 혹은 상업문화로 전락되었다.[70] 민주주의의 도래와 이로 인한 대량문명과 대중문화의 범람은 전복적인 모습을 띠면서 사회 전체를 돌이킬 수 없는 혼란으로 이끌어 갈 것이 분명하기에 이러한 위협에 대처하기 위해서 리비스주의는 대중들에게 "대중문화에 대항하는 것을 학교에서 훈련시켜야 하며,"[71] 학교 밖에서도 "의식적이고도 직접적인 노력을 통해서 잘 무장되고 활동적인 소수가 저항의 모습을 보여야 한다."[72]는 것이다.

대중문화에 대한 공유학파의 이러한 견해는 영국의 경우 이후 버나드 쇼, D. H. 로렌스, T. S. 엘리어트, 버트란드 러셀 등으로 이어지며, 대륙에서는 F. 니체, J. 부르크하르트, 오르테가 Y. 가세트, M. 하이데거, K. 만하임 등에서 그 유사한 입장을 확인할 수 있다.

---

69) F. R. Leavis & Denys Thompson, 같은 책, 5쪽.
70) F. R. Leavis & Denys Thompson, 같은 책, 25~26쪽.
71) F. R. Leavis, *For Continuity* (Cambridge : Minority Press, 1933), 188~189쪽.
72) Q. D. Leavis, *Fiction and the Reading* (London : Chatto & Windus, 1978), 270쪽.

### 2) 민주주의적 비판

앞에서의 보수적 귀족주의 그리고 엘리트주의적인 대중문화 비판이론이 19세기 중엽 이후에 나타난 이론이라면, 대중사회를 전체주의로 보는 민주주의적 문화 비판이론은 20세기 초 특히, 제 1차 세계대전 이후의 네오 마르크스주의자들에 의해서 주장되었다. 특히 네오 마르크스주의를 대표하면서 가장 정교한 문화이론을 전개한 그룹이 바로 프랑크푸르트학파이며 이들의 이론을 통상 비판이론이라 부른다. 비판이론은 마르크스주의와 대중문화의 관계를 다루는 다른 장에서 상론하기로 하고 여기에서는 간략하게 소개하기로 한다.

비판이론은 두 개의 핵심적인 주제로 전개된다. 하나는 대량적인 경제적 기술적 변동에 직면하여 경제적인 사회화의 기구가 약화되었다는 것이며, 다른 하나는 문화의 물상화가 증가함으로써 인간의 노동이나 활동의 대상이 표면적으로는 인간의 통제를 넘어서 자주적이고 자율적인 힘으로 바뀌게 되었다는 것이다.[73] 전자가 비판이론의 대중사회이론이라면 후자가 이를 근거한 대중문화이론이라고 볼 수 있다.

비판이론에서의 초기 문화이론은 주로 미학적 이론과 예술비평에 초점이 맞추어져 있었으나, 1930년대 후반기에서 40년대에 접어들면서, 즉 프랑크푸르트학파의 주 멤버들이 미국으로 이주한 이후부터 대중문화에 대한 관심이 집중되었다. 아도르노, 호르크하이머, 마르쿠제 등은 미국에서의 체험을 토대로 하여 문화적 생산과 수용의 새로운 기술의 발달로 인해서 자율적 예술이 쇠퇴하

---

73) M.Horkheimer, *Critical Theory, Selected Essay*, trans & edited. by M. O'Connel (New York : Herder and Herder, 1972), 5~8쪽.

게 되었다는 것과 이것은 대중문화를 통한 정치적 통제를 증가시키며 현상유지를 고착시키는 것으로 귀결된다는 결론을 내리게 되었다. 이러한 관점은 이른바 문화산업(Kulturindustrie)이라는 개념에서 집약적으로 나타난다.

자본주의 사회에서 예술 혹은 문화적 산물은 상품이 되었으며, 그 과정에서 상이한 경제적 영역간의 증대된 연쇄성과 문화적 독점산업의 산업적 재정적 자본에의 의존성에 의해서 그 상황은 더욱 악화된다. 그리고 문화상품을 통해서 자본을 재생산하고 이윤을 추구하기 위해서 전체적인 사회구성체 내에서 대중들이 객관적인 자신들의 모습을 올바르게 이해하지 못하도록 또 다른 장치가 필요한데 이것이 허위욕구이다. 허위욕구는 자율적이고 합리적인 사고에 이르지 못하도록 사람들로 하여금 상품과 선한 것을 동일시하는 환상에 빠져들도록 한다. 새로운 기술이 예술을 쇠퇴하게 만들었다면, 이것은 대중문화를 통한 정치적 통제를 증가시키며 현상유지를 고착시키는 것으로 귀결된다는 것이다. 결국 비판이론가들이 보기에 자본주의에서는 문화가 인간을 인간답게 만드는 가치의 저장소로서 개인의 창조성의 표현으로 사용되기보다는 지배이데올로기의 규범으로 사용되기 위해서 현실적으로 고안된 것이다. 이처럼 문화산업을 사회통제의 강력한 도구로 이해함으로써 이데올로기적 신비화의 수단으로 그리고 지배계급의 체제를 공고히 하는 수단으로 간주하였다.

### 3) 대중문화 긍정론

대중문화에 대한 긍정론은 앞에서 이미 고찰했듯이 대중사회에 대한 문화 옹호론적인 성격을 띠고서 2차 세계대전 이후 미국을 중심으로 나타났다. 이것은 어떤 의미에서 전후(戰後) 전세계에 걸쳐 지대한 영향을 끼치고 있는 미국의 대중문화와 이것을 가능하게 하는 미국사회를 정당화하려는 지적 방어론이기도 하다.

E. 쉴즈, D. 벨, 등은 대중사회, 즉 현대 산업사회에 이르러 교육수준의 향상, 여가시간의 증대와 더불어 매스 미디어의 급속한 보급 등으로 인해서 비로소 대중들은 고급문화에서 대중문화에 이르기까지 다양한 문화를 접할 수 있는 문화적 민주주의가 가능해졌음을 강조한다. 자본주의는 문화적으로 천박한 대중들을 만들어내는 것이 아니라 상이한 문화수용자와 소비자들을 낳게 하며 이것이 다양한 문화를 생산하게 하는 원천이 되는 것이다. 쉴즈는 모든 사람들이 실제적으로는 대중문화를 선호함에도 불구하고 표면적으로 이를 경멸하는 것은 대중문화가 노동자를 포함하는 하층계급의 문화이기 때문이라는 지식인들의 위선적 계급의식을 지적한다.

한편 D. M. 화이트도 이와 유사한 견해를 표명하면서 "대중문화로 인해서 대중사회가 전체주의로 변할 것이라는 주장은 미국사회처럼 대중사회의 성격이 가장 강한 나라에서 실현되지 않고 오히려 후진국인 독일이나 소련에서 먼저 나타났다. 그리고 이들 나라의 공통되는 현상은 소위 고급문화와 대중문화의 의도적이고도 지나친 격리였다."라는 것이다. 미학자이며 비평가인 S. 손탁은 우리가 알고 있는 대중문화(Popular Culture)의 미학은 예술성의 소멸이 아니라 예술의 기능이 변형된 것임을 강조하면서 "오늘날의 예술은 의식을 수정해 주고 새로운 형태의 감각을 형성해 주는 새로운 도구"[74]임을 주장한다.

---

74) S. Sontag, "One Culture and the New Snsibility" in ed by A. Casty, *Mass Media and Mass Man* (New York : Holt, Rinehart and

물론 미국의 모든 지식인들이 대중문화를 긍정적으로 바라본 것은 아니다. 60년대의 사회적 격변을 겪으면서 청교도정신, 자유주의, 다원주의 등 지금까지 미국을 떠받쳐온 고유한 이념이나 가치들이 붕괴되었다는 것과, 귀족과 평민이 없는 대신 가진 자와 가지지 못한 자가 있음을 지식인들은 목격하였고, 이들에게 대중문화는 이러한 미국사회를 분열시키고 타락시키는 내부의 적으로 인식되었다. 예를 들어서 맥도널드,[75] 콘하우저 등과 같은 사회학자들은 대중사회의 문화적 현상을 문화의 그래샴법칙으로 설명하려 한다.[76] 화폐의 유통에서처럼 문화의 영역에서도 악화가 양화를 구축한다는 것이다.

그러나 이러한 관점은 결코 미국 문화이론의 주류는 될 수 없었다. 이것은 무엇보다도 60년대라는 시대적 상황의 소산이었고, 이후의 미국적 상황에서는 수용되지 못했기 때문이다. 따라서 전체적으로 볼 때 미국의 문화이론이 다른 어떤 이론보다도 대중문화에 대해서 긍정적이고 낙관적인 관점을 보여주고 있음은 부인할 수 없는 것이다. 그리고 미국에서의 이러한 경향은 영국의 문화주의에 절대적으로 영향을 끼치게 된다. 이 문화주의에 관한 논의는 다음의 독립된 장에서 상론하도록 하겠다.

---

Winston, Inc, 1968), 58~66쪽.

75) Dwight MacDonald, "A Theory of Mass Culture", ed by Bernard Rosenberg & David White, *Mass Culture* (New York : Free Press, 1959), 59~73쪽.

76) 원용진, 『대중문화의 패러다임』, 한나래, 1979, 98쪽.

# 4장. 자본주의와 현대예술

## 1. 현대예술과 미학

현재 우리가 쓰고 있는 예술이라는 개념과 그 체제는 18세기 중엽에 와서야 비로소 성립되었다. 물론 플라톤으로부터 플로티누스와 스토아 학파 그리고 아우구스티누스와 토마스 아퀴나스 그리고 근대의 합리주의와 경험주의에 이르기까지 전제는 달랐지만 세계를 미적인 것으로 사유하려는 철학적 미학이 지속적으로 존재하였다는 것은 사실이다. 그러나 철학체계 속의 하나의 분리된 부분으로서 미학은 18세기에 이르러서이다. 좀더 정확히 말해서 1735년 독일에서 바움가르텐이 '미학(Aesthetics)'이라는 명칭을 붙임으로써 가능해졌다.77) 이로써 감성은 독자성과 자율성을 가진 인식의 한 과정으로서 예술적 대상을 진지하게 고찰할 수 있게 되었다.

미학이 철학의 한 분과로 독립할 수 있었던 것과 마찬가지로, 예술 역시 18세기에 들어와서 하나의 독특한 제도로 출현하였다. 1746년 프랑스에서 아베 바뙤가 그의 저서 『하나의 원리로 통일된

---

77) 미학은 바움가르텐(A. G. Baumgarten, 1714~62)에 의해 1735년 『시에 관한 몇몇 철학적 성찰』에서 비로소 생겨난 새로운 학문으로서 지칭된다. 1742년 프랑크푸르트 (Frankfurt an der Oder)에서 그에 의해 철학사상 최초로 미학이 강의되며, 1750년에 간행된 라틴어 저서 『미학(Aesthetica)』이 출현한다.(김문환 편, 『미학의 이해』, 문예출판사, 1989, 24쪽).

여러 예술들』이라는 저작을 통해서 시, 회화, 음악, 조각, 무용을 '아름다운 기술들(beaux arts)' 즉 예술이라고 칭했다.[78] 그러면서 그는 예술이 철학과 종교 못지 않은 보편적이고 본질적인 정신적 가치를 구현하고, 예술을 통해 이러한 정신적 가치를 향유할 수 있다는 것을 선언하였다. 이리하여 예술은 이제 종교, 과학과 나란히 하나의 고유한 세계를 제시함으로서 예술의 독자성은 확실하게 구축되었다. 이 모두가 근대시민 사회의 산물이며 동시에 이러한 미학의 성립은 시민사회의 본질적 속성을 보여준다.

이러한 독자적인 지위는 예술은 "다른 사회적 실천들로부터 자율적이다."라는 테제에 의해 합리화되며,[79] 이것은 달리 말해서 예술의 창조는 이제 종교나 정치로부터 해방되었고 따라서 예술의 수용 역시 수도원이나 궁정의 집단적인 소비와는 구별되는 개인적인 취향의 양식이 되었음을 의미하는 것이다. 이리하여 예술은 특정 이데올로기들의 매개수단이나, 신학이나 종교적 신념의 표현 혹은 공동체의 자의식적 언명이 아니라, 이 모든 것으로부터 독립된 독자적인 활동이 되었다. 이것이 가능하게 된 시대적 배경을 좀더 구체적으로 살펴보도록 하자.

8백여 년 동안 자연과학을 소홀히 했던 서구 유럽은 13세기에 이르러 다시 그것에 대해서 관심을 가지게 되었다. 특히 아리스토텔레스의 과학서적이 아랍과 비잔티움을 통해서 다시 소개되면서 자연과학에 대한 관심은 더욱 고조되었다. 13세기의 과학연구는 약 4백 년 뒤에 나타난 현대과학의 밑거름이 되었을 만큼 실로 활기가 넘쳤고 창조적이었다. 이러한 물질세계에 대한 새로운 경험

78) W. 타타르키비치, 『미학의 기본 개념사』, 손효주 역, 미진사, 1990, 19쪽.

79) W. 타타르키비치, 같은 책, 36쪽.

주의적 관심에 조응하여 나타난 예술에서의 새로운 양식이 이른바 르네상스 양식이었고 특히 회화에서는 원근법으로 나타났다.

## 2. 원근법과 근대적 주체

15세기의 유명한 건축가 부르넬레스키가 발명한 원근법에서 가장 중요한 것은 소실점이다. 캔버스에는 소실점을 중심으로 화가가 바라보는 세계가 펼쳐지며, 원근법으로 그림을 그린 화가는 자기의 시선을 중심으로 세계가 전개되는 것을 목격하게 된다. 이전의 병렬적인 2차원의 평면이 사라지고 대신 깊이가 있는 3차원의 공간이 나타나는 것이다. 이제 시선의 주체가 신이 아니라 인간이 됨으로써 원근법은 화가가 화폭 위에 자신의 실제적인 시각 경험의 구성을 가능하게 하였다. 달리 말해서 원근법이라는 기하학적인 규칙을 통해서 시각 공간을 임의적으로 구성할 수 있게 된 것이다. 이는 시각 영역이 원근법이라는 새로운 방법에 의하여 전면적으로 재구성되는 결과를 가져왔다. 데카르트가 철학적으로 제시한 사유하는 주제로서의 인간이 회화의 한 기법인 원근법에서 실현된 것이다.

동시에 원근법은 관찰자가 투시의 중심점, 즉 소실점 이외의 위치에서 그림을 바라볼 때 관찰자의 정신은 자동적으로 조정되며 그 결과 마치 중심점에서 보고 있는 것처럼 그 형상을 보게 됨을 의미한다. 이제 관찰자의 눈은 실제의 눈으로부터 독립된 공간 속에서 마음대로 활동할 수 있는 '가상의 눈'을 가지게 되는 것이다. 이처럼 시점을 육체의 눈으로부터 분리시킴으로써, 다시 말해서 공간에서 '독자적으로' 자유롭게 활동할 수 있는 가상의 눈을 창조함으로써 원근화법은 사람들에게 확장된 물질 공간 그 자체를 심리적으로 체험하게 하였다. 그리고 공간에서 자유롭게 떠다니는 '가상의 눈'은 17세기에 갈릴레오와 데카르트가 새로운 과학적 세계관을 공식화하는 과정에서 중요한 모델로 작용하였다.

이것이 의미하는 바는 원근법 회화가 "물질 공간 안에 위치하는 육체적 개인의 존재" 즉 구체적인 물질 공간 내의 구체적인 육체에 의해서 관찰된다는 것이다. 따라서 원근화법은 관찰하는 육체의 위치를 내적으로 설정하고 있기 때문에, 그림의 가상 공간과 관찰자의 현실적, 즉 물질적 공간이 매우 형식적으로 연결되어 있다. 이처럼 관찰자의 물질적 공간과  그림의 가상 공간이 엄밀하게 연결됨으로써, 화가와 관찰자는 이제 그들 자신이 물질 공간 어디에 위치해 있는가를 깨닫게 해준다. 어떠한 시점에서 그림을 그리느냐에 따라서 화가는 관찰자를 어느 위치에서든 서있게 조절할 수 있는 것이다.

이제 원근법이라는 새로운 양식을 발견한 근대화가들은 정확하고 과학적인 재현이야말로 근대 회화를 특징짓는 중요한 특징이라는 것을 자각하게 되었다. 이것은 곧 근대 유럽인들에게 공간을 새롭게 보는 방법을 가르쳐 주었고 이것은 바로 과학분야에서 가장 먼저 새로운 방법으로 나타났다. 르네상스 화가들이 가르쳐준 대로 갈릴레오는 과학자의 눈을 육체로부터 분리한 다음 그 가상의 눈이 주위의 공간에서 자유롭게 떠다니도록 하였다. 이때부터 과학자들은 가상의 눈을 이용해 수학적으로 환원할 수 있는 세계의 '본질적인' 현상을 찾아내는 것을 그들의 주된 과제로 삼게 된다. 그들에게 유클리드 공간은 단순히 실재의 배경에 불과한 것이 아니었다. 유클리드 공간의 중립성은 그들에게 과학 자체의 중립성과 객관성을 보증해 주었다. 이제 갈릴레오의 실재관에서 물질적 공간은 실재의 활동공간으로 격상되었고, 대신에 중세이래 천상의 세계라 불리는 영적 공간은 그 존재가 위협받기 시작하였다.

다시 말해서 물질공간에 대한 관심이 고조될수록 본래 영적인 공간구도 위에 세워졌던 중세의 세계관은 커다란 타격을 입게 되었다. 만약에 '실재세계'가 유클리드 공간에서 움직이는 물리적 물체들로 구성되어 있다면 신이 있을 곳이 어디인가? 만약 실재세계가 텅 빈 물질 공간에 불과하다면 기독교적 영혼이 거처해야 할 곳은 어디에 있는가? 이처럼 17세기에 이르러 르네상스가 초래한 새로운 회화 양식인 원근법과 새로운 우주관인 과학혁명은 중세의 우주관 자체를 소멸시켜 버렸다. 신과 천사들로 가득 찬 천상의 세계와 이를 근거한 우주의 위계론적 질서는 모두 전 시대의 신화가 되어버렸다. 이러한 회화 양식과 자연과학에서의 급격한 변화는 결국 당시의 정치적 경제적 질서의 변화를 반영하고 있으며 이 결과가 가져온 가장 첫 번째 현상은 유럽인들을 오랫동안 하나로 연결시켜 주었던 종교적 우주관에 의한 공통감의 상실이었다.

종교개혁 역시 근대 예술의 역사와 무관하지 않다. 종교개혁을 주도했던 루터나 칼빈에게서 공통적으로 발견할 수 있는 예술관 중의 하나는 형상적 대상물에 대한 철저한 거부였다. 가톨릭의 다양한 종교적 상징물이나 장식적 형상을 우상 숭배라고 보았던 이들 종교개혁의 지도자들은 극단적인 우상 파괴주의를 주장하였고, 특히 칼빈주의가 성행했던 네덜란드를 중심으로 프랑드르 지방에서 그 현상이 두드러졌다. 이들 지방에는 이제 일감이 크게 줄어들었고 화가들은 생계를 위해 귀족들의 초상화를 그려주거나 아니면 일반 대중들을 찾아 나서야 했다.80)

이와 같이 르네상스와 과학혁명 그리고 종교개혁을 거치면서 대두된 근대사회에서의 미와 예술의 변화는 결과적으로 전통적이고 유기적인 공동체에 바탕을 세계관을 상실시켰다. 현대의 시민사회는 개인을 이전의 규범과 규정의 족쇄로부터 해방시켜 주었지만, 이러한 해방은 동시에 예술에서의 무질서한 주관적 취향의 시내를 노래하게 하였다. 예를 들어서 종전의 신분적 구속에서 해방된 예술가들의 반대편에는 오로지 자본을 바탕으로 새로운 사회적 신분과 지위 격상을 노리는 '무식한' 신흥자본가들이 자리잡고 있으며, 이들에 의해서 전통적으로 모든 예술에게 요구되었던 초월성과 정신성이 부정되면서 예술은 이제 한갓 개인적인 도락과 취미로 바뀌기 시작한 것이다. 철학적 미학은 바로 이러한 상황들이 초래한 혼논상태의 조정자로 등장하게 된 것이다.

이러한 상황들이 초래한 가장 중요한 현상은 일상생활로부터의 예술의 분리였다. 전통 사회에서 예술은 비전문적인 것이기에 특별한 기술이나 지식이 없더라도 접근 가능한 것이었다. 그러나 근대에 접어들면서 이른바 '천박한' 부르조아적 취향과 분리된 예술과 미는 다른 문화 영역과도 분리됨으로써 공동체와의 공적 감동이 결여된 채, 전문화된 한 체계로 받아들여졌다. 이제 예술은 자율적 영역이기 때문에 그 나름대로의 고유한 존재방식을 고수해야 하며 예술에 대한 올바른 이해 역시 그 존재방식에 따라야 하는 것이다. 예술의 이러한 자기규정은 소위 '예술을 위한 예술,' 즉 예술의 자율성과 순수성을 강조할수록 더욱 정당화되었다.

이제 예술의 저급화를 막는 일은 그것을 특정한 장소에 격리시키는 것이다. 오직 감상을 위한 장소, 이것이 바로 미술관이고 연주장이었다. 실제로 대형 미술관이나 공연장의 탄생과 역사가 그

80) 한국철학사상연구회, 『문화와 철학』, 동녘, 1999, 113쪽 참조.

것을 말해준다. 예를 들어 서양의 경우, 18세기 중반부터 19세기초까지 박물관 또는 미술관이 대대적으로 건립되었는데 이것은 바로 17세기부터 시작된 군주와 귀족들 그리고 신흥자본가들의 열광적인 미술품 수집의 결과였다. 그러나 이러한 제도적 틀이 예술에게 순수성을 요구할수록 역설적으로 예술은 예술이 아닌 것에 종속되었다. 신앙을 미로 바꾸고, 교회를 미술관으로 탈바꿈시킴으로써 교회의 후원금 대신 예술품의 매매가격이 더욱 실제적인 힘으로 등장하게 된다. 미술관에서의 전시 여부가 순수 예술의 기준이 되고, 동시에 미술관이 위대한 작가를 만든다는 공식이 성립하게 되는 것이다. 순수성을 위한 공간의 분리가 오히려 예술품의 대중화를 가져왔고, 많은 대중들이 선호하는 작품일수록 더욱 가치를 지닌 것처럼 여겨지게 되었다는 사실이다. 시장 논리에 포섭된 이러한 미술관 중심의 예술 관행은 이후 더욱 큰 힘을 발휘하였고, 여기에서 18세기 중엽에 확립된 '자율적 예술'이라는 이념이 결국 예술과 경제의 결탁을 위한 발판에 불과하였다는 사실을 다시 한번 확인하게 되는 것이다.[81]

이제 예술 활동은 경제를 포함한 다른 영역으로부터 독립되어야 한다는 표면상의 구호에도 불구하고, 현실은 경제적인 관계를 떠나서는 예술 활동 자체가 불가능함을 보여주었다. 물론 현대에 이르러서까지 많은 철학자들은 전통적인 예술개념을 지속시키려는 노력을 기울였다. 예를 들어 하이데거는 예술작품이야말로 일상적인 삶 속에 은폐되어 있는 근원적인 존재를 열어 보이는 위대한 힘이라는 사실을 역설하였고, 메를로-퐁티 역시 예술의 영감은 존재의 호흡과 같다면서 이러한 끊임없는 호흡을 통해서 존재가

81) 한국철학사상연구회, 같은 책, 115쪽 참조.

늘 새롭게 태어난다고 하였다. 또 들뢰즈는 인간을 신경망으로 구성된 하나로 뭉뚱그려져 있는 '기관 없는 몸'으로 규정하면서 이에 반해 회화는 선과 색으로 만들어진 순수하게 현존하는 몸이라고 주장하였다.[82)]

이처럼 선통석인 미학은 여전히 예술작품을 절대자의 혹은 인간 정신성의 표현임을 강조하지만 현대의 예술적 상황은 이러한 견해에 한계를 보여주었다. 예술가들 역시 이러한 상황에 상응하는 구체적인 예술적 표현을 다양한 방식으로 전개하였다. 예를 들어서 자기 지양적 예술 형식, 예술들의 탈경계화 현상 혹은 예술과 삶 사이의 경계를 극복하려는 시도 등이 그것으로써 19세기 중반의 인상파, 20세기초의 다다이즘 혹은 초현실주의 등이 대표적인 예술 양식이다. 그러나 자본주의적인 예술 시장은 이러한 아방가르드적인 예술적 영감마저도 포섭함으로써 그 순수성 혹은 급진성을 상업화하는 데 성공하였다. 결국 예술 생산을 둘러싼 자본의 힘은 문화산업과는 구분되는 독립되고 제도화된 예술 영역의 고유성 혹은 정당성을 확보하려는 예술적 운동과 철학적 미학을 무기력하게 만들 뿐이었다.

## 3. 자본주의와 예술

이렇게 볼 때 실상 근대미학과 예술의 성립에 영향을 끼친 중요한 요인은 자본주의라는 경제적 토대다. 장원을 기반으로 한 봉건제도가 몰락하고 산업화, 도시화가 진전됨에 따라 사회의 주도 세

---

82) 한국철학사상연구회, 같은 책, 116~117쪽 참조.

력이 봉건영주나 귀족에서 중소 상공업자나 신진 자본가로 바뀌게 되자, 그 동안 교회와 왕실 그리고 귀족을 위해 재능을 사용하였던 예술인들은 대중이라는 새로운 고객을 찾아 나서야 했다. 그리고 이제는 일방적인 주문방식이 아니기에, 그림을 그린 뒤 그림 시장에 내다 팔아야 하고, 작곡을 한 뒤 악보상에게 악보를 맡겨야 한다. 이때부터 생산 주체와 소비 주체의 분리, 이와 병행해서 노동의 분화, 시장의 발흥 등이 인간의 여러 활동들로부터 예술을 분리시키는 결정적인 조건들로 등장하였다. 특히 이중에서 노동의 분화에 따른 노동과 여가의 분리가 중요한데, 예를 들어 전통사회에서는 일 속에 놀이가 포함되고 놀이 속에 일이 포함되는 식으로 노동과 여가는 구분되지 않았다.

그러나, 노동자의 시간을 엄격하게 관리하는 자본주의 체제 속의 노동은 절대로 여가와 병행할 수 없다. 당연히 여가에 대한 필요는 별도의 시간과 장소에서 소비활동을 통해 충족시켜야 했고, 이를 위해 전문적으로 봉사하는 문화 예술 인력이 등장하게 되었다. 이제는 여가 또한 하나의 산업으로 자리잡게 되었다. 그리고 자본주의의 목표도 이윤 확보에 있기에, 이러한 여가를 필요로 하는 대중을 상대로 하는 문화 예술의 성격도 과거와는 달리 평균적 취향 충족에 그 초점을 맞출 수밖에 없는 것이다.

이와 같이 근대 시민사회의 문화 영역에 상품-화폐가치가 침투함으로써 종래의 고급문화나 서민문화 대신에 '대중문화'가 등장하게 되었다. 대중문화는 자본에 의해 생산, 분배되어 상품 소비자들에게 수용됨으로써 대중의 일상적 삶과 의식을 지배하게 된다. 이제 상품으로서의 문화의 형식과 내용은 자본의 이윤 동기에 철저하게 예속되며, 대량생산을 위한 표준화, 규격화, 대량판매를 위한 안정적인 시장 확보와 소비 욕구의 관리가 뒤따른다. 이러한 대중문화의 발달은 한편으로 종래에 고급문화로부터 소외되었던 서민들이 쉽게 문화를 접할 수 있는 소위 '문화적 민주주의'를 가능하게 함으로써 보다 많은 사람들이 문화적 욕구를 충족할 수 있는 긍정적인 면도 있으나, 다른 한편으로 상품 논리에 의한 대중문화의 농질화, 저속화를 불러왔고, 이것은 단순히 문화 자체의 수준 저하라는 문제뿐만 아니라 지배체제의 유지를 위한 이데올로기적 효과를 발휘한다는 데 더 큰 문제가 있는 것이다.

즉 건전한 비판의식과 통찰력을 마비시키는 향락을 제공함으로써 대중문화는 현실을 은폐하고 왜곡하여 우리로 하여금 지금의 삶의 조건을 가장 바람직한 현실로 받아들이도록 만드는 허위의식을 조장하는 것이다. 사람들은 점점 원자화되고 수동화됨으로써 이성적 공중들은 점점 사라져 버리고 대량 생산체제의 소비자라는 지위를 감수하게 된다. 특히 매스 미디어의 조작된 기능과 문화적 상부구조를 통한 통제로 인해서 노동자 계급은 자본주의 질서 속으로 통합 되어버리고 그들의 혁명적 역할도 사라져 버리게 된다. 이러한 견해를 대표하는 것이 비판이론에서 주장하는 문화 산업론이다.

물론 이것이 과연 자본주의를 수호하는 어떤 정치집단과 대중문화 산업 사이의 음모론적 과정을 통하여 일어나는 것이냐에 대해서는 이론의 여지가 있다. 왜냐하면 대중문화는 그 자체가 다수의 대중을 대상으로 한 것이며, 많은 사람들에게 수용(소비)되어야 하기 때문에 기존의 체제에 어느 정도 순응하는 것이 당연하기 때문이다. 대중문화 산물 중에는 일반 사회 분위기나 국가의 검열, 교육기관, 종교 등 다양한 제도적 장치들 때문에 일정 수위를 넘기지 않는 것이 대부분이기는 하지만, 기성체제에 대하여 비판적이거나 혁명적인 요소를 담고 있음을 부인할 수 없는 것이다. 오히려 대중문화를 둘러싼 문화적 모순은 사회의 세 영역, 즉 정치와 경제, 문화 중에서 문화(예술) 담론 자체로부터 기인하였다고 볼 수 있다. 예를 들어 경제적 혹은 정치적 모더니즘은 그 동안 봉건적 의식을 정리해 줄 수 있는 진보적이며, 긍정적인 면을 보여주지만 문화적 모더니즘의 경우, 그 내면의 메커니즘은 아직도 봉건적이고 전통적이기 때문이다.

## 4. 현대 예술의 상품 논리

이상에서 본 것처럼 자본주의 체제를 떠받치는 논리는 시장 또는 상품화 논리다. 그리고 이러한 논리를 떠받치고 있는 사물의 가치는 교환가치다. 사물의 교환 가치는 화폐량으로 표시될 수 있고, 상품으로서 화폐를 매개로 다른 상품들과의 교환을 통해서 소유되고 소비된다. 그런데 이러한 교환가치, 즉 상품이 교환될 수 있는 근본적인 힘은 사물의 사용가치에서 발생한다. 사용 가치는 사용자 또는 소비자의 심리와 욕구에 근거해서 사물을 판단하는 주관적인 가치다. 궁극적으로 소비자가 상품을 구매하고 소비하는 것은 사용가치 때문이다. 자본주의 사회는 미적인 차원에서도 상품에 대한 사용가치를 약속해 주는데, 이것을 상품 미학이라고 한다.

자본주의 내에서 미적 주체-객체 관계에 관한 연구라 할 수 있는 상품미학을 체계화한 학자는 하우크이다. 하우크는 자신의 저서 『상품미학의 비판』에서 자본주의 내에서의 상품이 지닌 미적인 차원이 어떻게 해서 소비자에게 상품의 사용 가치를 약속해 주는가를 논리적으로 설명해 준다. 하우크가 관심을 가지는 것은 실체화된 미적인 그 자체의 본질성이 아니라 "자본주의 사회의 통합적 유지를 위한 미적인 것의 기능"[83]에 있다. 달리 말해서 "독점자본주의적 상황에서 경제적 부문에서 유래하며 사회적 관계의 총체에 구성적이고 전체적으로 형성하는 감성과 의식의 규범화라는 의미를 내포하고 있는 문화에 관한 것"[84]이다.

따라서 상품미학은 단순히 생산물의 미적 현상 그 자체를 고찰하지 않고, 상품의 미적 현상의 기능 즉 생산물의 상품적 형식으로부터 유래하여 교환가치에 의해 기능적으로 규정되는 사물적 현상들의, 그리고 그것에 의해 제약되는 감각적인 주체-객체 관계들의 복합체를 고찰한다. 이것은 결국 예술품이 어떻게 상품으로서 기능하게 되는가를 말해주는 것으로 상품미학은 예술품의 미적인 차원과 경제적인 차원을 동시에 다루게 된다.

하우크는 우선 상품미학으로서의 예술 작품은 시장 즉 구매라고 불리는 전유의 사적인 형태가 있어야 생겨날 수 있음을 강조한다. 예술적인 것이든, 미적인 것이든 예술작품은 시장을 통해서 새로운 종류의 사용 가치를 획득할 수 있으며, 스스로를 다른 사용가치의 형태로 바꿀 수 있는 것이다. 물론 예술 작품에는 상업성으로 측정할 수 없는 고유한 가치가 있음을 부정할 수 없지만 실제는 대부분의 소비자들은 이러한 시장논리라는 메커니즘의 덕으로 예술작품을 즐기고 있는 것이다. 이렇게 예술이 대대적으로 상품화의 길을 걸을 수밖에 없고, 또 그럴 수 있도록 한 배경에는 대중사회로의 변화가 가로놓여 있는 것이다.

동시에 19세기부터 강화된 산업화 정책에 따른 대중 교육의 성과가 20세기에 접어들면서 구체화되었고, 점점 속도를 높이는 자

83) W. F. Haug, *Kritik der Warenasthetik* (Frankfurt, a .M, 1971), 7쪽.
84) W. F. Haug, 같은 책, 10쪽.

본주의의 경제성장과 특히 첨단 기술에 의한 대중 매체의 발전은 일반 대중들의 미적인 또는 예술적인 감식안을 높여주었다. 그 결과 대중들의 미적인 기준을 만족시키지 않고서는 제대로 된 예술이 될 수 없다는 인식이 퍼지기 시작했다. 이러한 대중들의 미적 감수성과 예술 자체의 상업성이 결합되어 20세기 중반부터 등장한 예술 사조 중에서 가장 대표적인 것이 이른바 팝 아트(pop arts)이다. 1956년 영국의 리차드 해밀튼에서 시작되어 1960년대 후반 미국의 앤디 워홀과 리히텐슈타인을 중심으로 확산되기 시작한 이 경향에 대해서 해밀튼은 "예술의 바람직한 특징들이란 일시적이고 대중적이며 싸구려이고 대량 생산된 것, 젊고 재치 있고 섹시하며 교묘하고 매력적인 것 동시에 대기업적인 것이다."라고 했고, 앤디 워홀은 "가장 상업적인 것은 가장 예술적이고 가장 예술적인 것은 가장 상업적이다."라고 하면서 정당화하였다. 이처럼 팝 아티스트들은 아예 노골적으로 대중 즉 구매자들의 기호를 예술의 기준으로 삼았고 그 동안 암암리에 인정할 뿐이었던 예술의 산업적 성격을 예술작업의 구호로 삼았다.[85)]

서구의 경우, 팝 아트의 등장 이후 대중매체를 바탕으로 하는 대중문화에서 대중성이 없는 예술작품은 예술로서의 의미가 없다는 식의 사고가 계속 확산되고 있음은 사실이다. 이에 대해서 보수적인 예술 이론가들 혹은 전통적인 미학을 고수하려는 철학자들은 예술이 그 어떤 다른 영역의 수단이 되어서도 안 되고, 특히 시장에 예속되어 경제의 수단이 되어서는 안됨에도 불구하고 20세기의 예술이 그렇게 될 수밖에 없고 또 그렇다는 인식에서 이른바 '예술의 죽음'을 이야기하고 있다. 예를 들어 이미지 연구가인

---

85) 한국철학사상연구회, 같은 책, 119~120쪽 참조.

레지스 드브레는 그의 『이미지의 삶과 죽음』에서 전 세계에 넘쳐 흐르는 이미지의 범람을 우려하는데, 그 이유는 이처럼 상업성에 의해서 마구 유포되는 과잉의 예술 이미지는 예술이 본래 지니고 있던 탈일상성과 근원으로 파고들어 가는 힘을 수면시키기 때문이다.[86] 그렇다면 '예술의 죽음'은 예술의 자율성을 떠받치는 고도의 정신성과 상상력의 영역을 이제 와서 뒤늦게 부정하는 것이 아닌가?

그러나 어떤 의미에서는 대상의 본질적인 가치보다 대상의 소유 그 자체만이 모든 것을 결정하는 지금이야말로 예술은 미적 관조를 위한 대상 그 이상 것도 혹은 그 이하의 것도 아니라는, 다시 말해서 예술에 대한 어떠한 도구적 관점도 거부하는 예술에 대한 가장 순수한 명제가 필요한 시대일지도 모른다. 왜냐하면 예술이야말로 인간 정신의 가장 고귀한 현현이라는 것을 어느 누구도 부인할 수 없기 때문이다. 이렇게 볼 때 현대 미학이 전통적인 미학에 관한 주장을 무미건조하게 계속 반복하여서는 안 되겠지만, 이 시대의 새로운 예술양식과의 과도한 영합도 바람직하지 않을 것이다. 결국 미와 예술에 관한 가장 전통적이고도 근원적인 인식을 토대로 하여 현대 예술 속에서 계속 새롭게 생성되는 표현의식을 사유적으로 포착하면서 궁극적으로 미학과 현대 예술 사이의 화해 가능성을 추구해야 하는 것이다.

---

86) 레지스 드브레, 『이미지의 삶과 죽음』, 정진국 역, 시각과 언어, 1994, 354~355쪽 참조.

# 제2부 문화의 이해

# 1장. 구조주의

## 1. 구조주의의 의미

구조주의는 문화와 이데올로기 그리고 사회 관계를 구조라는 관점에서 지각하고 기술하고 분석하려는 하나의 방법론이다. 따라서 문화주의나 마르크스주의처럼 특정한 정치적 입장에는 무관심하다. 테리 이글턴의 지적처럼 구조주의는 "『전생과 평화』에서 『전쟁의 절규』에 이르기까지 어떠한 연구대상이라 하더라도 그 문화적 가치에는 무관심하다. 이 방법은 가치평가를 위한 것이라기보다는 분석적인 것이다."[1] 구조주의에 앞서 구조(structure)에 대한 학자들의 사고는 상당히 일찍 시작되었다. 예를 들어 이탈리아의 법학자 잠바티스타 비코는 『새로운 과학』(The New Science, 1725)에서 인간이 자연을 구조화시키며 나아가서 신화나 사회제도 또는 사실상의 전 세계를 지각하는 대로 구조화시키며 그렇게 함으로써 인간은 자신을 구조화시키는 것이다. 이처럼 인간 제도의 본성에는 인간의 사회생활에 있을 법한 사물의 실체를 일관성 있게 파악하고 그것들을 각각의 양상에 맞추어 여러 가지로 수정 표현하는, 모든 국가에 공통된 심적 언어가 있는 것이다. 비코의 견해의 탁월한 점은 인간 문명의 발달은 인간이 자연을 구조화시킨 결과이며, 그 구조화된 세계 속에 살면서 인간은 그 구조의 영향

---

1) 테리 이글턴, 『문학이론 입문』, 김명환 외 공역, 창작과 비평사, 1988, 122쪽.

을 받는 사실이다.

구조주의 선구자로서는 비코 외에도 두 사람을 더 들 수 있는데 즉 마르크스와 프로이트이다. 마르크스는 한 사회의 사상이나 제도와 같은 상부구조는 물질의 영역인 하부구조에 의해서 결정된다고 강조하였고, 프로이트는 인간들의 행위를 결정하는 것은 합리적인 의식이 아니라 잠재의식 또는 무의식이라고 주장했다. 결국 이들의 공통적 입장은 표면적인 사건과 현상이 그 표면 밑의 구조, 자료 및 현상으로 설명되어야 하며, 개인들의 의식적인 결정보다 그러한 결정을 형성하고 구조화하는 그리고 그러한 결정에 영향을 미치는 심층구조, 무의식적 동기 및 저변의 원인을 발견하려는 데 있다. 그러나 이러한 선구적인 견해가 있음에도 불구하고 우리가 일반적으로 지칭하는 구조주의는 1960년대 프랑스를 중심으로 하는 일군의 학자들의 지적 운동을 지칭한다.

이 새로운 운동이 보여주는 관점의 중요한 점은 무엇보다도, 세계는 외양과는 달리 그 구체적인 특징들이 명확하고도 개별적으로 지각될 수 있고 그 성질이 적절하게 분류될 수 있는, 다시 말해서 독립적으로 존재하고 있는 사물로 이루어진 것이 아니라는 사실에 있다. 개별적인 실체들은 완전하게 객관적으로 지각하는 것은 불가능하며 오히려 관찰자와 관찰된 것 사이의 '관계(relationship)'가 더 중요하다. 즉 사물의 참된 성질은 사물 그 자체에 존재하는 것이 아니라 사물들 사이에서 우리들이 구성하고 지각하는 관계에 있는 것이다. 결국 어떤 실체나 경험들의 완전한 의미는 그것을 부분으로 삼고 있는 구조 안으로 통합되어야만 비로소 인식될 수 있는 것이다. 프레드릭 제임스의 지적처럼 구조주의란 "정신 그 자체의 항구적인 구조, 즉 정신이 외계를 경험하기 위한, 혹은 그 자체로서는 본질적으로 무의미한 것 속에 하나의 의미를 구성하기 위한 카테고리 및 형식을 분명하게 탐구하는 것"[1]이다.

이리하여 장 피아제는 구조라는 의미에는 세 가지 기본 개념이 포함된다고 하였다. 첫째, 전체성(wholeness)의 개념으로서 이때의 전체성이란 내적인 통합을 의미한다.[2] 따라서 전체성으로서 구조란 요소들의 단순한 결합 이상이며 내적 일체성을 가진다. 즉 요소들로 분해해서 볼 수 없는 고유의 패턴이 있다는 것이다. 둘째, 전환(transformation)의 개념으로서 구조는 정적인 것이 아니라 오랜 시간을 두면서 변환한다는 것이다. 구조는 정적이 아니며 구조 자신이 구조화를 이루도록 계속 작용한다. 그리고 이 구조화 과정이 수동적으로 되지 않기 위해서 변환이 필요한 것이다. 셋째, 자기 조절(self-regulation)이라는 개념으로서 구조는 그 변환 절차를 유효하게 하기 위해서 자신을 초월하지 않는 점에서 자기 조절적이다. 예를 들어 하나의 언어는 단어들의 구성을 '현실'의 패턴에 맞추어 구성하는 것이 아니라 언어 자신의 내적이고 자기 충족적인 규칙에 기초하여 이룩하는 것이다. 개(dog)라는 단어는 영어라는 언어의 구조 속에서 존재하고 기능할 뿐 멍멍 짖는 네 발 달린 동물과는 아무런 관계가 없는 것이다. 이처럼 구조는 일정 범위를 가정하고 자신의 체계를 유지하고 지지하기 위해서 닫혀 있다는 것이다.

흔히 구조를 형식과 혼돈하여 구조주의를 형식주의와 혼동하는 경우가 많지만. 내용과 형식을 이분법적으로 분리 가능한 것으로 보는 전통적인 관점에서 볼 때, 구조는 형식과는 전혀 별개의 것이다. 그리고 이러한 이분법적 입장에서 본다 하더라도 형식보다

1) T. 훅스, 『구조주의와 기호학』, 정병훈 역, 을유문화사, 1984, 19쪽.
2) T. 훅스, 같은 책, 16~17쪽 참조.

는 오히려 내용에 가깝다고 할 수 있다. 그 이유는 구조가 바로 내용을 구성하는 논리를 지칭하기 때문이다. 이렇게 볼 때 구조주의 연구가 언어학에서 비롯되었다는 점은 우연이 아니며 따라서 현대 언어학의 창시자인 페르디낭 소쉬르는 동시에 현대 구조주의의 선구자가 된다. 그러므로 소쉬르의 기호학적 업적을 먼저 살펴보고, 이어서 레비-스트로스, 롤랑 바르트, 그리고 이른바 후기구조주의로 분류되는 자크 데리다, 작크 라캉, 미셸 푸코 이 세 사람의 사상을 고찰하기로 하겠다.

## 2. 소쉬르의 구조적 언어학

소쉬르의 강의록인 『일반 언어학 강의』가 그의 사후, 1915년 처음 출판되었을 때 기호학의 가능성이 제시되었다. 이 책에서 제기된 문제는 "의미는 어떻게 발생하는가?"라는 언어학의 근본적인 과제였다. 소쉬르는 이것을 설명하기 위해서 언어를 두 개의 구성부분으로 나눈다. 앞에서도 언급했듯이 개라는 단어를 쓸 때 이는 그 글자도 지칭하지만 동시에 한 마리의 개 즉 멍멍 짖으면서 꼬리를 흔드는, 다리가 네 개인 특정한 동물이라는 정신적 이미지도 만든다. 소쉬르는 전자를 기표(signifier), 후자를 기의(signified)라고 구분하며, 이 두 요소가 결합되어서 하나의 기호(sign)가 만들어진다. 여기서 기표는 소리-영상을 의미하며, 기의는 개념으로 정의된다. 따라서 기호는 기표와 기의의 통합체이다.

소쉬르는 이 기표와 기의의 결합이 순전히 임의적 혹은 인위적(arbitrary)이라고 주장한다. 기표인 개가 개라고 불리는 실제적인 동물을 지칭할 아무런 필연적인 이유가 없는 것이다. 이 둘 사이의 관계는 순전히 관습, 즉 문화적 동의의 결과이다. 소쉬르에 의하면 "단어는 그 자체로는 아무런 의미가 없으며 그것은 다른 단어나 개념과 관계 속에서 그 의미가 나온다. 개념은 완전히 차이에서 의미가 나온다. 이런 맥락에서 볼 때, 한 개념은 그것의 내용에 의해 긍정적으로 정의되는 것이 아니라, 체계 속의 다른 개념과의 관계에 의해 즉 차이에 의해 정의된다."는 것이다. 즉 기표와 기의는 자율적 실체가 아니라 체계 속의 다른 요소들과의 차이와 관계 속에서 정의되는 것이다.

예를 들면 청소년은 어른이 아니며, 어린이가 아닌 것으로 정의된다. 어린이와 어른이란 단어나 개념이 없다면 청소년이란 단어 자체는 의미가 없다는 것이다. 또 남자의 의미는 여자가 아님으로써 정의된다. 빨간 색의 의미는 파란색이 아니며, 기타 여러 색이 아닌 것으로 규정된다. 이때, 남자와 여자는 대립 관계에 있다고 하며, 남자와 여자의 경우처럼 두 개의 대립이 존재할 때 이항대립(binary opposition)이라고 한다.

이어서 소쉬르는 언어를 랑그(langue, language)와 파롤(parole, speech)로 구분한다. 언어의 체계. 즉 언어를 조직하는 법칙과 관습으로서의 랑그는 사회적 산물이며, 개별적 발화 즉 언어의 개별적 사용을 의미하는 파롤은 개인적 행위이다. 소쉬르는 이 두 개념을 설명하기 위해서 언어를 체스 게임에 비교한다. 그는 게임의 규칙과 실제 게임을 구별하면서. 규칙이라는 체계가 없이는 실제의 게임은 존재할 수 없고, 동시에 실제 게임 안에서만 규칙들은 명백해진다는 것이다. 따라서 랑그는 구조이며, 파롤은 행위로 생각하면 된다. 전통적으로 언어학자들은 랑그를 연구 대상으로 삼아 왔으며, 구조주의자들도 당연히 랑그를 중요시한다. 기호학과 그 이론을 응용한 대중매체의 텍스트를 기호학적으로 분석하는 학자들도 랑그 체계를 분석 대상으로 삼아 왔으나, 최근에는 파롤에 대한 연구와 랑그에 대한 연구를 통합적으로 하는 경향을 보인다.

이어서 소쉬르는 의미란 것은 조합과 선택이라는 이어지는 과정의 결과라는 점에서 랑그의 체계를 좀더 세부적으로 통합체(syntagmatic)와 계열체(paradigmatic)로 나누어 분석한다. 우리가 말을 할 때는 "나는 집에 간다"고 한다. 이때 이 말은 통합체와 관계가 있다. 즉 "나는 집에 간다"는 말의 의미는 나는/집에/간다 가 연결됨으로써 발생한다. 그러나 이때 '나는'을 '당신이'로, '집에'를 '학교에'로 혹은 '간다'를 '온다'로 바꿀 수 있다. 이처럼 언어의 의미는 언어의 통합적 축(나는/집에/간다)에 의해서도 발생할 수 있지만, 계열적 축('나는'을 '당신이'로, '집에'를 '학교에'로 등)에 의해서도 전혀 다르게 발생할 수 있는 것이다.

좀더 정치적인 예를 들어보자. "오늘 테러리스트들이 미군기지를 공격했다."라는 문장에서 일차적인 의미는 단어의 연결, 즉 통합체에 의해서 발생한다. 그러나 계열체에 따라서 이 단어들을 다른 단어들로 대체한다면 그 의미는 상당히 변화된다. 예컨대 '테러리스트' 대신에 '자유의 수호군' 혹은 '반제국주의의 지원병'들로 바꾸면 전혀 다른 의미를 가지는 문장이 된다. 그리고 이것은 현실에서의 실재 사건에 근거를 둔 것이 아니기에 소쉬르에 있어서 텍스트의 의미를 파악한다는 것은 계열체의 구조를 보는 것, 다시 말해서 한 계열체 내에서 선택과 조합의 과정을 거쳐서 생산된 의미를 파악하는 것이다. 따라서 통합체의 분석은 현시적 구조에서 의미를 파악하는 것이고, 계열체의 분석은 잠재적, 무의식적, 숨은 구조를 밝혀 내려는 것이라고 볼 수 있다

이것은 결국 세계를 개념화하는 방법이 우리가 사용하는 언어

혹은 그러한 언어를 사용하는 문화에 달려있음을 말해준다. 소쉬르의 지적처럼 언어에는 뚜렷한 의미가 없는 차이만이 존재하기 때문에 의미란 결국 조합과 선택, 유사성과 차이성의 관계 속에서의 상호작용의 결과일 뿐이다. 구조주의는 소쉬르의 연구에서 두 가지 기본생각을 빌어왔다. 첫 번째는 문화 텍스트나 실천행위의 내재적인 관계들, 즉 의미를 만드는 법칙에 관한 것이고, 두 번째는 의미란 항상 내재적 구조가 만들어 낸 선택과 조합의 관계들이 상호 교류한 결과라는 관점이다. 결국 의미를 존재 가능하게 하는 것은 구조이기에 구조주의자들의 과제는 의미 생산을 지배하는 규칙과 관습들을 밝혀내는 것이다.

## 3. 클로드 레비-스트로스의 신화 분석

레비-스트로스는 문화를 하나의 체계로 보고 그 요소들 사이의 구조적 관계를 분석하였다. 문화 체계의 보편적 양식을 인간 정신의 불변적 구조의 산물로 파악한 그에게 사회 생활의 모든 형태는 정신 활동을 규제하는 보편적 법칙의 작용을 의미하였다. 이를 위해서 레비-스트로스는 원시사회 문화의 '무의식적 기반'을 밝히는데 소쉬르의 언어학을 이용하였다. 그는 요리, 예의범절, 의복, 미적 활동 등 문화적·사회적 행위의 여러 형태들을 언어 체계와 유사한 방식으로 분석하였다. 소쉬르 언어학에서의 랑그와 파롤의 구분은 레비-스트로스에 의해 이들 문화의 심층구조와 그것이 변형된 표면구조로 대체하였다. 다시 말해서 그의 연구대상은 랑그인 전체 문화의 체계와 일반법칙이며 그에 따른 다양한 형태의 파롤을 통해 이에 접근하는 것이다. 레비-스트로스가 오랫동안 남미

아마존강 유역의 원시부족을 대상으로 임상적 연구를 시행했음은 널리 알려진 사실이지만 문화, 대중문화를 연구하는 이들에게 가장 흥미로운 것은 그의 신화분석이다.

레비-스트로스는 신화의 광범한 이질성 속에서 잠재하는 동질적인 구조를 발견할 수 있다고 주장한다. 간단히 말해서 각각의 신화들은 잠재적 구조인 랑그를 명시화한 파롤이라는 것이다. 이 구조를 이해함으로써 특정한 신화의 의미를 진정으로 이해할 수 있는 것이다. 언어가 개별적 단위인 형태소(morphemes)와 음소(phonemes)를 가지고 있는 것과 마찬가지로 신화 역시 신화소(mythemes)라는 유사한 요소로 이루어져있다. 그리고 형태소와 음소와 마찬가지로 신화소들도 특정 패턴으로 조합될 때에만 의미를 가진다. 레비-스트로스는 소쉬르의 언어체계에서처럼 신화 역시 이항대립으로 이루어져 있으며, 따라서 세계를 서로 배타적인 범주, 즉 문화/자연, 남성/여성/, 흑/백, 선/악, 우리/그들 등으로 구분함으로써 만들어 간다.

나아가서 레비-스트로스는 모든 신화들은 비슷한 구조를 가지며, 유사한 사회적 문화적 기능을 가진다고 본다. 즉 신화의 목적은 이 세계를 설명하는 한편, 이 세계의 문제와 모순들을 해결하려는 데 있다. 달리 말해서 신화는 모순을 추방하고 이 세계를 이해할 만하고 살 만한 곳으로 만들기 위해 우리가 스스로에게 들려주는 하나의 문화로서의 이야기이다. 레비-스트로스의 이러한 분석방법은 고대사회로부터 전해지는 신화에도 적용할 수 있지만, 현대 대중문화 분석을 위해서도 유용하다. 예를 들어 미국의 영화이론가 윌 라이트는 그의 저서 『권총과 사회』[3]에서 헐리우드 서

3) Will Wright, *Sixguns and Society: A structual study of the Western,* Berkeley : Universty of California Press, 1975. 17쪽.

부극을 분석하기 위해서 레비-스트로스의 방법을 사용한다. 그는 서부극의 서술적인 힘이 대부분 이항 대립의 구조에서 비롯된다고 주장하면서 서부극의 주된 목적 중의 하나는 "한 사회의 신화가 그 구조를 통해서 어떻게 그 사회 구성원들에게 개념화된 질서를 전달하느냐에 있다."는 것이다. 라이트는 서부극이 시대에 따라 주제나 표현 양식이 상이함에도 불구하고 서술과정에서 대립을 이루는 기본틀은 동일하다는 것을 강조한다. 그리고 이러한 이항 대립적 구조는 다른 수사물에도 동일하게 적용할 수 있다.

| <서부극> | <수사물> |
|---|---|
| 내부사회 : 외부사회 | 내부세계 : 외부세계 |
| 주인공 : 악당 | 형사 : 범인 |
| 선 : 악 | 고학력 : 저학력 |
| 강 : 약 | 중산층 : 극빈층(고위층) |
| 문명 : 황야 | 평범한 의상 : 혐오스러운 의상 |
| | 표준말 : 사투리 |
| | 밝은 조명 : 어두운 조명 |

이상에서 레비-스트로스가 보여주려는 것은 인간이 신화를 어떻게 생각해 내는가가 아니라, 어떻게 신화가 인간의 인식 과정을 통하지 않고 인간의 여러 가지 표현 양식을 통해서 그 구조를 보여주는가에 있다. 우리가 직접 관할하는 표면 구조의 이면에는 구조가 자리잡고 있으며, 제도나 관습 혹은 신화나 전설의 구조는 이러한 불변적인 구조의 표상으로 파악되기 때문에 행위자의 의도는 무시되어도 별 문제가 없는 것이다.

## 4. 롤랑 바르트의 신화학

대중문화에 대한 바르트의 초기연구는 의미작용의 과정에 관한 것이다. 그의 대표작인 『신화 Mythologies』는 프랑스 대중문화에 대한 에세이 모음집이다. 바르트 역시 대중문화 분석을 위해 소쉬르의 언어학적 모델을 차용한다. 그는 정치적 의도를 가지고 이른바 '부르조아적 규범'으로서의 대중문화를 공격 목표로 삼았으며, 그 원칙은 '허위투성이의 명백함 (false obvious)'[4]에 대한 의문을 제기하는 것이다. 바르트는 이를 위해서 바르트는 나름대로의 기호학적 모델을 제시한다. 즉 그는 기표/기의=기호 라는 소쉬르의 도식을 취하면서 여기에 이차적인 의미작용의 단계를 다시 추가하였다.

예를 들어 기표 '개'는 기의인 네 다리를 가진 특정한 동물인 개를 지칭한다. 이것이 일차적 의미작용이다. 이 공식에서 만들어진 기호 '개'는 이차적 의미작용에서 다시 기표인 '개'가 되고 2단계에서 기의인 개, 즉 못마땅한 혹은 치사한 인간을 지칭하는 의미를 만든다. 이처럼 일차적 의미작용에서의 기호는 다시 이차적 의미작용에서 다시 기표가 된다. 『기호학의 요소』에서 바르트는 이러한 구조를 좀더 익숙한 용어인 외연(denotation, 일차적 의미작용)과 내포(connotation, 이차적 의미작용)로 대체한다. 바르트는 신화가 만들어지고 소비되는 것은 이차적 의미 작용 또는 내포 의미의 단계에서라고 한다. 그는 신화를 언술 행위의 한 종류라 불렀으며, 신화는 언어와 유사하게 어떤 언술적 행위로도 이루어질 수

---

4) R. Barthe, *Mythologies*, London : Palidin, 1973, 11쪽.

있다고 보았다. 그러므로 신화는 제2의 기호학적 체계이다. 바르트는 정치적 의도를 갖고 있었으므로, 그가 신화라고 할 때 그것은 그 사회 지배계급의 가치와 이득을 증진시키고 유지시키는 생각과 실천의 체계로서의 이데올로기이기도 하다.

이처럼 바르트는 소쉬르의 개념을 확대하여 한 문화 속에 기호들의 의미를 창출하는 방법에 적용함으로써, 소쉬르의 의미작용에 문화적 차원을 추가했다. 바르트에 따르면, 의미작용의 첫 번째 단계는 외연의 단계로서 기호의 상식적이고 명백한 의미가 창조되어 그 의미가 객관적으로 표현되고 쉽게 인식되어진다. 그리고 두 번째는 내포의 단계로서 기호가 사용자의 정서나 감정 및 문화의 가치와 만났을 때 일어나는 상호작용에 의해 의미가 창출된다. 이 두 번째 단계에서 기호가 작용하는 또 다른 방법으로서 바르트는 이것을 신화(myth)가 만들어지는 과정(형식)이라고 한다. 여기서 내포와 신화의 차이는 내포가 감정의 차원인 단일 차원인 데 반하여 신화는 개념의 연쇄라 할 수 있다. 이런 신화를 계급적 차원에서 논하면 신화는 현재 세상을 자연스럽게 보이게 하는 이데올로기와 연결된다는 것이다. 즉 신화는 이중적 기능을 가진다. 무엇인가를 지적하고는 이를 알려주며, 우리에게 무엇인가를 이해시킨 후, 이를 강요하는 것이다.

## 5. 후기구조주의의 대두

추상적 구조나 체계에 대한 불신 또는 회의를 그 출발점으로 하는 후기구조주의는 1968년 프랑스 5월 혁명을 계기로 드러난 구조주의의 한계점에서 그 기원을 찾을 수 있다. 이는 양 차 대전의 위기상황 속에서 프랑스 철학이 직면한 지적 위기를 극복하는 과정에서 나타난 지적 운동 혹은 사고 유형의 한 결과라 할 수 있다.

프랑스에서는 1차 세계 대전을 거치면서 이전의 형이상학적 철학에 대한 거부와 인간 개체에 대한 관심을 표명하는 실존철학이 대두하게 되었다. 그러나 이러한 실존철학도 2차 세계 대전과 50년대를 거치면서 퇴조하기 시작하였고 이후 구조주의가 등장한다. 구조주의는 '이성의 힘, 자율적 인간'이라는 데카르트적인 주체 개념을 거부하면서 복잡한 관계의 그물망에 속해 있는 인간의 현실성에 대한 과학적 인식을 시도한다. 따라서 구조주의는 구조나 체계를 분석하는 것에 초점을 맞추고, 인간행위나 그 결과를 자족적이고 자기 결정적인 구조를 지닌 일종의 사회제도, 즉 의미 체계로 간주한다. 그러나 1968년 5월 혁명을 계기로 의미를 안전하고도 만족한 상태로 잡아둘 수 있다는 구조주의는 그 한계점이 드러났고 이제 후기구조주의가 등장하게 된다. 이것은 다시 말해서 어떤 문화적 행위 내지 작품의 의미생성을 가능케 하는 체계, 관계 형식이라는 '구조'에 주목하는 것으로 특징 지워지는 구조주의는 그 자체 내에서 상이한 입장들이 존재하고 있다는 점등으로 변화를 겪게 되고, 이러한 변화의 결과가 바로 후기 구조주의라 볼 수 있다.

따라서 후기구조주의는 전기구조주의에 비해 정신분석이론에 대해 보다 많은 관심을 보이고 있으며, 내적인 또는 내재적인 텍스트상의 구조에 대한 관심보다는 의미 창출을 가능케 하는 외적인 구조—사회적 과정, 계급, 성별 내지 인종적, 문화와 역사적 변화—에 많은 관심을 가진다. 구조주의자들이 언어나 이와 유사한 체계들이 어떻게 언어적, 문화적 표현이 본질을 '결정'하는가에 초점을 맞추었다면, 후기구조주의자들은 언어가 어떻게 사용되고,

언어의 사용이 다른 사회적, 문화적 행위들과 어떻게 관련되어 '권력'으로서 역할을 하게되는지에 초점을 맞춘다.

결국 구조주의가 진리를 텍스트 '배면에(behind)' 혹은 '안에(within)' 있는 것으로 보았던 것에 반하여, 후기구조주의는 생산성으로서 독자와 텍스트의 상호 작용을 강조했으며, 불변적인 기호의 통일성을 비판하면서 고전적 데카르트주의자들이 주장하는 통일적 주체—의식을 산출하는, 의미와 진리의 전거로서의 주체와 저자—개념을 비판한다. 또한 후기구조주의는 서구의 이성 중심주의를 거부, 절대적 의미의 안정된 근원과 결론을 유보시키며 '차이'를 인식하고 중심에서 제외된 '주변과 타자'를 인정한다. 이러한 후기구조주의의 관점은 결국 추상적 체계성이나 총체성에 대한 거부, 데카르트적 주체 개념에 대한 거부, 그리고 언어의 지시적 기능에 대한 불신 등이라 할 수 있다.

이러한 후기구조주의에는 자크 데리다의 해체주의, 프로이트의 정신분석 이론을 재해석한 자끄 라깡의 심리분석 이론, 일련의 저자들을 통해 언술과 지식과 권력과의 관계를 밝힌 미셀 푸코의 이론, 장 프랑수아 료타르의 포스트모더니티 이론, 쥘리아 크리스테바의 페미니즘 이론, 프로이트와 칼 마르크스를 창조적으로 접목하고자 하는 루이 알튀세의 네오 마르크스 이론 등이 포함될 수 있다. 이들 중 데리다, 라캉, 푸코를 중심으로 후기구조주의의 기본입장들에 대해서 살펴보기로 한다.

## 6. 자크 데리다의 해체주의

후기구조주의는 사실상 자크 데리다와 더불어 시작된 해체이론

(deconstruction)을 통해서 발전하였다. 그는 해체이론을 주로 문학 분석에 적용하여 문학 주변의 철학적 가정들을 파괴하였다. 철학자인 데리다는 글쓰기(writing)에 깔려 있는 철학적 가정들이 어떤 식으로도 그것들의 의미의 보증이 될 수는 없으며 반대로 그러한 가정이 제시되어 있는 담론(discourses)들이 체계적으로 철학을 파괴해 간다는 것을 보여주었다. 이처럼 기호의 분리된 성격을 묘사하기 위하여 데리다는 차연(differance)이라는 단어를 사용하였다. 이는 '지연시키다'와 '다르게 하다'라는 두 가지 의미를 동시에 지니는 defer에서 연유한 것이다.

앞에서도 보았듯이 소쉬르는 기호가 서로 다르다는 것 때문에 의미가 발생한다고 보았지만, 데리다는 의미란 항상 지연되며, 스스로 완전한 모습을 결코 드러내지 않으며 항상 동시에 존재하며 존재하지 않는다는 것이다. 예를 들어 사전에서 한 단어의 의미를 찾을 때, 의미는 끊임없이 지연됨을 볼 수 있다. 한 단어는 보통 열 가지의 의미를 가지고 있으며 이 중에서 하나의 의미를 이해하기 위해서 거기에 동원된 단어들을 찾아보면 또 다시 거기에도 다수의 의미가 나열되어 있다. 이처럼 의미란 기표에서 기표로의 끊임없는 지시의 이동이라고 볼 수 있고, 따라서 고정되어 있지 않고 표류하는 것이며 단지 대화를 할 때나 작품을 읽는 맥락 속에서만 잠정적으로 고정되는 것이다. 그러므로 데리다에 의하면 초월적이거나 특혜를 누리는 기의(signifie)란 없으며, 의미의 영역이나 작용에도 한계가 없다. 기호라는 말 자체도 거부해야 한다. 왜냐하면 그것은 정확하게 다루어질 수가 없기 때문이다.

데리다의 이러한 접근 방식은 해체주의적 운동으로 발전되었고, 특히 미국에서의 문학 연구에 영향을 미쳤다. 이러한 방식에서의 접근이란 아무 것도 당연한 것으로 보지 않는다는 것을 유일한 지침으로 삼는 것이다. 의심과 의문이 원칙(doctrine)의 수준으로 승화된 것이다. 데리다는 텍스트 분석(특히 문학작품)에 있어서 해체적 관점을 중요시하였다. 이러한 관점은 특히 대중문화와 고급문화의 대립이라는 '폭력적 위계질서'를 비판하면서 양자 대립을 해체하고자 하는 전략으로 유효하였다. 양자는 반대 개념이 아니라 각각 다른 편에 의해 자극을 받고 있다는 '보충적 질서'에 편입되어 있는 것이다. 이러한 반대 개념을 해체하기 위해 우월한 위치에 대한 위계 질서를 타파하고자 해체적 독서를 강조하였다. 데리다는 해체적 독서를 통해 독자는 작가가 의식하지 못하는 특정한 관계를 밝혀내고 보이지 않는 것을 볼 수 있도록 '생산적' 독서를 강조하게 되었다.

데리다의 해체주의적 독해방법은 바르트의 이른바 '저자의 죽음(The death of author)'과도 연관된다. 저자의 비독창적인 텍스트에 대해서 독자가 텍스트의 의미에 일시적인 통일성을 부여한다는 것 그리고 텍스트 속의 상호 교류라는 과정을 강조한 바르트의 사상은 고정된 기의나 기호보다는 기표 자체를 강조한 데리다의 입장과 상통하고 있는 것이다. 이로써 구조주의 분석은 텍스트 중심에서 독해자로 옮겨가는 것이다.

## 7. 자크 라캉의 언어적 정신분석학

라캉의 구조주의는 프로이트와 마찬가지로 인간이 근원적으로 욕망의 존재임을 전제한다. 라캉은 소쉬르의 기호학을 바탕으로 프로이트에 대한 재해석을 시도하고 그의 저작을 통해 정신분석학을 보다 일반화시켰다. 주체 발달과 무의식에 관련된 언어학적 구조에 대한 그의 연구는 문화 연구, 특히 대중영화의 분석에 영향을 미쳤다. 라캉은 프로이트의 발달 구조를 후기구조주의 심리분석으로 만들기 위해서 구조주의의 비판적 재해석을 시도하였다. 라캉은 인간이 결핍되고 상실감에 젖은 존재로서 그 상실의 대체물을 찾아 스스로를 위로한다고 본다. 인간에게서 완전한 순간이란 어머니와의 결합 상태에 있었으며 그 후 완전함의 순간을 찾기 위해 끝없이 추구한다. 이를 근거로 하여 라캉은 인간의 발달이 세 단계를 거치는 것으로 가정하고 있다. 첫째는 '거울단계'이며, 둘째는 '실당기기 fort-da' 게임이고, 셋째는 '오이디푸스 컴플렉스'이다.

우선 첫 번째 거울단계는 거울을 보며 인간이 자아에 대한 인식을 만들어 가는 시기를 말한다. 라캉에 의하면 대부분 어린아이는 6개월에서 18개월 사이에 거울 속에 비친 자신의 모습이 자기와 동일함을 인식하게 된다. 그러나 이것은 자아에 대한 인식이 아니라 자아의 이미지에 대한 인식이라는 점에서 잘못된 인식이지만, 어린아이는 이를 토대로 하여 실제적인 육체적 분리를 인정하지 않으면서 통일된 완전한 자신의 모습을 상상한다. 이를 달리 설명한다면, 최초 자궁 속에서의 어머니와의 결합은 완벽하며 아무런 결핍도 없는 완전한 순간으로 주객분리 이전의 단계이다. 그러나 곧 어머니와의 신체적 분리가 이루어지며 이후에는 자궁 속에서의 지속적인 만족 대신 어머니의 젖가슴의 간헐적인 만족에 의존하게 된다. 그러나 어린아이는 이러한 신체적 분리의 경험을 거부하면서 자신의 욕구를 지속적으로 통제하기 위해서 (거울 속의 자신의 모습처럼) 어머니와 자신을 동일시하려는 자아가 형성되는데 이것이 거울단계이다. 따라서 라캉에게 있어서 인간의 최초의 자아란 이 세상에서 자기와 동일시할 수 있는 어떤 것을 찾아서 허구적 인식을 고양시키는 나르시스적 존재에 불과하다. 이것이 소위 '상상계'이다.

두 번째 '실당기기' 단계란 인간이 언어와의 결합을 통해서 주체성을 획득하는 과정이다.5) 우리는 언어를 통해서 이제 '상징계'로 나아간다. 자아에 대한 주체성 확립은 언어 없이는 불가능하며 무의식조차 언어와의 만남을 통해 발생하게 된다. 이것이 바로 문화의 체계이며, 이제 언어가 주체성을 구성하며 인간은 그 언어의 구조적 과정의 대상이 되는 것이다. 그리고 언어 그리고 상징 속으로 들어가면서 완전함에 대한 욕구와 언어를 통한 기대와 좌절 사이에는 거대한 틈이 생겨나며 이 틈 속에서 욕망은 다른 모습으로 다시 나타난다. 이것이 소위 '상징계'이다. 바로 아버지라 불리는 질서의 출현이 이 단계를 특징짓는다.

세 번째는 오이디푸스 콤플렉스로, 이는 성적 차이를 깨닫는 것이다. 고전적 구조주의의 방식으로 라캉은 오이디푸스 콤플렉스를 언어의 관점에서 재해석한다. 무의식은 언어와 마찬가지로 구성된다. 라캉이 구조주의를 넘어서는 것은 바로 이 부분이다. 언어를 통하여 상상계에서 상징계로 전화하는 행동은 어린이가 기표에서 기표로 넘어가게 하는 것이다. 욕망 자체는 고정된 기의를 찾고자 하지만 기의는 영원히 다른 기표로 변화하고 있는 것이다. 이로써 욕망이란 것은 메꾸어질 수 없는 것에 대한 추구가 된다. 어린아

---

5) '실당기기'란 프로이트가 자신의 손자가 실타래를 멀리 던졌다가 거기에 붙어있는 실을 다시 끌어당기는 동작을 되풀이하는 것을 보고 붙인 이름이다. 프로이트는 이것을 아이가 엄마의 부재를 이해하는 방법으로 보았으며 이때 실타래는 어머니를 상징하고 아이는 이를 지배하려는 것이다. 라캉은 이를 다시 해석하여 어린아이가 언어와 접촉하는 방식으로 이해하였다.

이는 이제 어머니라는 접근이 불가능한 대상에 대한 욕망을 포기해야만 한다. 이러한 포기는 아이로 하여금 아버지로 표상되는 질서에 순응하도록 강요됨을 의미한다. 어린아이는 충만한 상상계로부터 추방되어서 상징계라 불리는 공허한 언어의 세계로 나오게 되고, 거울의 은유적 세계는 언어의 환유적 세계로 바뀌게 되는 것이다.

결국 본질적인 자아란 것은 존재하지 않는다. 자아란 우리가 의지하여 살아가는 허구일 뿐이다. 왜냐하면 우리가 말하는 언어가 주체성을 구성할 뿐 아니라, 우리는 또 그 언어의 구조적 과정의 대상이기 때문이다. 이처럼 라캉은 무의식과 주체 발달을 언어와의 조우 속에서 파악하고 있으며 늘 변화 속에서 욕망의 추구를 강조하고 있다. 이는 인간에게 확정되고 고정된 순간을 거부하는 것으로 끊임없는 변화 속에서 자신을 보는 것이다. 이는 달리 말해서 라캉 역시 초기 구조주의의 텍스트 내의 분석보다는 주체와 욕망이라는 심리 분석에 중점을 두고 있으므로 초기구조주의와는 다소 다른 입장을 취하고 있다.

## 8. 미셸 푸코의 담론분석

푸코의 '계보학적(genealogical)' 분석은 권력과 지식의 관계, 그리고 이 관계가 어떤 사고 양식은 허용하고 어떤 사고 형식은 거부하는가를, 다시 말해서 담론 구성체 (언술적 형식)에 작용하는 권력의 방식을 밝혀내는 데 그 목적이 있다. 그리고 여기에서 담론 구성체란 일종의 지식의 존재 양식을 말하는데, 이것은 기존의 지식 형태로 간주되어 왔던 이데올로기, 이론, 과학, 기타 객관적 지식 등의 정당성을 전적으로 부정하고, 드러나 있는 언술의 수준에서가 아니라 언술들을 조직하는 규칙의 차원에서 이러한 지식들을 설명하고자 사용된 개념이다. 즉 언어가 사용되는 방식과, 언어의 사용이 다른 사회적, 문화적 행위들과 관련되는 방식을 파악하고자 하였다. 이런 관점에서 볼 때 담론 구성체는 권력과 분리될 수 없으며, 그것을 통하여 기존의 제도들이 권력을 사용하는 것이다.

언어의 사용이나 일반적 문화 행위는 대화 또는 다른 문화적 텍스트나 행위와의 잠재적 갈등 속에서 발생하는 '대화적'인 것이다. 그리고 특정한 담론 구성체나 구조는 어떤 주어진 소재에 말할 내용을 정하기도 한다. 따라서 담론 분석은 한 사람의 발화자에 의한 복잡한 언술에만 관심을 갖는 것이 아니라 둘 또는 그 이상의 사람들 사이에서 주고-받는(turn-taking) 상호 작용에 대해, 그리고 주어진 맥락에서 담론들 속에 작용하여 담론들을 지배하는 언어학적 규칙 내지 관습들에 보다 많은 관심을 기울인다.

푸코는 그의 저서 『감시와 처벌』,[6) ]『성의 역사』[7)]에서 "성은 왜 그렇게 널리 논의되었으며 또 어떤 것이 논의되었는가? 이 논의를 통해 발생한 권력의 효능은 무엇인가? 이 언술 체계와 권력의 효능 그리고 이에 따르는 쾌락이 무엇인가?"를 보여주고 있다. 또한 지식이 권력의 무기라는 것과 지배계급의 소유물보다는 상충되는 계층 사이의 전략적 지대로 보고 있다. 이로써 권력이 존재하는 곳에는 저항이 필연적으로 따르며 나아가 그것은 생산적이 된다고 보는 것이다.

이 담론분석은 토대와 상부구조라는 이원성에 관한 문제에 해

6) M. Foucault, *Discipline and Punish*, Harmondworth : Penguin, 1979.
7) M. Foucault, *History of Sexuality*, Harmondworth : Penguin, 1981.

결책을 제시한 것이라 평가받고 있다. 그것은 지식의 생산을 권력의 메커니즘과 연결시킴으로써 양자의 연구를 보완하고 있는 것이다. 즉 담론 생산자, 언술 행위의 주체로서 사회 속의 언론의 위상을 그 사회의 전반적인 지식의 체계, 여타 사회적 실천과의 관련성 내에서 파악하게 하며, 그것은 궁극적인 권력의 효과를 고찰할 수 있도록 만드는 것이다. 결국 푸코는 보편적이고 시공을 초월하는 진리가 있다는 생각을 거부한다.

## 9. 구조주의의 장점과 한계

구조주의의 장점은 다음과 같다. 첫째, 결정 조건에 대한 강조이다. 예를 들어 마르크스주의나 문화주의가 실천만을 강조하여 주의주의(主意主義)적인 위험에 노출되어 있는 것과는 달리, 토대 위의 구조적 관계를 중요시하므로 논리적 강점이 있다. 둘째, 구조주의는 보이지 않는 현실의 관계와 구조를 밝히기 위해서 그 이면에 숨어있는 개념들을 추상과 분석의 힘으로 밝혀 냈다는 것이다. 셋째, 구조주의는 인과 관계 또는 결정의 문제에 있어서 복합성을 강조하는 중층적 결정론을 제시함으로써 본질론에 기초한 총체성의 단순성에 빠지지 않는다. 넷째, 구조주의는 그 동안 쉽게 무시되었던 이데올로기의 범주를 되살렸다는 점이다. 경험을 중요시하는 문화주의로서는 이데올로기를 적절하게 설명하지 못하는 반면, 구조주의는 이데올로기를 생산양식의 재생산을 위한 문화의 효율성으로 파악한다는 장점을 갖고 있다.

이런 장점에도 불구하고, 구조주의는 많은 한계도 보여준다. 우선 구조주의는 구조를 강조하고 인간의 주체성을 무시함으로써 인간을 단순히 구조에 의해 주어진 역할을 수행하는 존재에 지나지 않는 것으로 보고 있다. 따라서 구조주의에서는 인간이 자신의 조건을 변화시키려는 혁명적 실천의 문제가 무시되거나 소홀히 다루고 있다. 예를 들어 구조주의적 매체 연구, 특히 영상 연구에서 텍스트가 주체를 구성함으로써 관객은 전적으로 텍스트와의 조우의 산물로 되고 따라서 수용자는 텍스트라는 조작적 실천의 대상에 지나지 않았다.

물론 구조주의는 후기로 접어들면서 텍스트 외적인 구조에 관심을 가지고 분석의 초점을 텍스트 자체에서 해독자 중심으로 전환하지만 이는 구조주의로부터 이탈된 단절의 측면보다는 텍스트와 해독자의 만남이라는 보완적 측면으로 파악해야 한다. 다시 말해서 구조주의가 간직하고 있던 자체 한계에 대한 해결의 실마리를 찾으려는 유연한 대응책으로 보아야 한다는 것이다. 물론 초기 구조주의자들과 후기 구조주의자들의 차이점은 전자가 언어나 이와 유사한 체계들이 어떻게 언어적 문화적, 문화적 표현의 본질을 '결정'하는가에 초점을 맞추었다면, 후자는 언어가 어떻게 사용되고, 언어의 사용이 다른 사회적 문화적 행위들과 어떤 관련이 있는지에 초점을 맞추었다는 데에 있는 것이다. 이렇게 볼 때 구조주의와의 연장선에서보다는 단절로 파악하는 것이 타당하다고 볼 수 있다.

# 2장. 마르크스주의

## 1. 마르크스주의와 문화

마르크스주의 문화이론이 하나의 독립된 체계로 존재하는 것은 아니다. 그 이유는 마르크스 자신이 문화에 대해서 그렇게 많은 진술을 하지 않았기 때문이다. 그러나 다른 한편으로 마르크스주의의 영향을 받지 않은 문화이론은 없다고 볼 수 있다. 왜냐하면 문화에 관한 체계적이고 집중적인 연구가 대부분 마르크스주의의 영향으로부터 시작되었기 때문이다.[8] 그렇다면 문화에 대한 마르크스주의적 접근이 보여주는 공통되는 문제 의식은 무엇일까? 그것은 기존의 지배적 가치와 질서에 대한 부정과 새로운 가치와 질서에 대한 지향이라고 볼 수 있고, 이것을 문화이론에 적용하면 기존의 문화에 대한 부정과 새로운 문화에 대한 지향이 될 것이다. 그리고 이것은 기존의 문화 텍스트와 실천 행위들을 그것이 산출된 사회적·역사적 상황에서 분석함으로써 가능한 것이다. 이를 위해서 적용되는 마르크스 사상은 소위 토대/상부구조라 불리는 이데올로기 개념이다.

마르크스에 의하면 역사의 각 시기는 특정한 생산양식을 중심으로 이루어지며 이때 토대로서의 생산양식은 생산력과 생산관계로 이루어진다. 생산력은 원자재, 도구, 기술과 노동자 및 그 숙련도를 가리키며, 생산관계는 생산에 종사하는 자들의 계급 관계를

8) 김창남, 『대중문화의 이해』, 한울, 1998, 53쪽.

의미한다. 따라서 각 시대의 생산양식은 특이한 생산관계를 산출한다. 예를 들어서 노예제는 주인/노예 관계, 봉건제는 영주/농노 관계, 자본주의는 부르조아/프롤레타리아 관계를 창출한다. 따라서 모든 사람의 계급적 지위는 생산양식과 그 사람이 맺는 관계에 의해서 결정된다. 이것이 유물론적 역사관 혹은 역사적 유물론이다.

한편 상부구조는 생산양식이라는 토대에서 비롯되는 각종 제도—정치적·경제적·교육적·법적·문화적—와 이러한 제도들을 정당화하기 위한 사회적 의식의 결정화된 형태, 즉 다양한 이데올로기들로 구성되어 있다. 따라서 토대와 상부구조의 관계에는 두 가지 측면이 있는데, 한편으로 상부구조는 토대를 표현하면서 동시에 정당화하고, 다른 한편으로 토대가 상부구조의 내용이나 형식을 조건짓거나 결정한다. 이는 어느 정도 원인과 결과 사이의 기계적인 관계로 이해할 수도 있고, 이 경우 상부구조는 토대에서 일어나는 일들의 수동적 반영일 수 있다. 이것이 소위 마르크스주의의 반영이론이다.

마르크스는 1895년 자신의 저서 『정치경제학비판 서문』에서 토대/상부구조 관계에 대해 "그들 삶이 사회적 생산에 있어 인간들은 필수 불가결하면서 그들의 의지에 독립해 있는 일정한 관계, 즉 그들의 물질적 생산력의 일정한 발전단계와 상응하는 생산관계 속으로 진입한다. 이러한 생산관계의 총화가 사회의 경제적 구조를 형성한다. 이 경제적 구조가 진정한 기초이며 이 기초 위에서 법적·정치적 상부구조가 형성되며 일정한 사회적 의식이 상응한다. 물질적 삶의 생산양식에 사회적·정치적·지적 삶의 과정 일반을 조건짓는다. 존재를 결정하는 것은 인간의 의식이 아니다. 오히려 반대로 인간의 사회적 존재가 의식을 결정한다."라고 말하였다.

우리는 마르크스의 이 말에서 모든 마르크스주의 문화이론의 출발점을 볼 수 있다. 그러나 말년의 마르크스와 그의 후계자인 엥겔스 등을 거치면서 이러한 수동적이고 기계적인 반영이론은 조금씩 수정되었고, 이제 상부구조, 즉 정신적인 영역 역시 하부구조인 물질적 토대에 영향을 줄 수 있음이 인정되었다. 따라서 이데올로기의 중요한 부분을 차지하는 문화 역시 역사적 변화나 사회적 실천에 영향을 줄 수 있음을 주장할 수 있게 되었다.

그렇다면 문화 혹은 대중문화 분석에 있어서 유물론적 역사관은 어떠한 함의를 가지고 있을까? 우선 어떤 텍스트나 실천행위의 이해나 설명을 위해서는 이것이 산출된 역사적 상황, 좀더 구체적으로 역사적 시기의 경제적 토대를 살펴보아야 한다. 그러나 이것은 앞에서도 지적되었듯이 문화분석이 경제분석으로 환원되어 버리는 기계적인 반영이론으로 떨어질 위험이 있다. 말년의 마르크스와 엥겔스의 경고처럼 행위 주체와 구조 혹은 토대 사이에 서로가 서로에게 영향을 주고받는 변증법적 작용이 있다면 일방적인 결정론 대신 이 두 가지 요소를 전체적으로 고찰하는 포괄적 관점이 필요한 것이다. 예를 들어 80년대 한국 TV의 멜로드라마를 분석하기 위해서는 80년대 한국의 경제적 상황에 대한 분석과 더불어 이러한 드라마 형식이 있게 한 전통적인 드라마 양식에 대한 고찰이 병행되어야 하는 것이다. 이것이 20세기에 들어서면서 마르크스주의자들이 고전적 마르크스주의를 거부하고 이른바 네오-마르크스주의로 나가게 된 중요 동기이다. 이러한 변화된 마르크스주의를 대표하는 이론 중의 하나가 바로 프랑크푸르트 학파의 비판이론이다.

## 2. 프랑크푸르트학파의 문화이론

프랑크푸르트 학파는 '프랑크푸르트대학 사회연구소'에서 연구와 조사를 행한 일단의 지식인들을 칭한다. 1923년에 프랑크푸르트 대학의 부설기관으로 창설된 이 연구소는 1933년 히틀러 정권의 수립으로 인해서 뉴욕의 콜럼비아 대학으로 옮겼다가 다시 1949년에 독일로 돌아왔다. 그리고 '비판이론'은 이들의 연구활동의 토대가 된 마르크스주의와 프로이트주의가 비판적으로 결합된 방법론에 붙여진 이름이다. 이 연구소가 행한 비판이론은 두 개의 핵심적인 주제로 전개된다. 하나는 대량적인 경제적 기술적 변동에 직면하여 경제적인 사회화의 기구가 약화되었다는 것이며, 다른 하나는 문화의 물상화가 증가함으로써 인간의 노동이나 활동의 대상이 표면적으로는 인간의 통제를 넘어서 자주적이고 자율적인 힘으로 바뀌게 되었다는 것이다.[9] 전자가 비판이론의 대중사회이론이라면, 후자가 이를 근거한 대중문화이론이라고 볼 수 있다.

비판이론에서의 초기 문화이론은 주로 미학적 이론과 예술비평에 초점이 맞추어져 있었으나, 1930년대 후반기에서 40년대에 접어들면서, 즉 프랑크푸르트학파의 주 멤버들이 미국으로 이주한 이후부터는 대중문화에 대한 관심이 집중되었다. 비판이론가들이 보기에 자본주의에서는 문화가 인간을 인간답게 만드는 가치의 저장소로서 개인의 창조성의 표현으로 사용되기보다는 지배 이데

---

9) M. Horkheimer, *Critical Theory,* Selected Essay, trans & edited. by M. O'Connnel (New York : Herder and Herder, 1972), 5~8쪽.

올로기의 규범으로 사용되기 위해서 현실적으로 고안된 것이다. 이처럼 비판이론이 자본주의의 비판을 위해서 대중문화를 사용하는 과정에서 마르크스의 원리를 기본전제를 하고 있음은 사실이지만, 마르크스주의와는 달리 문화현상을 단순히 토대-상부구조라는 단순한 모델에서 분석하기를 거부한다.[10]

당시 동유럽사회는 파시즘의 급격한 대두와 서구 사회주의의 몰락이 진행되고 있었다. 동구와 서구 양쪽에서 모두 비이성적인 전체주의 세력이 권력을 장악하기 시작하였는데 소련의 스탈린, 독일의 히틀러, 이탈리아의 무솔리니, 스페인의 프랑코 등이 바로 이들이다. 이러한 과정에서 노동자 계급은 이들 전체주의 세력에 장악되었고 혁명의 가능성은 점차 사라져갔다. 특히 히틀러 정권을 피하여 옮겨간 미국에서 접한 대중문화 역시 이들에게는 충격이었다. 영화산업과 오락산업의 홍성, 매스 미디어의 급속한 발전, 오로지 이윤추구를 위한 문화의 조작 등 이 모든 것들은 그들에게 본질적 문화의 변질된 형태로 비쳐졌다.[11]

이리하여 아도르노, 호르크하이머, 마르쿠제 등은 미국에서의 이러한 체험을 토대로 하여 문화적 생산과 수용의 새로운 기술의 발달로 인해서 자율적 예술이 쇠퇴하게 되었다는 것과 이것은 대중문화를 통한 정치적 통제를 증가시키며 현상유지를 고착시키는 것으로 귀결된다는 결론을 내리게 되었다. 이럴 경우, 대중문화는 다른 어떠한 영역보다 개인의 사적 영역이 외적인 사회현상에 의해 영향을 받고 의식의 영역이 침해당하는 대중사회의 현상을 고찰하는 중요한 준거로 나타난다. 호르크하이머와 아도르노에 의해서 고안된 문화산업(Kulturindustrie)이라는 개념에서 이것이 집약

10) D. 헬드, 『비판이론서설』, 백승균 역, 계명대학교출판부, 1988, 83쪽.
11) D. 헬드, 같은 책, 83쪽.

적으로 나타난다. 이들은 대중문화라는 용어가 대중이 자발적으로 만들어 낸 문화라는 뜻으로 사용될 수 있기에 부적절한 용어로 보며 대신 문화산업이라는 용어를 사용하였다.

20세기 초 유럽과 영국에서의 계급의 양극화가 붕괴되면서 새로운 계급 통합이 시도된다. 이 과정에서 권력과 재산의 배분을 담당하고 있는 주역들은 소유권과 통제를 집중화시킬 수 있는 내적 힘을 갖추게 되었고, 나아가서 그들의 현상 유지를 위해서 경제적·정치적·문화적 수단을 이용한다. 이리하여 대중문화는 상대적으로 무차별화되고 이같은 문화의 무차별화로 인하여 문화생활의 전 영역은 개인의 의식을 통제하는 양식으로 바뀌게 되고 문화도 산업이 된다. 자본주의 사회에서 문화가 상품화된다는 것은 바로 문화생산물이 돈을 위해서 교환될 목적으로 만들어진다는 것이다. 즉 예술은 상품이 되었으며 그 과정에서 상이한 경제적 영역간의 증대된 연쇄성과 문화적 독점산업의 산입직 새정직 자본에의 의존성에 의해서 그 상황은 더욱 악화된다. 이제 문화산업의 생산품은 새로운 미학적 기준에 의하여 결정되는데 이 새로운 기준은 바로 통속성이다. 이 통속성에 근거하여 문화산업이 만들어 내는 대중문화는 두 가지의 부정적 기능을 보여준다.

첫 번째는 사물화 현상이다. 사물화란 인간들 사이의 질적인 관계가 화폐를 매개로 하는 양적인 관계로 바뀌는 것을 의미한다. 예를 들어 하나의 상품이 생산되어 가격이 매겨지고 시장에서 소비될 때 그 상품의 가치는 그것의 생산에 투여된 인간의 노동과는 관계없이 시장원리에 의해서 화폐로 측정되는 양적인 교환가치로 나타난다. 농민들이 일년 동안 열심히 일한 대가인 쌀 한가마니 가격과 여성들의 고급 속내의 가격이 동일할 수 있는 것은 바로 시장가격, 즉 교환가치이다. 그런데 자본주의에서는 이러한 사물화가 단지 상품에서만이 아니고 인간 관계에서도 나타난다. 예를 들어 고급 유흥업소에 종사하는 접대부의 하루저녁 팁이 같은 또래의 공장 여공의 한달 급여와 같을 수 있는 것이다. 이처럼 사물화된 인간관계가 일반화되면 인간은 단지 기능적 차원에서 소모품으로 전락하고 인간의 고유한 가치나 자발성, 비판의식 등은 무시되는 것이다.

프랑크푸르트 학파의 이론가들은 자본주의 사회의 산업화된 대중문화가 사물화된 의식을 조장하고 무력감과 순응을 조장한다고 본다. 문화적 동질성으로서 영화든 라디오든 혹은 잡지든 관계없이 모든 대중문화는 이윤추구를 위해 제작된다는 점에서 그 속성은 동일하다는 것이다.

두 번째로 자본주의는 자본을 재생산하고 이윤을 추구하기 위해서 전체적인 사회 구성체 내에서 대중들이 객관적인 자신들의 모습을 올바르게 이해하지 못하도록 하는 또 다른 장치가 필요한데 이것이 허위의식이다. 허위의식은 자율적이고 합리적인 사고에 이르지 못하도록 사람들로 하여금 상품과 선한 것을 동일시하는 환상에 빠져들도록 한다. 결국 사람들은 자신의 여가와 소비적 삶을 동일시한다. 문화적 생산과 수용의 새로운 기술이 자율적 예술을 쇠퇴하게 하였다면, 이것은 대중문화를 통한 정치적 통제를 증가시키며 현상유지를 고착시키는 것으로 귀결된다는 것이다. 결국 대중문화는 경제적 차원과 이데올로기적 차원을 분리 할 수 없게 만든다. 아놀드와 리비스주의자들이 대중문화가 문화적·사회적 권위에 위협을 가한다고 우려한 반면, 비판이론가들은 반대로 대중문화가 사회의 권위를 유지시키는 역할을 한다고 우려하였다. 아놀드와 리비스가 대중문화를 통해 '무정부'를 보았다면, 비판이론은 '순응'을 보았다.

이처럼 문화상품은 "규격화, 상투성, 보수성, 허위, 조작된 소비상품" 등의 특징을 지니고 있는 문화를 생산함으로서 노동계급의 정치성을 희석시키며, 억압적이고 착취적인 자본주의 사회에서 그들이 투쟁을 통해서 얻을 수 있는 것을 억제한다. 문화산업이 정치적 변혁과 사회적 투쟁의 수단으로 사용될 수 있다는 브레히트와 벤야민의 견해와는 달리, 또 자본주의 사회가 노동계급을 더욱 진보적으로 만들며 계급의식을 동반한다고 믿었던 루카치와는 달리, 이들은 문화산업을 사회통제의 강력한 도구로 이해함으로써 이것을 이데올로기적 신비화의 수단으로 그리고 지배계급의 체제를 공고히 하는 수단으로 간주하였다.

셋째로 대중사회의 원자화된 개인은 맹목적 필연성에 의한 체제에 의하여 위로부터 지배되어진다. 사람들은 점점 원자화되고 정치에 무관심하게 되고 수동화되어 가며 이성적 공중(理性的 公衆)들은 점점 사라져 버리고 대량 생산체제의 소비자라는 지위를 감수하게 된다. 매스 미디어의 조작된 기능과 문화적 상부구조를 통한 동세로 인해서 노동자 계급은 자본주의 질서 속으로 통합되어 버리고 그들의 혁명적 역할도 사라져 버리게 된다.[12] 비판이론가들이 볼 때 대중문화의 이러한 역기능으로 인해서 자본주의 사회의 귀결이라고 보는 대중사회는 필연적으로 전체주의 사회로 변모해 갈 수밖에 없으며, 이러한 관점에서 대중문화는 전체주의의 온상이며 현대자본주의의 물상화 현상에 대한 저항을 제거시킨 문화가 되는 것이다.[13]

비판이론에서의 대중문화이론은 선진자본주의 국가에서 왜 혁명이 실패했느냐를 설명하기 위한 근거로 제시되었고 이것은 동

12) A. Swindgewood, 같은 책, 12쪽.

13) D. 헬드, 같은 책, 96쪽.

시에 왜 비판이론이 더 이상 프롤레타리아의 혁명적 역할에 대한 신뢰를 포기하였나를 잘 설명해 주고 있다. 자본주의와 대중문화에 대한 이러한 견해는 이후 영국의 문화주의, 후기구조주의, 포스트모더니즘, 페미니즘 등에 절대적 영향을 끼치게 된다.

그러나 프랑크푸르트 학파의 대중 문화관은 지나치게 반대중적이고 엘리트주의적이다. 물론 혁명을 포기하고 자본주의적 질서에 통합되어 버린 노동자 대중에 대한 절망으로부터 이러한 문화관이 형성되었음을 감안하더라도, 기존의 문화적 형식에 물들지 않는 창조적이고 혁신적인 이른바 전위적 예술에 대한 이들의 호의적인 태도는 대중들의 보편적인 정서와 거리가 멀 수밖에 없는 것이다. 예를 들어 아도르노가 그렇게 찬양했던 쇤베르크의 무조음악이 창조적이라는 것은 부정할 수 없지만, 현대음악 특유의 그 난해함이 자본주의에 물들어 있는 노동자 대중들의 의식을 일깨워 주기에는 무리인 것이다.

## 3. 발터 벤야민의 아우라

프랑크푸르트학파에 속해 있으면서도 대중문화를 철학적·미학적 분야에서 학문적 주제로 인정하고 있다는 점에서 발터 벤야민은 이 학파의 주류에서 조금 벗어난 특이한 학자이다. 당시 많은 이론가들이 대중문화의 역할과 의의를 과소 평가하여 논의조차 하지 않았던 점과는 대조되는 사실이다. 그는 대중문화를 하급문화로 차치할 것이 아니라 오히려 그것에 관한 심도 깊은 연구를 진행해야한다고 주장하고 있다. 이것은 달리 말해서 대중문화가 갖고 있는 현실성, 영향력을 문화적 흐름 속에서 읽어내고 이를 바탕으로 대중문화 특유의 생산적 측면을 발견해야 한다는 것이다. 벤야민의 대중문화론을 설명하려고 할 때 가장 많이 인용되는 글은 「기술복제 시대의 예술작품」이라는 논문이며 이 글에서 핵심적인 의미를 가지는 것은 '아우라(Aura)'라는 개념이다.[14] 우리말로 하면 '분위기' 정도의 의미를 가지고 있는 아우라는 원래 종교적 개념이었지만, 벤야민에 의해서 철학적 개념으로 전화되면서 전통적 예술작품의 본질적 성격이라는 의미를 가지게 되었다.[15]

벤야민에게 있어 아우라는 두 가지 의미를 갖고 있다. 하나는 예술작품이 갖고 있는 객관적 특성이고 다른 하나는 예술작품을 수용자가 갖게 되는 주관적 경험 요소이다. 객관적 특성으로서의 아우라는 기술 재생산 시대 이전의 예술작품 속에 존재하는 것이었다. 이것은 곧 '원본성'을 의미한다. 또한 한번 생산하면 끝나고 비록 다시 똑같은 그림을 그린다고 해서 결코 같은 그림이 될 수 없다는 '일회성'도 담고 있다. 다시 말하면 기술 재생산 시대 이전에는 복제된다고 하더라도 '복제된 것'과 '진품'은 확연히 구별될 뿐더러 그 의미조차 다르다는 것이다. 여기서 중요시되는 것은 작품의 '진품성'이다. 따라서 전통적 예술작품이 갖고 있는 특징은 원본성, 진품성, 일회성이며, 이것이 예술작품의 일회적인 현존재

14) W. 벤야민, 「기술복제 시대의 예술작품」, 『발터 벤야민의 문예이론』, 반성완 역, 문예출판사, 1983, 186쪽 참조.

15) 아우라에 관해서 벤야민은 매우 서사적인 기법으로 설명하고 있다. "여름날 햇볕이 빛날 때 먼 등성이에 있는 나뭇가지에 햇볕이 반짝이고, 이것을 보면서 자신이 무언가를 느낄 때, 이것이 바로 아우라이다." 이때 아우라는 자연과 관찰자간의 지각 가능성을 의미한다. 또한 자기 뒤에서 누군가가 바라보고 있는 시선을 느낄 때 다시 되돌아 볼 수 있는 것으로도 묘사하고 있는데, 이는 감정의 상호 교류성과 상호 관련성으로서의 아우라를 의미한다(W. 벤야민, 같은 책, 188쪽).

를 규정하는 아우라의 기본이다.

그러나 이것들만으로 아우라가 형성되는 것은 아니다. 아우라는 객관적 속성 외에도 인간의 경험과 주관에 의해 형성되는 주관적 측면을 지니고 있기 때문이다. 중세시대 아우라는 '귀한 것'이라는 의미로 사용되었다. 종교적 권위를 보장받아야 하는 중세시대에는 종교적 차원에서 이것을 사용하였다. 성당에서 마리아 상을 생각해 보자. 이 상은 원본성, 진품성, 일회성을 갖고 성당에 서 있다. 이것이 객관적 속성이다. 그러나 성당으로 들어가면 성스러운 그림들과 오묘한 빛깔을 그려내는 스테인드글래스로 둘러 쌓여 있고, 장중한 파이프 오르건 음악이 흐른다. 이러한 공간적 분위기는 마리아 상 앞에 있는 신자에게는 마리아 상이 단순히 하나의 물리적 존재로서가 아니라 신비적·종교적 차원의 경험을 할 수 있게 하는 정신적 존재로서 다가오게 된다. 신자는 마리아가 이 상에 현현하였다고 여기게 될 것이다. 이처럼 종교적·제의적 가치야말로 전통적 예술작품이 갖고 있는 아우라의 근본이라고 할 수 있다.

그런데 대중문화에 대한 비판적 입장에서 벤야민을 수용하는 사람은 위의 두 가지 속성 중 주관성의 관점에서 아우라의 몰락을 비판하고 있다. 반면 마르크스주의자들은 객관성으로서 아우라를 강조하고 있다. 기술 재생산 시대에서 예술작품의 무수한 복사가 가능해 졌을 때, 전통적 예술작품이 갖고 있었던 아우라는 몰락한다고 보고 있다. 이것은 매체 미학 논쟁의 양대 줄기이다. 이것을 좀 더 구체적으로 설명한다면 객관적 특성으로서 기술 재생산 시대에 등장한 새로운 형식의 예술은 진품성을 묻지 않으며 대량복제가 가능하기 때문에 원본의 부재와 일회성이 아닌 다수성이 특징이다. 따라서 예술에 대한 신비감도 사라지고 아우라도 소멸되었다는 것이다.

그러나 주관적 입장에서 보면, 원본성, 진품성, 일회성이 없어진 기술 복제 시대에는 이전과는 다른 지각방식을 요구한다는 것이다. 과거의 예술이 주술적 신비적 기능을 가진 것에 반해서, 복제기술 시대에는 상품적 가치와 전시적 가치를 지니게 됨으로써, 이전의 신비적 일체감 대신 비판적 수용태도를 요구한다는 것이다. 예를 들어 재생산의 논리에 따라 더 이상 예술작품은 성당이나 궁전, 귀족의 정원에 숨어져 있는 은닉의 대상이 아니라 다수가 감상할 수 있는 개방의 대상이 된다. 그리고 예술의 자율성에 의해 탈신비화가 진행되었다는 것은 이제 더 이상 예술이 숭배의 대상이 아닌 유희의 대상으로 전환된 것을 의미한다. 이처럼 기술적 복제에 의해 야기된 예술기능의 변화를 벤야민은 '예술의 정치화'[16]라고 말하고 있다.

예술의 정치화는 예술의 정신화 혹은 예술의 미학화와 대립하는 개념으로 예술을 정치와 사회와 무관한 것으로 보는 이른바 예술 지상주의를 비판적으로 바라볼 수 있게 하는 대인적 개념이 된다. 벤야민에 의하면 파시즘의 특징은 소유관계는 일체 건드리지 않으면서 사회적 모순을 정신의 강조를 통해 제거하려는 특유의 정신주의에 있다.[17] 파시즘은 예술을 미화하고 신비화하여 정치적 목적에 이용한다. 이른바 '예술을 위한 예술'이라는 예술 지상주의가 결국 파시즘을 탄생시켰다는 것이다. 따라서 '예술의 정치화'라는 관점에서 벤야민은 복제기술은 새로운 예술을 현실화시키고 변화시키는 매체 그 자체로 본다. 대량복제를 가능하게 하는 기계자체가 새로운 예술을 형상화하는 계기로 작용할 수 있다는 것이

16) W. 벤야민, 같은 책, 191쪽.
17) W. 벤야민, 같은 책, 231쪽.

다. 이렇게 볼 때 아우라의 몰락은 벤야민에게 예술일반의 몰락이 아니라 이른바 대중예술 혹은 대중문화라 불리는 새로운 예술의 시작인 것이다. 이러한 관점을 벤야민은 산업사회의 가장 대표적인 대중예술인 사진과 영화를 통해서 다시 설명한다.

벤야민이 사진의 등장에 부여했던 의미는 예술작품의 기계적 복제 가능성이다. 이것은 예술작품을 향한 민주적 접근 가능성의 확대를 의미하며, 특히 중요한 것은 사진을 통해서 예술작품의 접근성이 매우 확대되었다는 사실이다. 이전에는 육안으로 볼 수 없던 것을 카메라로 포착함으로써 예술작품에 대해 가질 수 없었던 막연한 두려움, 신비감 즉 아우라적 권위가 흔들리게 된 것이다. 특히 벤야민에게 있어 영화는 새로운 미학적 대상이었다. 영화에 대해서 벤야민이 주목한 것은 대중적 수용이라는 형식이었다. 이전의 예술작품은 대중적이지 않았지만 영화는 그 속성상 대중적 수용을 필요로 하고 있다는 사실을 지목하고 있다. 이것이 의미하는 바는 영화는 곧 '대도시의 등장'을 의미하고, 또한 '영화관'은 대중 다수가 이용할 수 있는 놀이공간이라는 점이다. 앞에서도 언급했듯이 이전의 예술작품이 신비적 · 집중적 태도를 요구했다면, 기술 재생산 시대에는 오락적 · 분산적 지각을 요구한다는 차이를 보여주는데, 이러한 새로운 지각작용이 가장 적합한 분야가 바로 영화인 것이다.

사진은 정적이지만 영화는 동적이다. 기차의 발명되고 그리고 기차 여행을 통해 이미 사람들은 파노라마적인 경험을 하게 되었다. 당시 예술은 이런 신비한 경험을 담아낼 수가 없었다. 요컨대 체험은 이미 동적으로 진행되었으나 예술은 이것을 표현할 수 없었던 것이다. 오로지 영화만이 이것을 담아낼 수 있었다. 기차여행을 통해 얻은 경험을 영화가 담아낸 것이다. 벤야민이 정신 오락적·분산적 체험에서 중요시한 것은 영화에서의 몽타주 기법이다. 영화 등장 이전, 연극과 문학에서는 논리적이고 연대기적으로 시·공간이 배열되었다. 그러나 몽타주 기법의 도입으로 인해 비논리적이며, 또한 시·공간에 대해서 임의적인 재배열이 가능해졌다는 사실이다. 이것이 우리가 생각하기에 당연한 구조 같지만, 이 당시 사람들에게는 매우 혁명적인 것이었다는 사실에 유의할 필요가 있다.

몽타주 기법은 관객에게 '쇼크'를 줄 수 있다고 벤야민은 말하고 있다. 이 쇼크는 그가 말하는 새로운 지각 중 일부로서 텍스트로부터의 '거리 두기'를 유인하게 된다는 것이다. 이를 통해 관객은 영화에 몰입되지 않으며 일정한 거리를 유지하고 그것을 비판적으로 바라볼 수 있게 되었다는 것이다. 따라서 식자층만이 작품을 비판적으로 바라보는 것이 아니라 일반 대중들도 그들과 마찬가지의 태도를 취할 수 있음을 강변하고 있다. 벤야민에 따르면 진정한 미적 향유가 기술 재생산 시대의 새로운 지각 요구로 인해 가능해 진 것이다.

벤야민의 사상이 현대 대중문화 이론에 던져주는 의미는 매우 크다. 다른 연구자들과는 달리 대중문화 안에서 대중문화를 고찰하려고 했다는 점, 그리고 그것이 안고 있는 폭발력을 인정하고 있다는 점 등이다. 대중문화의 커다란 영향력을 인정하고 교육적인 측면에서 이것을 적극적으로 활용할 수 있다는 것이 벤야민의 사상이다. 그는 이 점을 가장 잘 활용한 영화인들로 러시아의 아이젠슈타인과 미국의 찰리 채플린을 꼽고 있다. 이 점에서 특히 아도르노와 매우 대조적인 모습을 보인다. 벤야민 시대의 다른 학자들이 영화가 갖고 있는 '대중 조작적 측면'을 고민했을 때, 벤야민은 이것이 오히려 대중의 비판성을 확보시킬 수 있다고 본 것이다. 특히 그는 당시 마르크스주의자(가장 대표적인 경우가 자신도 한때 소속되었던 프랑크푸르트학파)들에 대해서 이들이 스스로는 프롤레타리아를 지향하고 있다고 말하고 있지만 오히려 고급문화를 향유하려는 이중적 태도를 보여준다고 비판하였다. 여기에서 벤야민의 대중적 유토피아 사상을 엿볼 수 있는 것이다.

## 4. 안토니오 그람시의 헤게모니 이론

그람시 사상의 독창적이고 뛰어난 면모를 핵심적으로 보여주는 개념이 바로 헤게모니 개념이다. 원래 헤게모니는 레닌에게서 비롯된 것으로 무엇보다도 정치적 개념이다. 기본적으로 헤게모니는 발전된 서구 자본주의 사회에서 자본주의의 억압과 착취에도 불구하고 왜 사회주의 혁명이 일어나지 않는가를 해명해 주는 설명방식이다.[18] 19세기 후반에 이르기까지 자본주의의 위치는 늘 불안했으며, 20세기 후반에 이르러서 소련과 동유럽의 몰락으로 비로소 자본주의는 체제의 우위를 확보할 수 있었다.

그러나 자본주의의 기본적인 모순은 여전히 존재하고 있으며 이로 인해 체제의 안정은 늘 위협받는다. 그럼에도 불구하고 한가지 확실한 것은 자본주의의 헤게모니는 300년에 걸쳐서 유지되었으며 이것이 가능하였던 이유는 그람시에 의하면 지속적인 정치적, 경제적, 사회적, 문화적 변혁의 결과라는 것이다. 이렇게 볼 때 헤게모니 이론은 자본주의 체제의 탄력성과 견고함을 이론적으로

---

18) 권유철, 『그람시의 마르크스주의와 헤게모니이론』, 한울, 1984, 22~23쪽 참조.

설명해 주는 개념이라고 볼 수 있다. 자본주의의 모순에만 매달려 있던 동시대의 사회주의자들과는 달리 그람시는 자본주의의 장점을 정확하게 이해하고 있었으며 그것을 극복할 수 있는 방법을 나름대로 모색한 것이다.

그람시에 의하면 헤게모니는 지배계급이 단순히 강제적으로 사회를 통치하는 것이 아니라 도덕적·지적 리더쉽을 가지고 사회를 이끌어 가는 상황을 지칭한다. 이는 다수의 합의를 바탕으로 하는 사회적 안정이 있음을 의미하고, 피지배층이 현재의 권력구조가 제시하는 가치나 목적, 문화적 의미 등을 능동적으로, 자발적으로 지지하고 있음을 의미한다. 다시 말하면 자본주의의 지배는 피지배계급으로 하여금 현재의 질서에 동의하는 것이 자기의 이익에 부합한다고 믿도록 상황을 정의함으로써 이루어진다는 것이다. 이러한 리더쉽이 가능한 것은 그러한 믿음을 생산하는 사회적 형식들, 즉 시민사회의 다양한 형식들이 발전해 있기 때문이다.

물론 헤게모니가 다수의 합의를 전제로 하긴 해도, 갈등 없는 사회나 상황을 뜻하는 것은 아니다. 헤게모니가 뜻하는 바는 이러한 갈등들이 이데올로기적으로 안전한 곳으로 돌려지고 수용되었다는 것이다. 이것은 지배계층이 피지배층에게 양보함으로써 유지된다는 것이다. 자본주의가 발전하고 선진화될수록 정당, 사회단체, 노동조합, 언론 등 다양한 시민 사회적 형식들이 발전하게 되는데, 이들이 대중으로 하여금 현재의 질서와 체제에 대해서 동의하도록 유도한다는 것이다. 그람시는 여기서 '유기적 지식인'이라는 개념을 제시한다.[19] 유기적 지식은 "문화인의 엘리트로서 문화적 그리고 일반적인 이데올로기 분야에서 리더쉽을 제공하는 기

19) 권유철, 같은 책, 21쪽 참조.

능을 가진 지식인"을 의미한다. 이들의 의무는 "도덕적·지적 삶의 개혁을 결정하고 조직하는 것"이다 쉽게 말해서 이들은 헤게모니를 굳히고 유지하려고 노력하는 지배층의 대리인들이다.[20]

그는 헤게모니 개념에서 대중문화를 지배력과 피지배력 사이의 교류가 이루어지는 장소로 본다. 이것은 결국 문화라는 것이 프랑크푸르트 학파가 보는 것처럼 더 이상 역사가 정지하고 정치적 조작이 강요한 문화가 아니며, 인류학자가 보는 사회적 쇠퇴와 타락의 징후도 아니다. 또한 일부 문화주의자가 보는 것처럼 아래로부터 자생적으로 발생하는 것도 아니며, 구조주의자들이 보는 수동적 주체에게 주체성을 부과하는 '의미-기계'도 아니라는 것이다. 헤게모니의 개념에서 대중문화란 어떤 의도들과 반대 의도들 사이에 '타협된' 혼합물이며, 이 둘 사이를 움직이는 저울추와 같은 것으로 본다.

## 5. 알튀세의 주체 구성론

알튀세는 마르크스주의와 구조주의를 접합시킨 사상가이다. 대중문화론과 관련하여 알튀세 이론의 중요한 기여는 이데올로기 개념을 이론화한 시도에서 찾을 수 있다. 그는 토대가 상부구조를 결정한다는 마르크스의 명제에 대한 기계적 해석을 거부하고 상부구조의 상대적 자율성을 강조한다. 알튀세에 의하면 사회는 세 가지의 층위로 구성되어 있다. 경제적 층위, 정치적 층위, 이데올로기적 층위가 그것이다. 그는 마르크스와는 달리 경제적 층위가

---

20) 권유철, 같은 책, 21쪽.

정치나 이데올로기적 층위를 결정하는 것이 아니라 각 층위들이 상대적인 자율성을 누린다고 본다. 이러한 관점을 대중문화에 적용시키면 다음과 같은 논의가 가능할 것이다.

알튀세는 이데올로기가 단지 어떤 사상들의 집합체인 것이 아니라 구체적이고 물리적인 실체를 가지고 생산·재생산되는 사회적 실천이라고 본다. 자본주의 사회 내에서 이데올로기를 생산하는 사회적 제도를 그는 '이데올로기적 국가기구(Ideological State Apparatuses : ISA)'라고 불렀다.[21] 가족, 종교, 교육, 미디어와 문화산업 등은 사람들에게 세상에 대해 사고하고 표현하는 준거틀을 제공해 주는 이데올로기적 국가 기구의 역할을 한다. 사람들은 이데올로기적 국가 기구에 적극 참여함으로써 스스로 이데올로기적 실천을 행한다. 이 과정에서 모든 이데올로기는 구체적인 개인을 주체로 구성해 내는 기능을 한다. 이데올로기는 주체라는 범주를 통해서 기능한다.

이처럼 이데올로기가 개인을 주체로 구성한다는 알튀세의 개념은 특히 대중문화 연구에 많은 영향을 미쳤다. 알튀세는 이 과정을 설명하기 위해 '호명(interpenation)'이라는 개념을 도입한다. 예를 들어서 어떤 사람이 길을 가는데 경찰관이 "이봐요 당신!"이라고 부르면 그 사람은 그 소리가 자신을 대상으로 하고 있음을 인지하고 돌아보게 된다. 그 순간 그는 경찰관에 의해 호명된 주체로 된다. 그를 호명한 주체는 경찰관이고, 그는 경찰관의 호명 행위의 객체가 된 것이지만 그 행위를 통해 그는 경찰관이 호명한 그 '당신'이라는 주체로 된 것이다. 말하자면 그 사람은 경찰관의 호명의 객체가 됨으로써 주체가 된 것인데 그는 무의식적으로 스

---

21) 김형효, 『구조주의의 사유체계와 사상』, 인간사랑, 1990, 485쪽 참조.

스로 자유롭게 참여함으로써 주체가 되었다고 생각하게 된다. 이데올로기에 의한 주체의 구성이라는 것이 바로 그와 같은 과정으로 이루어진다는 것이다.[22]

이 주체 구성의 개념은 영화이론가들의 영화 분석에서 많이 활용되었다. 헐리우드 영화를 볼 때 관객들은 카메라의 시선에 자기의 시선을 동일시하고 이어서 카메라가 제공하는 영화 속의 특정한 시점과 동일시하게 됨으로써 영화가 제공하는 특정한 주체로 구성된다. 그런데 헐리우드 영화는 대부분 남성적 시선에 의해 만들어지며 관객은 영화를 보는 과정에서 남성적 시선에 동일시하면서 남성적 주체로 구성된다는 것이다. 많은 여성들이 헐리우드 영화를 보면서 그 남성 우월주의에 분노하기는커녕 오히려 그에 동일시하고 박수를 보내는 것은 바로 그들이 영화 속의 남성적 주체를 가지게 되었기 때문이라는 것이다. 마찬가지로 백인의 시각에서 만들어진 영화를 보면서 많은 흑인 관객들이 박수를 보내는 것도 그들이 영화를 보는 과정에서 흑인으로서의 주체를 상실하고 영화가 만들어 준 백인의 주체성을 가지게 되었기 때문이라는 것이다.

알튀세의 이데올로기적 주체 구성의 이론을 적용한 많은 대중문화 연구는 대중문화 텍스트가 이런 방식으로 수용자 대중의 주체를 구성해 냄으로써 결과적으로 자본주의의 지배이데올로기를 재생산하는 기능을 하고 있음을 비판하고 있다. 이런 분석에 따르면 사람들은 향상 자본주의의 생산양식이 요구하는 모든 이데올로기적 관습에 맞게 재생산된다. 거기에는 어떤 갈등이나 실패, 투쟁이나 저항의 몸짓도 존재하지 않는다. 그러나 알튀세를 포함한

22) 김창남, 같은 책, 69쪽 참조.

구조주의적 문화 분석에서 가장 문제가 되는 부분이 이것이다. 문화의 의미는 늘 인간 바깥의 어떤 요소에 의해 생성된다. 그것이 텍스트 내의 요소들 간의 관계이든, 언어이든, 이데올로기이든 인간은 그 다른 요소들에 수동적인 객체의 모습으로만 존재한다는 것이다. 구조주의가 반인간주의라고 비판받는 이유가 여기에 있다.

# 3장. 포스트모더니즘

## 1. 모더니즘과 포스트모더니즘

후기구조주의, 정신분석학, 네오마르크스주의 등과 더불어 현대 사회와 문화를 분석하고 이해하기 위한 가장 중요한 개념 중의 하나인 포스트모더니즘은 어떠한 사조 이상으로 그 개념이 모호하고 불명확하다.[23] 어떤 특별한 기원을 가지고 있지 않기에 부정적으로도 긍정적으로도 해석이 가능한, 따라서 매우 다의적인 포스트모더니즘의 의미와 기능은 모더니즘이라는 하나의 사조를 마무리하는 곳에서, 다시 말해서 모더니즘의 이념과 사상을 종결하는 곳에서 그리고 모더니스트의 활동과 실천의 제약으로 그 자체를 모더니즘에 대항하는 신사조이자 전통의 단절이라고 인식하는 곳에서 시작한다.[24] 그리고 몇몇 이론가들은 후기 산업사회에서의

23) 따라서 포스트모더니즘이라는 용어는 우리가 현대적이라고 주장할 만한 현상을 지시하기 위해서 사용되기도 하고, 이러한 현상들을 거부하기 위해서 사용되기도 한다. 이와 같이 포스트모더니즘에 관한 담론이 불충분하게 이론화된 결과, 이 용어는 자기들끼리 통용되는 은어의 지위로, 현대이론의 과제에서 스스로를 분리시키려 하거나 참신하고 멋지게 보이고자 하는 혼란스러운 시도로 격하되기도 한다(더글라스 켈러, 『미디어문화』, 김수정 · 정종희 역, 새물결, 1997, 95쪽 참조).

24) 휴 실버만, 『포스트모더니즘』, 윤호병 역, 고려원, 1992, 11쪽 참조. 프레드릭 제임슨이 이러한 국면을 특히 강조하는데 제임슨에 따르면 포스트모더니즘은 하나의 효과로서 고급예술과 대중문화 사이의 구분의 소멸을 재현한다. 따라서 포스트모더니즘이란 하나의 스타일이 아니라

이러한 예술 경향을 오히려 모더니즘의 극단적 현상으로 이해하면서 진정한 포스트모더니즘의 출발을 70년대 이후로 본다. 이렇게 볼 때 60년대 이후 미국사회를 지배한 문화적 무력감과 이로 인한 도덕과 질서에 대한 신념 상실이 포스트모더니즘의 형성에 크게 작용했음은 부인할 수 없다.

그러나 포스트모더니즘이 언제 정확하게 시작했느냐 식의 기원론에 대한 논쟁은 별 의미가 없다. 오히려 후기 구조주의적인 인식론에서 영향을 받은 문화론들이 현재의 문화나 대중문화의 어떠한 성향을 밝혀내느냐가 중요하다. 그리고 포스트모더니즘의 사고에는 무엇보다도 모더니즘에 대한 재사고가 포함되어 있음을 전제할 때 결국 포스트모더니즘에 대한 정확한 이해는 그 재사고 대상인 모더니즘에 대한 이해를 전제로 하고 있음을 부인할 수 없다.

최근 들어 많은 공격의 대상이 되었지만, 하나의 관행으로서의 모더니즘이 소멸된 것은 아닌 것 같다. 오히려 반대로 모더니즘은 하나의 전통으로서 대학과 미술관, 화랑 등 제도화된 공간 내에서 지배적인 위세를 떨치고 있으며, 그 위세는 일정한 범위 내에서 재생산되고 있다. 그럼에도 모더니즘이 특수한 역사적 조건에 기초했던 문화적 산물로서 일정 기간 동안 일정한 성과를 생산했지만 그것은 일정한 역사적 한계 내에서 가능한 것이었으며 이제는 지나간 역사의 유산으로서 자리잡아 가고 있는 것은 부인할 수 없다.

---

"문화의 새로운 형식적 특징을 새로운 형태의 사회 생활 및 새로운 경제적 질서와 연관짓는 일종의 시기 구분적인 개념이라는 것"이다(F. Jameson, "Postmodernism and Consumer Society", H. Foster, (ed.), Postmodern Culture, (London : Pluto Press, 1983), 113쪽).

주지하다시피 모더니즘은 근본적으로 인간의 합리성, 역사 발전 그리고 진보라는 신념을 그 토대로 하고 있다. 이러한 신념은 곧 계몽주의에 의해서 구체화되었는데 계몽주의에 따르면 인간의 이성은 믿음을 지배해야 하고, 인간이 만물의 척도이며, 자연은 인간을 위해 정복당하고 지배되어야 하며, 시간은 어둠에서 밝음으로 나아가야 하는 것이다. 이것은 진보로서의 도덕적 진화를 함의하는 이념으로서 바로 과학이라는 제도화된 양식과 정치적 혁명을 통해서 실현되었다. 따라서 모더니즘화된다는 것은 전통과의 단절, 끊임없이 반복되는 전통적인 주제와 화제와 신화에 대한 거부, 자신의 정체성을 자의식적으로 새롭게 하는 것, 시대적인 사조에 부응하는 것, 기술문명 그 자체가 인간의 삶을 긍정적으로 변화시킬 것이라는 신념 등으로 설명할 수 있다.[25] 그러나 역사가 보여주듯이 계몽주의가 고수하려는 방법론적 객관성과 그 실천들이 견지한 가치적 중립성은 도덕의 진공상태를 불러 왔다. 특히 20세기에 들어오면서 두 차례에 걸친 세계 대전, 대량학살, 환경파괴, 인간성 소멸 등은 계몽주의로 대표되는 모더니즘이 얼마나 위기에 처해 있는가를 여실히 보여주는 것이었다.

이리하여 모더니즘이 신뢰하였던 데카르트적 주체라는 개념은 허구적 구성체에 불과하였음이 드러났고, 역사의 진보를 정당화시켜온 도구적 이성에 의한 고도의 산업사회의 실현은 오히려 인간을 생산라인의 부속물로 전락시킴으로써 인간의 삶의 조건을 파괴시켰고 삶의 총체성으로부터 원자화시켰음이 드러났다. 이것은 결국 이성과 감성, 지적 차원과 감성적 차원을 이원적 대립으로 규정하고 전자에 특권적 지위를 부여한 전통철학의 주지주의, 이

---

25) 휴 실버만, 같은 책, 13쪽.

성 중심주의의 몰락을 의미하며, 포스트모더니즘은 바로 이러한 모더니즘의 형식과 그것이 기초했던 철학적 토대에 대한 반성 또는 그것과 관련된 서구사회 특정한 문화적 태도를 지칭하는 것으로 보여진다. 이리하여 모더니즘이라 불리는 과거의 어느 측면을 강조하고 어느 측면을 배제해야 하는가를 결정하는 것이야말로 포스트모더니즘의 중요한 관건이 되는 것이다.

동시에 포스트모더니즘은 비단 선진 산업국가만의 현상이 아니라, 제3 세계, 라틴아메리카, 아시아 등에서도 그 근원을 확인할 수 있다. 따라서 포스트모더니즘은 전 지구상에 걸친 보편적인 문화현상이라고도 볼 수 있으며, 이는 달리 말해서 중심부 문화와 주변부 문화가 서로 영향을 주면서 얽혀서 진행되고 있음을 말해준다. 애초에 건축분야에서 시작된 포스트모더니즘은 문학, 미술, 음악, 연극 등과 영화, TV 등에서 더욱 활기를 띠기 시작하였고 특히 영화, TV 등 대중매체는 가장 촉망받는 포스트모던한 양식으로 받아들여진다. 왜냐하면 이들 매체가 그려내는 이미지는 기술 복세된 것으로 매우 허구적이고 비현실적이지만 수용자는 다양한 이미지의 차이에서 오는 즐거움을 즐길 뿐이지 그 이미지의 리얼리티에 대해서는 무관심하다는 의미에서 포스트모던적 경향을 가장 잘 보여주기 때문이다.

포스트모더니즘에 관한 견해와 이러한 견해들을 제시한 이론가들은 매우 다양하지만 한정된 지면에서 다 소개할 수는 없는 만큼, 여기에서는 미국을 대표하는 프레드릭 제임스와 프랑스를 대표하는 보드리야르를 중심으로 위에서 언급한 문제들을 살펴보도록 하자.

## 2. 프레드릭 제임슨

제임슨은 자신의 저서 『포스트모더니즘과 소비사회』(1982)에서 포스트모더니즘적 현상들의 중요한 특징들을 '혼성모방(pastiche)'과 '정신분열증(schizophrenia)'이라는 두 개념으로 압축하여 예시하면서, 이런 특징과 현상들은 1960년대 이후 두드러지게 부상되는 서구 후기자본주의의 새로운 사회질서의 내적 진리를 표현해 준다고 설명하고 있다.[26] 그에게 있어서 포스트모더니즘은 특정한 예술 양식이라기보다 하나의 시기 구분의 개념으로서 이해되며, 그 기능은 새로운 유형의 사회생활과 경제질서—즉 후기 산업사회 또는 소비사회, 미디어사회 또는 스펙타클 사회, 혹은 다국적 자본주의—의 대두와 문화에 있어서의 새로운 형식적 특징들의 대두를 서로 상관시켜 주는 데에 있다.

자본주의 사회의 새로운 변화가 발견되는 시기는 미국에서는 대략 1940년대 말 또는 1950년대 초이며, 프랑스에서는 제5 공화국의 수립 시기인 1958년까지 소급될 수 있다. 1960년대는 여러 측면에서 볼 때 중요한 이행기였는데, 이것은 새로운 국제질서—즉 신식민주의, 녹색혁명, 컴퓨터와 전자정보의 시대 도래—가 형성되면서 그 내적 모순과 외적 저항이 동시에 표출되던 시기였다. 이것은 새로운 유형의 소비와 계획적인 폐기, 매우 빠른 속도로 진행되는 유행과 양식의 변화, 전 사회에 걸쳐 유례없는 속도로 침투되는 광고와 TV, 그리고 미디어, 도시와 농촌, 중심과 주변 사이의 낡은 긴장이 보편적인 표준화에 의해 대체되는 현상을 불

---

26) 존 스토리, 같은 책, 242~243쪽.

러왔고, 거대한 그물망의 고속도로가 증폭되고 자동차 문화의 도래를 초래하게 하였으며, 이러한 현상들은 전성기 모더니즘 사회와는 급격한 단절을 나타내 주는 특징들이었다.

이러한 시대적 상황을 전제로 하여 제임스는 포스트모더니즘의 주요한 관행들과 특징들을 혼성모방의 개념을 통해 설명하고 있다. 물론 이런 식의 모방은 패러디라는 형식으로 모더니즘이나 그 이전의 예술 양식 속에서도 흔히 발견되기도 하였다. 그러나 포스트모더니즘에서 보여지는 모방 행위인 패스티쉬는 다른 스타일의 모방, 또는 다른 스타일의 양식적 차용이라는 점에서 외적으로는 이전의 패러디와 유사점을 지니지만, 그 내적 연관에 있어서는 패러디와 큰 차이를 지닌다. 패러디의 경우에는 본래의 원전(the original)에 대한 은밀한 공감이 남겨져 있다. 패러디를 이용하는 모더니스트 미학에서는 원전이 지닌 독창적인 자아와 사적인 동질성, 유일무이한 개성과 인격성에 대한 모종의 연결이 존재한다. 따라서 패러디의 경우에는 이런 독창적 양식에 대한 매너리스트적인 표절이 지니는 사적인 성격에 대한 조롱과 풍자의 효과가 남겨져 있으며, 이러한 웃음을 가능케 해주는 언어학적인 일반적·정상적 규범이 하나의 기준점으로 존속하고 있다.

그러나 지금과 같이 일반적인 정상언어와 그것의 의사 소통적 힘이 더 이상 존재하지 않는다면, 모든 것이 파편화되어 버리고 사적인 것으로 화해버린다면, 그리고 더 이상 사적인 언어와 개성적 스타일을 풍자할 수 있는 일반적인 정상적 규범이 존재하지 않게 된다면 패러디는 불가능해진다. 다시 말해서 전성기의 자본주의 시대에 존재했던 합리적인 개인주의적 주체가 더 이상 존재하지 않고, 심지어는 부르조아적 개인으로서의 주체라는 것 자체가 애당초 존재해 본 적이 없다고 주장하는 후기구조주의자들에게는 현대의 예술가에게 남겨진 것은 단지 과거의 죽은 모델들의 모방일 뿐이다.

어느 누구도 과거처럼 유일무이한 사적 세계와 그것을 표현할 개성적 양식을 더 이상 지닐 수가 없다. 양식적 혁신이 더 이상 불가능해진 세계에서 남겨진 것이라고는 단지 과거의 죽은 스타일을 모방하고, 가면을 통해서 이야기하며, 상상적 미술관 속에 있는 다양한 양식들의 소리로 이야기하는 것일 뿐이다. 이것이 포스트모더니즘의 패스티쉬이다. 따라서 모더니즘 미학이라는 전통의 무게가 현대를 살아가는 예술가들의 뇌 속을 악몽처럼 짓누르고 있는 이 시대에 오히려 포스트모더니즘의 예술은 과거 속에 갇히게 된다.

그 결과 시간적 연속성은 단절되고, 현재의 경험은 생생하고 압도적으로 증폭된다. 그리고 모든 의미가 상실됨에 따라 기의를 상실한 기표는 이제 하나의 이미지로 변형된다. 제임슨은 이러한 사태들을 개괄적으로 역사 감각의 소멸이라고 요약한다. 현대의 사회 체제 전체가 점차 자신의 과거를 보존할 능력을 상실하면서 영구적인 현재 속에서 살게 되며, 이전의 다른 모든 사회 구성체들이 이런 저런 방식으로 보존했던 전통은 변화 속에서 망각되는 것이다. 뉴스와 미디어의 홍수는 최근의 역사적 경험들을 가능한 한 빠른 속도로 과거 속으로 추방한다. 미디어의 정보적 기능이 우리의 망각을 도와주는 것이며, 우리의 역사적 기억상실을 위한 대리인과 메커니즘으로 봉사하는 셈이다.

지금까지의 제임슨의 분석을 개괄적으로 재정리해 본다면 소위 후기자본주의의 포스트모더니즘 문화는 한편으로는 과거 모더니즘의 찬란한 엘리트주의의 죽은 모델들의 중압에 눌려 그것의 재탕과 모방에 급급하면서, 다른 한편으로는 과거와 역사에 대한 기억 상실 속에서 미디어와 광고로 가득 찬 상품사회의 쾌락을 소비하는 데에 몰두한다. 이것은 실재를 이미지로 변형하고, 시간을 영원한 현재의 연속으로 파편화시키는 과정으로서, 이렇게 해서 거꾸로 포스트모더니즘의 문화는 후기자본주의의 상품생산과 소비의 논리를 그 자체로서 복제하고 또한 재생산하게 되는 셈이다.

그런데 제임슨은 모더니즘과 포스트모더니즘 사이의 급진적인 단절이 실제로는 내용상의 완전한 변화를 수반하는 것이 아니라 오히려 이미 주어져 있던 특정한 일련의 요소들의 재구성에 불과하다고 보았다. 말하자면 이전 시기의 체계 내에서는 부차적이었던 특징들이 이제는 지배적인 것이 되고 지배적이었던 것들이 다시금 부차적인 것이 되었다는 것이다. 이는 본질적으로 양 시기 사이의 내용상의 변화가 아니라, 형식상의 변화를 의미하며, 이러한 형식상의 단절 이면에 내용상의 연속성을 함축하고 있는 셈이 된다. 이것은 모더니즘과 포스트모더니즘 모두가 자본주의의 발전 및 그 운명 속에서 태동, 전개되어 왔기 때문이다. 이처럼 역사적으로 조건지어진 철학적 형식주의 틀에서 한치도 벗이나 있지 못하고 있다는 점을 생각해 보면 이러한 연속성은 당연한 일이라는 것이다.

이러한 여러 상황들을 고려하면서 예술사조 혹은 문화현상으로서의 포스트모더니즘의 특징을 제임슨은 대충 네 가지 요소로 요약[27]하고 있다.

첫째, '깊이 없음' 혹은 '정서'의 퇴조는 포스트모더니즘적 문화가 보여주는 가장 첫 번째 특징이다. 수미일관적인 내러티브를 고수해온 종래의 서술구조를 거부하는 포스트모더니즘에서는 어떠

27) 원용진, 『대중문화의 패러다임』, 한나래, 1997, 271~273쪽 참조.

한 주제를 전개하기 위해서 나타나는 현상은 의미 없는 나열 혹은 혼란스러운 배열이다. 거기에는 어떠한 깊이도 없고 진정한 주제의식도 결여된 채, 오직 주체의 분열만이 있을 뿐이다. 따라서 권선징악적인 결말이나 자아의 완성, 위대한 영웅의 장엄한 투쟁 따위는 존재하지 않고 지극히 분열된 주인공들이 등장할 뿐이다. 제임스 뭉크의 「절규」나 워홀의 「마릴린 몬로」 등이 보여주듯이 자기 파멸적인 자기 분열과 주체 분열만이 보인다. 「토탈 리콜」에는 자신의 의식을 지배하고 있는 모든 기억들, 심지어 아름다운 추억조차도 외부에서 인위적으로 주입된 허구적인 관념임을 알고 경악하는 주인공인 퀘이드가 등장한다. 또 육체노동자인 퀘이드가 자신의 화성여행의 꿈을 현실로 이룰 수 있는 계기는 리콜사의 TV광고를 지하철에서 봄으로써 가능해진다. 말하자면 그의 의식의 내용뿐만 아니라 이를 현실로 만드는 것도 모니터의 이미지로부터 비롯된다는 것이다. 「로보캅」이나 「터미네이터」의 경우에 아예 처음부터 도덕적 판단이 불가능한 기계를 등장시킴으로써, 또 「플라이」에서는 파리와 유전자가 결합된 주인공이 마침내 성조차 변화되는 모습을 보여줌으로써 선과 악, 신과 인간, 남자와 여자, 탄생과 죽음 등의 전통적인 대립을 파괴시켜 버린다.

둘째, 개별 주체가 소멸되고 스타일의 죽음을 맞이하게 되면 남는 것은 혼성모방 아니면 패러디이다. 이때 패러디가 일정한 의도를 가지고 특색을 흉내내는 목적 있는 모방이라면, 혼성모방은 모방 자체에서 의미를 찾는 죽은 언어의 연속이다. 혼성모방은 지나간 과거를 모방의 창고로 여긴다. 아무런 원칙 없이 과거의 모든 스타일을 마구잡이 그리고 매우 자극적으로 결합시키고 있다. 따라서 기술 복제시대에 걸맞게 기존의 이미지, 형식, 코드, 표상 등을 복제 재생할 수 있다. 이전의 모든 예술양식들이 분해 조립됨으로써 과거의 다양한 양식들은 모방과 조립을 위한 소재로만 존재한다. 컴퓨터 합성에 의한 모나리자의 중성적 미소, 30~40년대 만화 주인공들을 재조립한 「딕 트레시」나 「배트맨」, 웨스턴, 중세 사극, SF와 호러 등이 결합된 「스타워즈」 시리즈, 「터미네이터」 시리스에서의 다양한 장르의 차용 등이 대표적인 경우이다.

셋째, 역사성이 소멸되고 주체가 분열된 상태에서 과거, 현재, 미래라는 시간적 순서 역시 아무런 의미를 가지지 못한다. 시간의 부정이 인과성의 부정으로 연결됨으로써 의미의 사슬이 깨어지고 이제 정신분열적인 허무만이 남게 된다. 과거, 현재, 미래가 뫼비우스의 띠처럼 연결되어 있는 「백 투 더 퓨쳐」 시리즈[28]나 「터미네이터」 시리즈[29] 「펄프 픽션」[30] 등에서 합리적인 인과성을 찾는

---

28) 예를 들어서 1편에서 마티의 시간여행은 자신을 통제하는 사람(부모)을 통제, 선택하기 위해서 과거로 돌아가는 것인데 이는 달리 말하면 아들이 아버지를 선택하고, 이 아버지와 어머니의 결합이 아들에 의해서 이루어짐을 의미한다. 이러한 결합은 아들이 다른 불량배들로부터 어머니의 섹슈얼리티를 차단함으로써 가능한데 이때 중요한 것은 이를 위해서 아들이 어머니의 성적 욕망의 대상으로 등장한다는 것이다. 이러한 세대의 연결이라는 시간적 질서의 부정이 성적 이미지와 연결됨으로써 이 영화는 미국사회에서의 전통적 도덕적 질서의 와해를 상징한다.

29) 「터미네이터」는 철저하게 '끝'(end)이 '시작'(opening)을 결정한다. 이때 끝과 시작이 연결되어 있음을 알려주는 오직 하나의 증거는 멕시코 마을에서 우연히 찍은 폴라로이드 사진이다. 과거와 현재 그리고 미래라는 다른 시공간을 연결하는 유일한 실재인 이 사진이 우연히 만들어졌다는 것은 시간적인 인과성에 대한 이 영화의 냉소적인 관점을 잘 보여준다.

30) 전통적 시간의 파괴와 더불어 이 영화가 보여주는 복합적인 인종성, 동성애적 그리고 하위문화적인 코드는 아이러니와 장르의 파괴를 동시에 보여준다.

것은 애초부터 불가능하다.

넷째, 이러한 정신분열적인 문화현상으로 인해서 비판적 거리가 소멸된다. 기호의 연결만이 전개되는 상황에서 이데올로기적인 표현은 불가능해진다. 이미지의 나열,[31] 새로운 스펙타클[32]의 범람 등은 역사에 개입하려는 주체의 어떠한 기획이나 실천적 의미도 거부해버린다. 예를 들면 포스트모던 시대의 가장 완벽한 초월적 존재로 등장하게 된 TV는 이제 인간들을 단말기의 노예로 만들어 버림으로써 지극히 수동적인 정보의 소비자로 전락시켰다.[33] 시청자는 정보에 관한 어떠한 비판적 의식도 포기한 채 이 매체가 난사하는 이미지를 그냥 무기력하게 수용할 뿐이다. 이처럼 바이러

---

31) 「세계 이미지의 시대」에서 하이데거는 다음과 같이 말하였다. "세계가 이미지로 되는 것은 인간이 존재하는 무엇인가의 중간 쯤에서 그 모든 것의 '근본'이 되는 사건과 동일한 똑 같은 사건이다." 하이데거가 보기에 주체로서의 자아와 개체로서의 세계를 구별하는 경향은 모던 시대와 더불어 이미 끝났던 것이다.(휴 실버만, 같은 책, 265쪽).

32) 영화는 원래 스펙타클한 매체이다. 그래서 영화는 현실성 여부를 떠나서 모든 사물의 외양을 보여 줄 수 있다고 믿어왔다. 그러나 영화 속의 이미지가 모든 것을 보여준다고 하더라도 그 이미지에 관객들이 어떤 의미를 부여하기 전까지는 그 이미지 자체는 별 의미가 없다. 다시 말해서 주체와 이미지 사이에 상호작용이 발생할 때만이 이미지는 의미를 획득하게 되는 것이다. 따라서 포스트모던 시대에는 전혀 다른 스펙타클함이 등장한다. 종래의 스펙타클함이 보여주던 아름다움이나 장엄한 서사적인 풍경들이 아니고 온통 현란한 볼거리로 가득 찬 무수한 기호가 등장한다. 이 볼거리 속에는 어떤 진지한 주제가 담겨 있다기보다는 그냥 이미지의 기호만이 가득 차 있다. 이제 스토리나 주제는 부차적인 요소가 되어버린 채 어떻든 다른 텍스트와의 차별화 속에서 시각적 스타일의 독특함만 강조하게 된다.

33) 데이빗드 크로네버그의 「비디오드롬」은 전자매체에 종속되어 가는 인간을 충격적으로 그려내고 있다.

스성 미디어에 감염된 대중의 탈정치의식은 현대인이 은폐된 권력이 조장하는 문화산업의 희생자임을 잘 보여준다. 이렇게 볼 때 제임슨의 표현처럼 왜 우리가 우리 자신의 현재에 집중할 수 없으며 또한 왜 우리가 자신의 현재 경험을 미학적으로 재현하는 것이 불가능한가라는 의문도 제기하지 못한 채 매체들은 우리들을 막연한 향수적 과거로 도피시키는 것이다. 헐리우드 대중영화에 대한 여러 비판은 바로 여기에서 출발한다. 결국 마르크스주의자로서의 제임슨은 포스트모더니즘에서 묵시론적 문화현상을 본 것이다.

## 3. 장 보드리야르

초기의 보드리야르는 마르크스주의와 기호학을 접목하여 현대사회를 분석하려는 입장에서부터 논의를 출발하였다. 현대사회를 소비사회로 규정짓고, 소비 사회를 철저하게 교환 가치의 법칙에 의해서 지배되는 사회로 파악했다. 생산자는 소비자의 생활에서 필요한 필수품을 생산하기보다는 소비자들의 욕망을 자극하는 물건들을 생산한다. 그 욕망을 자극하기 위해서 만들어지는 대중 매체 속의 광고들은 끊임없이 기호를 만들어 낸다. 이제 소비자들이 선택하고 욕망의 대상으로 삼는 것은 광고하는 물건이 아니라 광고를 통한 기호 그 자체가 되어버린다. 소비자들이 기호를 욕망하고 소비하게 되는 셈이다. 기호는 광고를 통해 재맥락화되면서 전혀 상상하지 못한 의미를 만들어 낸다. 이처럼 새롭게 생기는 의미를 '잉여의미'[34]라고 한다. 이러한 잉여의미는 자본의 논리에 의해서 생기는 효과가 아니라 광고 속 언어들의 놀이에 의해 생긴 효과이다. 언어 효과를 연구함으로써 우리가 새로운 시대의 문화의 구조적 차원에 가까이 갈 수 있다는 것이 보드리야르의 논지다.

1973년의 『생산의 거울』이라는 저서를 계기로 보드리야르는 마르크스주의와 더욱 멀어질 준비를 한다. 산업사회를 형성했던 범주, 가치들로는 더 이상 설명될 수 없는 새로운 사회상황을 '포스트모던'이라는 사회질서로 간주한다. 포스트모던한 시대에 이르게 되면 모더니즘에서 굳건하게 믿고 있던 이원론적 대립이 모두 사라지게 된다. 소쉬르의 시대만 하더라도 기호의 바깥에 현실이 존재하고 있었다. 하지만 보드리야르는 포스트모던 시대에는 그 관계가 허물어지거나 역전되고 있다고 주장한다. 정보를 제공하는 매체가 폭발적으로 증가함에 따라 사적인 공간과 공적인 공간에 대한 정보의 구분도 사라지게 된다 개인들의 사적인 생활은 그들의 기록물에 해당되는 매체들에 의해서 공적인 것이 되고 침해당한다. 그럼으로 해서 무엇이든 숨길 수 있는 공간을 박탈당한다.

어느 시대에나 재현이라는 모사과정(simmulation)이 있었다. 하지만 그 모사 과정의 중요성은 시대에 따라 다르게 나타난다. 원근법이 말해주듯이 르네상스 시대의 새로운 재현은 는 중세의 신분 사회, 그리고 신 중심 사회의 종말을 의미한다. 이제 예술은 자연을 흉내내려는 재현들을 시도했다. 기호는 당연히 현실을 반영하는 거울 같은 역할을 하였다. 산업 혁명 이후 모사품은 무한정 대량 생산될 수 있게 되었다 공산품은 이러한 모사를 전제로 존재가치를 인정받았다. 특히 로봇 등과 같은 인간을 흉내낸 공산품이 나오는 현대에 이르러서는 복제 기술을 통한 예술 공산품 등이 시

34) 원용진, 같은 책, 274쪽 참조.

장을 지배하기 시작하였다. 이처럼 르네상스에서 산업혁명에 이르기까지의 재현은 현실을 축으로 한 것이었다 현실이 모사과정의 대상이 되고 그를 축으로 모사과정의 성공과 실패가 논의되었던 것이다.

그러나 이른바 포스트모던 시대라 불리는 오늘날은 전혀 다른 모습의 모사과정을 보여준다. 진정한 의미의 모사과정이 득세하는 오늘날의 질서에서는 재현과 현실과의 간극이 사라지게 된다. 때로는 그들의 존재가치가 역전된다. 현실을 모방해 낸 재현이 아니라 재현을 통해서 현실을 확인하는 전복의 시대가 된 것이다. 모사과정을 통해서 만들어지는 이러한 모사를 보드리야르는 시뮬라크라(simulacra)라고 부른다. 그리고 가상현실 등과 같은 모사가 현실을 압도하는 현상을 하이퍼리얼리티(hyperreality)라고 부른다.[35] 특히 대중매체는 그것이 실어나르는 메시지가 의미를 만들어냄으로써 사회제도로서의 존재가치를 갖는다. 하지만 보드리야르의 논의 속에는 메시지가 의미를 만들어낼 수 있는 가능성이 없다. 즉 메시지가 매체 바깥의 현실을 재현해 내는 것이 불가능해졌고, 재현과 현실 사이의 간극 또한 생성되지 못할 지경에 이른 것이다. 메시지 혹은 정보의 의미가 해체되고 사라지게 된다. 단지 의미 없는 스펙터클을 끊임없이 만들어내는 커뮤니케이션적 환희만이 우리 주위를 맴돌 뿐이다. 대중은 이제 매체의 스크린이 되고 매체의 커뮤니케이션망에 흡수된다. 대중은 끊임없이 기호를 욕망하고 기호의 놀이를 우상화한다. 이리하여 재현을 통한 비판적 거리 만들기가 불가능해졌고 '사회적인 것'이 소멸된 상황에서 대중은 무기력하게 기호의 놀이에만 열중하는 존재로 전락한다.

35) 원용진, 같은 책, 276쪽.

따라서 대중을 계급적이고 계몽주의적인 의식화 운동으로 이끌려는 모든 노력들은 부질없어 보인다.

## 4. 포스트모더니즘과 문화이론

그러나 포스트모더니즘에 대한 이러한 평가가 일정 부분 그 정당성을 인정한다고 하더라도 더 나은 결과를 산출하기 위해서는 다른 전략이 필요하다. 다시 말해서 순기능적 차원에서의 재인식이 필요하다는 것이다.

이러한 관점에서 포스트모더니즘이 가져다 준 몇 가지 긍정적인 결과를 살펴본다면, 무엇보다도 포스트모더니즘은 대중문화 혹은 일상생활을 통한 저항의 가능성을 보여주었다. 후기 산업사회가 개인을 분리시키고 타인과의 유기적인 연대를 단절시키고 공동체적 삶을 분열시킨다는 것은 동시에 이 모든 것에 대한 저항을 의미하는 것이다. 만일 포스트모더니즘이 위에서 언급한 역기능을 대변한다면 역설적으로 이러한 상황을 분석하고 치유하기 위한 장치로서도 대중문화는 유효한 것이다. 이러한 관점에서 영화에서 묘사되는 부정적인 이미지는 근본적으로 더 나은 삶을 위한 시도로 이해할 수 있다. 예를 들어서 「블레이드 런너」에는 온통 광고 이미지로 도배된 세계가 등장한다. 팬암, 코카콜라, 버드와이저의 현란한 네온사인 속에 기모노를 입은 일본여인이 미소를 보내고 있다. 그러나 이러한 묘사가 인간과 세계의 본체적 실재가 아님을 관객들은 알고 있다. 따라서 첫 장면에서 보여지는 2019년이라는 시간 속에서 실제 역사는 상실되어졌고 여기에서 벌어지는 사랑, 생명 모두가 허구에 불과하지만 이것은 미래에 대한 경고인 동시에 현재에 대한 강력한 반성을 의미하는 것이다.

두 번째로 포스트모더니즘은 주체에 대한 진지한 성찰을 요구한다. 여러 번 언급되었지만 후기자본주의 사회에서의 주체는 사유하는 존재가 아니다. 따라서 분열된 주체에 대한 극명한 묘사는 궁극적으로 우리로 하여금 주체가 무엇인가를, 다시 말해서 분열된 주체가 새로운 사회구축을 위해서 무엇을 할 것인가 등의 문제를 좀 더 다른 방식으로 고뇌하기를 요구한다. 예를 들어서 「가위손」에서의 에드워드는 완벽할 정도로 포스트모던한 타자 관계를 보여준다. 에드워드가 살고 있는 고딕양식의 고성은 철저히 속세의 현대적 마을 풍경과의 고립과 단절을 상징한다. 이 영화에서 인간들 간의 의사소통 채널은 모던적 시각적 차원에서 이루어진다. 그리고 가위는 바로 이러한 시각적 차원을 형상화하는 도구로 등장한다. 그러나 중요한 것은 에드워드의 세계가 수수함 그 자체로 채색되어 있다는 것이다. 따라서 에드워드를 바라보는 관객들의 슬픔은 무엇보다도 내재화된 그의 사랑을 외화시키는 방법이다. 가위로 눈을 날리고 나무를 재단하고 여인들의 머리를 형상화시키는 에드워드의 가위는 역설적으로 너무나 이기적이고 타산적이어서 모두가 모두에게 소외되어있는 인간 관계를 단절을 상징하는 도구인 것이다.

끝으로 포스트모더니즘은 우리에게 어떤 명쾌한 해답을 주기보다 더 많은 사유를 요구하면서 문제를 유보시키고 있다. 많은 SF 영화들이 미래에 대한 여러 가지의 예언적 경귀로 스크린을 가득 채우지만 이 모두가 우리에게 미래의 독해를 위한 해답이 되지 못함을 잘 알고 있다. 궁극적으로 매우 혼란된 방식으로 제기되는 포스트모더니즘의 질문은 우리 자신들에게 현재라는 시간적 상황에서 이러한 질문의 의미를 진지하게 성찰하기를 바라는 것이다.

영화라는 텍스트를 통해서 무엇을 읽을 것인가는 개인적인 차원에서의 문제겠지만, 적어도 텍스트 독해를 통한 결실과 그 결실에 대한 의미 부여라는 작업은 적어도 이 시대의 우리에게 요구되는 최소한의 지적 행위임을 부인할 수 없는 것이다.

# 4장. 문화주의

## 1. 문화주의의 의미

문화주의는 1950년대 말부터 영국에서 시작된 대중문화 연구 전통이다. 문화주의의 특징은 문화에 대한 추상적인 혹은 이론적인 작업을 피하고 또 사회 관계의 구조에도 관심을 두지 않는 반면, 문화의 구체적인 역사적 형태에 주목한다는 데 있다. 문화주의라는 용어는 현대문화연구센터의 전 소장이었던 리처드 존슨이 이 운동을 대표하는 세 이론가, 즉 윌리엄즈, 호가트, 톰슨의 공통되는 연구관점을 지칭하면서 붙인 것이다. 이들은 각기 다른 방법으로, 자신이 물려받은 전통의 주요한 양상을 깨고 있다. 호가드와 윌리엄즈는 리비스주의의 비판으로부터 그들의 작업을 시작했으며, 톰슨은 마르크스주의의 기계적인 경제 결정주의에서 벗어나고 있다. 그럼에도 이들을 함께 묶는 것은 한 사회의 문화—즉 문화의 텍스트적 형태나 기록된 행위들—를 분석함으로써, 그 사회의 문화적 작품과 실천 행위들을 만들고 소비하는 사람들이 공유하는 행동과 사상의 유형을 재구성할 수 있다는 주장이다. 이것은 문화의 수동적 소비보다는 능동적 생산, 즉 인간의 작용을 강조하는 관점이다.

문화의 역동성을 파악했다는 점에서 윌리엄즈가 문화주의의 선구자로 인정받고 있는 반면에, 호가트는 노동자 문화에 실증적 연구를 통해서 이러한 견해를 뒷받침해 주고 있다.[36] 윌리엄즈와 호가트는 모두 F. R. 리비스로 대표되는 문학 비평의 전통 내에 존재하는 인물들로서, 이 전통의 특징은 문학적 텍스트의 구조와 도덕적·사회적 중요성을 강조하는 데 있다. 윌리엄즈와 호가트는 리비스주의의 기본 가설들에 상당 부분 도전하지만 일부분은 수용하기도 했다. 호가트는 자신의 저서들을 통해서 리비스주의자들과는 달리, 1930년대의 노동자계급 문화가 매우 건강하였음을 보여주었다. 물론 대중문화가 도덕적 의미에서 많은 문제들을 보여주었지만 노동자들은 이것을 취사 선택할 수 있는 지각을 충분히 갖추고 있었다는 것이다.

이들이 보여주는 중요한 결론 중의 하나는 자본주의의 상부구조에서 부르조아 문화는 결코 완벽한 승리를 구가하지 못한다는 사실이다. 다시 말해서 노동자 계급이나 대중이 자본주의 체제가 요구하는 지배계급의 문화에 무조건 수동적으로 추종하는 것이 아니라, 이를 통해서 자신들의 고유한 문화를 새롭게 만들어 간다는 것이다. 이것이 비판이론과 구별되는 문화주의 결론 중의 하나로서 이러한 결론은 대중문화가 단순히 반동적인 쾌락만을 제공하는 것이 아니라, 문화의 역동성이나 변화의 가능성의 실마리로서 기능할 수 있음을 의미한다.

한편 마르크스주의 역사가로서 더 잘 알려져 있는 톰슨은 그의 여러 저작들을 통해서 위로부터의 역사라 볼 수 있는 정치제도나 사회구조 대신에, 아래로부터의 역사인 민중의 역동적인 삶을 그리고 있다.[37] 산업혁명 이후 새로운 사회적 주역으로 등장한 노동

---

36) Richard Hoggart, *The Use of Literacy* (Harmondsworth : Penguin, 1990).

37) E. P. Thompson, *The Making of English Working Class*, (Harmondsworth : Penguin, 1980) 외 다수.

자들의 삶에 대한 면밀한 분석을 통해서 톰슨은 리비스적 전통의 보호를 받던 편협한 '문화'개념을 수정한다. 물론 톰슨 자신도 인정하였듯이 산업화 초기의 노동자들의 삶과 문화양식에 집착하는 자신의 작업이 지나치게 회고적이라고 볼 수 있지만 "노동자계급의 경험을 역사과정에 다시 소개하였다는 점과 노동자들이 자신들의 문화를 통해서 자신들의 계급을 의식적으로 만들어 왔다는 것을 밝혀준 것"[38]은 실로 중요한 것이다. 이 세 사람 외에 스튜어트 홀과 패디 화넬 역시 대중문화에 대한 고전적인 좌파 리비스주의적 입장으로 인해서 여기에 포함된다. 그리고 이러한 발전의 모태가 된 기관은 버밍엄 대학에 있는 현대문화센터였다.

## 2. 문화주의의 시대적 · 사회적 배경

문화주의는 자국의 문화가 전후 영국의 특수한 상황에 뿌리를 두고 있다는 자각에서부터 시작한다. 제2차 세계대전 후 영국은 자본주의적 산업 생산 양식의 부활, 복지 정책의 수립, 그리고 러시아 공산주의에 대항한 서구 세력의 결집 등으로 인해 새로운 영국으로 탈바꿈하고 있었다. 과거의 계급이 사라짐으로써 전쟁 전의 영국과는 단절된 것처럼 보였고, 미국화된 대중문화가 새로운 미래의 상징으로 여겨졌다. 영국의 문화 연구는 이러한 상황 변화 속에서 그들의 문화적 · 경제적 · 정치적 영향력을 이해하고 재평가하려는 시도와 밀접하게 연관되어 있다. 특히 이와 같은 변화와

38) Gregor Mclellan, "E.P. Thomson and the discipline of historical context", ed by R. John son, in *Making Histories* (London : Hutchison, 1982), 107쪽.

아울러 나타난 영국 노동계급의 '부르주아 현상화'에 대해 관심을 가지게 되었다. 노동계급의 생활 조건이나 이데올로기가 중류계급의 그것과 차별성이 없게 되었으며, 따라서 도시 노동계급의 생활에 대한 많은 연구들이 도시 노동계급의 가치 구조와 사회 구조가 어떻게 존속되고 있는지에 대해 탐구했다.

이처럼 문화주의[39]는 영국 피지배계급의 특이한 역사적 경험으로부터 비롯되었다. 전후 미국의 상업문화는 전세계에 범람하였는데, 같은 언어권인 영국에서는 이러한 현상이 더욱 두드러졌다. 물론 공유학파는 이러한 현상들에 대해서 일방적인 비난으로 일관하겠지만, 새로운 세대들은 자신들도 속해 있는[40] 노동계급이 변혁의 주체로서의 역할을 포기하고 왜 미국의 대중문화를 즐기는가를 이해하고 설명해야 할 의무를 느끼게 되었다. 이리하여 이들은 대중문화의 주체인 대중을 새롭게 해석하려고 한다. 대중을 수동적이고 주어진 상황에 따라 움직이는 존재로 파악하는 것에 반대하면서, 대중이 존재하는 것이 아니라 대중이라는 개념이 존재

---

39) 문화주의란 말은 문화를 지나치게 강조한다는 의미에서 '문제성' 있는 개념이다. 이들도 크게 보면 마르크스주의에 포함되겠지만 '계급'보다 '문화'를 중시했다는 점에서 이러한 명칭이 붙었다고 볼 수 있다(원용진, 같은 책, 148쪽 참조).

40) 문화주의에 속하는 대표적인 세 명의 학자들이 모두 명문대를 졸업한 노동자 계급의 출신이라는 것은 많은 의미를 가지고 있다. 2차 세계대전 이전까지 영국에서의 대학 진학률은 아주 저조했으며, 더구나 노동자 계급에게 옥스포드나 캠브리지와 같은 명문대학의 입학은 거의 불가능했다. 그러나 전후 영국의 교육풍토가 많이 변화되었고 특히 당국의 노력에 의해서 장학금의 수혜가 확대되면서 노동자 계급의 자녀들에게 명문대학 입학의 기회가 훨씬 많이 부여되었다. 덕분에 조그마한 소도시의 빵집 딸이었던 대처여사도 옥스포드에 진학할 수 있었던 것이다.

한다고 말하면서 익명적이고 원자화된 mass라는 개념 대신, 피지배집단의 유기적 결합체를 의미하는 popular라는 개념을 즐겨 사용한다.[41] 동시에 노동자를 포함하는 피지배계급의 문화를 단순히 계급적인 측면에서만 파악하는 것은 문화를 지나치게 단순화하는 것이므로 그 폭을 넓히려고 한다.

문화주의의 핵심적 특정은 문화의 수동적 소비보다 능동적 생산 즉 인간의 실천을 강조한다는 점에 있다. 문화주의는 문화를 교양의 개념으로 보았던 리비스나 아놀드 식의 다분히 엘리트주의 적인 관점을 비판하면서 노동자 계급을 중심으로 한 피지배계급의 이른바 '살아 있는 문화'에 대한 깊은 애정과 관심을 보여주었다. 이들은 물질적 토대가 문화적 상부구조를 결정한다는 정통 마르크스주의에 대해서도 반대하며 문화라는 영역이 물질적 토대에서 상대적인 자율성을 누리며 적극적으로 물질적 토대에 개입한다는 것이다.

특히 문화주의의 이론적 입장은 구조주의와 대립되는 특정을 가지고 있다 구주주의가 인간의 문화저 실천을 그다지 중요하게 생각하지 않고 주로 구조에 의해 모든 문화의 의미가 결정된다는 입장을 취하는데 대해 문화주의는 명백히 반대의 입장을 보여준다. 문화주의는 구조보다는 인간에, 이데올로기보다는 인간의 경험에, 지배계급의 전략보다는 피지배 계급의 전술에 관심을 갖는다. 문화주의는 대중이 문화적 실천을 통해 자신들의 계급적 영역을 구축하는 능동적인 모습을 찾으려 시도한다. 그런 의미에서 대중문화란 단지 미학적 차원에서 질이 낮은 문화가 아니라 대중의

41) S. Hall, "Note on Deconstructing 'the Popular'", in ed by R. Samuel, *People's History and Socialist Theory* (London : RKP, 1981), 27~39쪽.

사상과 행위를 알 수 있는 의미 있는 자료인 것이다.

## 3. 리차드 호가트

호가트는 헐 대학에서 성인 교육 담당 강사로 문학을 가르칠 당시 성인 교육의 수강생을 대상으로 한 『문자의 이용』을 저술했는데, 이 저서는 저자 자신의 개인적인 경험을 바탕으로 노동 계급의 전형적인 삶의 모습을 풍부하게 서술하고 있다. 바나 노동자들의 선술집, 그들이 즐겨보는 신문이나 잡지, 그들의 가정에서의 위치, 남녀 관계, 언어 형태 등이 소상하게 묘사되는데, 이를 통해서 대중적 오락이나 이웃간의 사회적 유대, 그리고 가족 관계 등을 연결시키는 작자의 개인적 경험이 이 책의 가장 독창적인 특성을 제공하고 있다.

호가트는 영국에는 몇 가지 문화가 동시에 존재한다고 보았으며, 그의 특별한 관심은 노동자 계급의 문화를 형성한 특징적인 태도와 관계에 있었다. 노동자 계급 문화의 양식과 제도에 구현된 가치와 의미를 찾기 위해 마치 그것들이 어떤 특정한 텍스트인 것처럼 노동자 계급 문화를 읽으려 했다. 이를 위해서 고급 문화/저급 문화의 구분에 관한 그때까지의 문화 논쟁의 입장을 거부한 것은 당연하다고 볼 수 있다. 특히 호가트는 문학 연구의 분석적인 방법들을 보다 범위를 넓혀 문화의 생산물들인 음악, 신문, 잡지, 그리고 대중 영화 등에 성공적으로 적용시켰다.

전체가 2부로 구성된 이 책에서 호가트는 전반부와 후반부에서 각각 전쟁 전의 노동자의 풍요로운 계급 문화와 전후 새로이 등장하는 대중문화의 대비를 극대화시키고 있다. 30년대의 노동자 계급 문화는 풍부하고 풍요로운 생활의 모습을 담고 있으며 이는 민중 스스로 공동체적으로 만들어 낸 문화라는 것이다. 반면에 이 책이 쓰여진 50년대 당시의 대량 생산된 매스미디어 문화에 대해서는 비판적인 시각을 견지한다. 이 새로운 형식의 대중오락은 무책임하고 대리적인 것으로 노동자 계급의 전통적 미학을 잠식하고 건강하던 노동자 계급 문화를 위협한다는 것이다.

그는 이러한 매스 미디어 문화에 의해 50년대 노동자 계급의 문화는30년대와 같은 풍요로움을 잃고 황폐화 되어간다고 보고 있다. 특히 통속소설이나 싸구려 잡지 등의 분석을 통해서 문화적 쇠락의 중요한 예로 대중소설을 꼽으면서 이러한 쇠락의 원인이 대중문화의 소비자들에게 있는 것이 아니라 생산자들에게 있음을 상기시킨다. 이러한 호가트의 비판 작업의 결과는 대중문화의 형태의 생산과 소비에 있어서 그 구분의 중요성을 부각시켰다.

그러나 이 책의 가장 큰 약점은 1930년대를 다루는 시각으로 1950년대의 대중문화를 다루지 못했다는 점에 있다. 젊은 날의 경험에 바탕을 둔 문화에 대해서는 그 구조나 복잡성을 잘 설명하고 있지만, 현대 노동 계급의 청소년 '문화의 풍부함'에 대해서는 그 복잡성이나 기능, 그리고 세부 내용에 대해서는 전혀 무지했다. 이처럼 호가트의 입장이 문화적 쇠락의 원인을 대중문화에서 찾는다는 점과 그 대안을 교육에서 찾고 있는 면에서는 리비스주의와 공통점을 보이지만, 그럼에도 불구하고 그의 주된 관심이 노동자 계급의 문화에 지향되어 있다는 것과 궁극적으로는 리비스주의를 비판한다는 점에서 그의 사상은 진일보한 것으로 평가받고 있다. 그리고 무엇보다도 이 저서를 통해서 호가트는 미디어와 대중문화를 공적인 영역으로 끌어올린 대표적인 학자로 주목받았다.

## 4. 레이먼드 윌리엄즈

윌리엄즈는 『문화와 사회』,[42] 『장구한 혁명』[43] 등의 책을 통해 문화주의의 이론적 체계화에 결정적으로 기여했다. 우선 윌리엄즈는 『문화와 사회』에서 문화에 대해 정확한 역사적인 자리 매김을 제의했다. 그는 19세기와 20세기의 주요 사상가들에게서 문화에 대한 사상을 통합하고, 문화에 대한 과거의 역사적 변화와 효과에 관한 문제에 일관된 반성적 접근을 시도했다. 그는 호가트와는 반대로 순전히 계급 지향적인 문화라는 개념을 거부했다. 특히 어떤 특수한 노동자 계급 문화라는 것에 대하여 회의적이었다. 그는 부르주아 문화는 기본적으로 개인주의 관념을 지향하고 노동자 계급 문화는 집단적 관념을 지향한다고 인정하면서도 역사적 분석의 결과로 문화간의 상호작용과 공통성이 있음을 지적했다.

뒤이어 출간한 『장구한 혁명』을 통하여 토론의 장을 문화의 문학적 도덕적 정의로부터 인류학적 정의로 옮겼다. 그것은 문화를 의미들과 정의들이 사회적으로 구성되고 역사적으로 변형되는 '전 과정(whole process)'으로, 문학과 예술은 사회적 커뮤니케이션의 특권화한 한 유형일 뿐이라고 정의했다. 윌리엄즈는 이 책에서 문화의 정의에 대한 세 가지 일반적 범주가 있음을 밝히고 있다. 첫째, 문화는 어떤 절대적 또는 보편적 가치라는 관점에서 '이상적인 것'으로, 인간의 완벽함에 이르게 하는 과정이나 그 상태라는 것이다. 둘째, '문서화'된 기록들, 즉 기록된 텍스트와 실천 행위로 이

42) R. Williams, *Culture and Society 1780-1950*, London : Penguin, 1958.
43) R. Williams. *The Long Revolution*, London : Penguin, 1961.

루어진 문화이다. 이 정의에서 문화는 인간의 생각과 경험들이 구체적인 방법으로 다양하게 기록된 지적·상상적 작업의 유기체이다. 셋째, 문화에 대한 '사회적' 정의가 있는데, 이때의 문화는 특정한 삶의 방식에 대한 묘사를 말한다. 이 세 번째 정의는 문화주의 출발에 가장 핵심적인 것으로 볼 수 있다.

문화에 대한 '사회적' 정의는 문화를 생각해 보는 새로운 방식을 열어 주었다. 첫째, 문화가 특정한 삶의 방식의 표현이라는 '인류학적 주장'이며, 둘째, 문화가 '어떤 의미와 가치의 표현'이라는 것이고, 셋째, 문화 분석 작업이 "특정한 삶의 방식이나 특정한 문화에 내재되거나 표출된 의미와 가치들을 명확히 하는 것"이 되어야 한다는 주장이다. 그리고 이를 모두 합했을 때 문화의 사회적 정의에 포함된 세 가지 요소—즉 특정한 삶의 방식으로서 문화, 특정한 삶의 표현인 문화와 이 특정한 삶의 방식을 재구성하는 방법으로 문화 분석—들이 문화주의의 일반적 관점과 기본 과정들이다. 윌리엄즈는 이들은 서로가 중요한 관계를 맺고 있으며 따라서 이 관계들 자체에 관심을 가져야 한다고 주장한다. 이어서 그는 이 과정을 종합적으로 보도록 노력해야 하며, 단지 외관상으로가 아니라 궁극적으로 특정한 연구들이 연관성을 갖고 실제적이고도 복잡한 구조에 연결되도록 해야 한다고 말하면서 이 세 가지 정의를 모두 중요시했다.

『장구한 혁명』에는 또 하나 그의 중요한 개념이 등장하는데, 그것이 바로 '정서 구조(structure of feeling)'이다. 그는 모든 문화가 특별한 삶의 감각, 즉 "특수하고도 특징적인 색깔"을 갖고 있는데, "이것이 바로 정서 구조이며, 그 세대의 문화"라고 했다. 특정한 집단이나 계급 사회가 공유하는 가치들로서 이 용어는 집단적·문화적 무의식과 이데올로기의 중간에 있는 그 무엇을 지칭하는 데 쓰인다. 문화 분석의 목적은 광범위한 기록 자료를 통해 내재된 이러한 정서의 구조를 읽어 내는 것이다. 이와 같이 일상 생활의 텍스트 및 실천 행위들과 교류하는 데서 만들어지는 '평범한' 사람들의 '살아 있는 경험'을 문화라고 정의함으로써 윌리엄즈는 리비스주의와 결정적으로 결별하게 된다. 리비스주의가 차별과 복종이라는 위계적 문화만을 요구하는 반면, 윌리엄즈는 일반 문화를 요구하는 점에서 둘은 분명한 차이가 있음을 주장한다.

1977년 출간한 『마르크스와 문학』[44]에서 윌리엄즈는 마르크스주의와 만남을 통한 자신의 독특한 철학을 전개한다. 그는 새로운 마르크스주의를 통해 단순히 경제적 결정론적이지 않은 일튀세의 '중층 결정론'과 그람시의 '문화적 헤게모니 이론'을 수용하게 된다. '중층적 결정론'은 문화적 힘의 '상대적 자율성'을 인정함으로써 이데올로기적 지배의 성취를 상호 경쟁적이고 모순적인 세력 간의 갈등으로 설명한다. 따라서 윌리엄즈에게 이 이론의 유용한 점은 살아 있는 경험의 독특한 복합성을 이해하는 데 유용한 것이었다. 또 윌리엄즈는 그람시 이론의 두 가지 장점을 들고 있다. 그 하나는 인간이 자신의 삶을 정의하고 형성하는 '전체 사회 과정'으로서의 '문화'의 개념과, 또 다른 하나는 의미와 가치 체계가 특정 계급의 이익의 표현과 투사라고 보는 마르크스주의적 '이데올로기' 개념이다. 여기서 개인적인 경험을 역사 속에서 이해하고 문화를 "특정 계급의 실재적인 지배와 피지배"로 인식함으로써 역사와 경험, 정치 그리고 이데올로기를 일상 생활 속에 연결시키는 데 이론의 강점이 있다.

---

44) R. Williams, *Marxism and Literature*. London : Oxford University Press, 1977.

## 5. 에드워드 P. 톰슨

톰슨의 저서 『노동계급의 형성』은 호가트와 윌리엄즈의 저작들보다 시기적으로 약간 늦었지만 같은 선상에서 파악할 수 있다. 이 저작은 역사적 특수성에 경험적으로 기초하였다. 톰슨은 특정한 계급 형성이 이루어지는 역사적 행위의 차원을 강조했다. 그는 문화를 사회적 존재와 사회적 의식간의 변증법에 위치시키면서 윌리엄즈의 『장구한 혁명』에서 보인 진화적 접근법을 반대했다. 대신에 톰슨은 문화와 계급문화 계급형성 계급투쟁에 대한 연계 사이의 투쟁 긴장 및 갈등을, 다시 말해서 삶의 어떤 한 방식의 진화가 아니라 삶의 여러 방식들 사이의 투쟁을 강조했다. 윌리엄즈와 달리 톰슨은 마르크스주의 전통 내에서 문화 이론을 전개하였고, 윌리엄즈가 문화를 '총체적'인 삶의 방식으로 정의한 데 빈해 톰슨은 문화를 삶의 방식간의 갈등으로 개념화시켰다.

이후 『이론의 빈곤』[45]에서 10여 년간에 걸친 유럽의 문화 연구의 논쟁을 정리하고, 이러한 논쟁과 갈등이 구조주의와 문화주의 사이에는 상식화되기에 이르렀다고 보았다. 여기에서 주요 논쟁점을 살펴보자면, 구조주의는 문화주의를 쓸데없이 개인적 경험에 대한 강조를 낭만적이고 퇴보적으로 행하는 인본주의이며 이론이 부족하다고 비판했다. 반면 문화주의는 구조주의를 지나치게 경직되어 있으며 문화적 과정의 살아 있는 복합성을 기계적으로 파악한다고 보고 이론주의자들이라고 비판했다. 이와 같은 분열의 여

45) E. P. Thompson, *The Poverty of Theory and Other Essays*, London: Merlin, 1978.

파는 그람시에게로의 전환이 이루어질 수 있는 토대를 마련하였다. 이러한 예는 이후 스튜어트 홀과 토니 베네트의 연구에서 잘 드러난다. 헤게모니 이론은 구조주의자들과 문화주의자들 간의 많은 논쟁점들, 특히 결정주의와 사회 변화와 같은 문제들을 해결하는 실마리를 제공한 것이었다.

## 6. 스튜어트 홀

홀은 화넬과의 공저인 『대중예술』[46]을 통해 대중문화의 연구에 있어 "가치 평가의 문제들을 다루는 비평적 방법"을 고안하려 했다. 그들은 리비스주의와는 달리 대중문화도 긍정적인 측면에서 보고, 그것은 궁극적으로 수용자 즉 대중들의 분별에 달린 문제라고 본다. 이들은 대중문화 속에서도 좋은 대중문화를 걸러 낼 수 있도록 '분별을 위한 훈련'을 주장했다. 이것은 홀과 화넬이 리비스주의와 뚜렷이 결별하는 지점인데, 그들이 비판적인 인식에 대한 훈련을 대중문화에 대한 방어의 수단으로서가 아니라 대중문화 내에서 무엇이 좋고 나쁜지를 구별하는 수단으로서 옹호한다는 점이다. 이것이 바로 이들로 하여금 현대문화연구센터에서 문화주의라는 기치를 내걸고 함께 모여 리비스주의와의 결정적으로 결별하게 된 이유이다.

홀은 현대문화연구센터의 소장 재직 시 구조주의적 전통과 민속지학적 연구 및 미디어 연구가 자리잡을 수 있게 했다. 이로써

---

46) Sutart Hall & Paddy Whannel, *the Popular Arts,* Boston : Beacon, 1964.

그의 문화연구는 알튀세의 이데올로기와 그람시의 헤게모니 이론을 독특하게 결합, 발전시킬 수 있었다. 그는 1973년 유네스코와 영국 사회학회에 제출한 그의 논문 두 편에서 초기 기호학 이론과 구조주의 이론의 영향을 드러냈다. 실제로 문화 연구에 있어서 홀의 역할은 유럽의 구조주의 이론을 영국의 연구자와 이론가들에게 연결시키는 일이었다. 홀의 부호화/해독(encoding/decoding) 모델은 구조주의와 문화주의의 시각을 통합시킨 새로운 시도라고 볼 수 있다. 이 모델에 의하면 수용자의 반응과 해독은 독창적이고 다양하기는 하지만 개인적인 심리를 넘어서는 차원에서는 역시 구조화되고 정형화된다는 것을 보여준다. 즉 메시지의 전달에 사용되는 부호는 제작자나 수용자가 동시에 공유하고 있는 의미의 기호 체계를 기반으로 하고 있다는 것이다.

홀은 해독을 세 가지 유형으로 분류했다. 첫째, '지배적 해독'으로 지배적 이데올로기를 받아들이고 그것에 동의하는 위치에 있는 해독자들의 해독이고, 둘째, '교섭적 해독'으로 지배적 이데올로기에 대체적으로 적응하고 있으나 그들 자신의 사회적 위치를 참작해서 유리한 방향으로 그것을 부분적으로 굴절시키고자 하는 해독자들에 의한 것이다. 셋째, '대립적 해독'의 입장으로, 지배 이데올로기와 직접적으로 대립적 위치에 있게 하는 사회적 위치에 있는 해독자들에 의한 것이다.

몰리는 이에 대하여 사회적으로 위치지워진 개인들의 집합으로 이들의 공통점은 문화적으로 공유하고 있는 의미 체계라고 말한다. 보다 자세히 말하면 해독의 공통 분모는 사회적으로 규정되어진 인구 사회학적인 속성보다도 조직이나 노조 등 다른 사회적인 공통 분모에 의해 보다 분명하게 설명될 수 있다는 것이다. 즉 사회적 문화적 동질감이 있는 수용자는 미디어의 내용을 이해하는 데 보다 공통된 일치감을 보여준다는 것이다. 몰리는 홀이 의미 해독의 차이에서 계급의 역할을 지나치게 강조했고, 해독의 다양성을 과소평가했다고 보았다. 몰리의 이러한 발견은 부호화/해독 모델이 제시하는 해독의 기본적인 근거와 한계를 확인해 준다.

## 7. 현대문화연구센터

문화연구 작업에 참여하는 연구기관이 전세계적으로 수없이 많지만 버밍엄 현대문화연구센터는 이 분야의 연구 업적과 영향력을 고려할 때 가장 핵심적 기관이라고 평가받을 만하다. 윌리엄즈의 『장구한 혁명』이 출판된 지 3년 후인 1964년에 호가트는 버밍엄 대학에 현대문화연구센터를 설립하였다. 현대문화연구센터는 문화 형식, 실천, 제도, 그리고 "사회와 사회가 갖는 관계"에 관심을 가졌다. 호가트의 연구가 대중 매체에 대한 관심으로 대체되면서 그것이 곧 연구소의 핵심 주제가 되었으며, 오랫동안 주목을 받았다.

이 연구소는 본래 미국의 커뮤니케이션 연구로부터 영향을 입었지만 이후 미국적·경험적 사회과학에 대해 결별하였다. 미디어의 이데올로기적 기능에 대한 분석에 관심을 갖기 시작했으며, 그러한 분석에서 미디어는 '중요한 문화적·이데올로기적 세력, 사회 관계와 정치 문제에 대한 정의를 내리고 수용자들에게 대중적 이데올로기를 형성, 변형시키는 데 지배적 역할을 담당하는 존재'로 정의되었다. 그 결과 미디어의 행위적 '효과'보다는 그 이데올로기적 '효과성'에 더욱 주목하여 힘의 구조와 미디어의 '정치학' 탐구로 이어졌다.

이러한 경향은 홀이 소장이 되자 더욱 강화되었다. 그의 지도아래 미디어와 이데올로기의 관계를 텍스트 내의 의미화 체계의 분석으로 연구하였다. 몇 년 동안 이런 관심은 하위 문화에 집중되었다. 이와 아울러 계급 역사와 대중문화의 역사 그리고 대중의 기억에 관한 연구 역시 활발히 진행되었다. 존슨 소장 재직 시에는 텍스트 분석은 일상 생활에 대한 탐구가 중요하다는 인식이 재확인됨에 따라 역사에 대한 치밀한 관심으로 대체되었다. 그의 관심은 미디어 텍스트보다는 주체성의 역사적 형성에 있었다. 이어 조르게 로레인이 뒤 이어 소장을 맞았으나 그 이후 연구소는 대학원 연구 중심에서 학부 교육을 겸함에 따라 성격이 크게 변화하였다. 하여 현재는 연구소의 연구 업적이 감소 추세가 예견되며 영향력도 축소될 위기에 놓여 있다. 이 연구소에서 수행한 연구들은 결국 평범한 남녀의 살아있는 문화로 규정지어진 대중문화가 연구할 만한 가치가 있음을 보여주고 있다. 하지만 이 연구소의 연구는 곧 프랑스의 구조주의의 수입과 함께 문화주의를 복합적이고 때로 갈등의 여지가 있는 것으로 만들었다. 여기서 문화주의는 알튀세와 그람시로 대표되는 '서구 마르크스주의'의 대화로 이어지게 된다.

## 8. 문화주의의 장점과 한계

이상에서 보았듯이 문화주의 연구는 마르크스주의에 그 뿌리를 두고 사회구조에서 나타나는 지배 관계에 관심을 두고 있다. 의미의 생산 또는 재생산을 사회구조의 지배 관계에서 파악하고 있으며 이것을 문화와 연결시키고 있다. 문화주의 연구는 마르크스주의에 뿌리를 두기는 하지만 모든 것을 경제로 환원시키는 경제주의에 반발하여 문화와 이데올로기에 상대적 자율성을 부여한다. 문화주의 연구는 문화가 의미의 투쟁 장소이며 단순히 다른 현상들의 반영이 아닌 것으로 파악하는 하나의 실천 영역의 존재로 파악하는 것이다. 이때 문화는 그 나름대로의 독자적 산물을 형성한다고 보는 것이다. 또한 문화주의 연구는 그 연구 대상에 있어서 텍스트에 나타난 이데올로기를 주로 분석한다. 이는 문화적 실천이라는 텍스트의 의미 자체가 이데올로기를 재생산하고 있기 때문이다. 이로써 문화주의 연구에서 이데올로기 분석은 하나의 전통으로 중요한 의미를 지니게 되는 것이다.

이러한 문화주의 연구의 형태는, 과거로부터 온 개념에서 벗어나려는, 그리고 계급 또는 다른 불평등을 재생산하는 문화의 역할을 감추려는 경향에 대해 비판하려는 이러한 투쟁으로부터 직접적인 영향을 받았다. 따라서 문화론적 연구는 지금까지 무시되어왔던 집단들의 문화를 회복시키고 자리매김 하려고 노력하는 작업의 중추를 이루어왔다. 처음 이러한 노력은 노동계급의 문화의 역사적 발전과 형성에 대한 주목과 민중문화와 현대적 형태에 대한 분석으로 시작되었다. 이러한 문화를 설명하는 과정에서 홀은 분명히 다르면서도 상호 보완적인 관계를 갖고 있는 두 가지 연구 시각을 구분하고 있다. 이것이 문화주의와 구조주의이다. 이 두 관점은 1960년대 유럽에 두개의 연구소가 설치되면서 본격적으로 시작되었다고 할 수 있다. 즉 파리의 매스커뮤니케이션센터(CECMAS)와 영국의 현대문화연구센터(CCCS)가 그것이다. 전자는 미디어 문화의 기호학적 분석이라는 측면으로, 후자는 노동자문화, 청년 문화, 대중 신문 등 생활 문화와 미디어 문화의 연구를 목적으로 출발한 것이다. 이들 두 연구소는 이전의 협소한 의미의 커뮤니케이션 개념에서 벗어나 다양한 문화적 형태와 표현을 포함하여 스포츠, 교육, 종교 등 일상적인 분야까지 확장시킨 개념정의를 갖고 출발했다.

문화주의는 문화 그 자체가 의미를 부여하는 사회적인 힘이라고 한다. 즉 문화는 노동계급이나 여타 종속적 사회집단의 삶의 방식이자 자발적인 경험의 영역이다. 문화주의의 원류라 할 수 있는 윌리엄즈는 특별히 인간 중심의 문화관을 개진한다. 그가 제시하는 문화는 정치 경제학이 전제하고 있는 정치·경제적 관계와 같은 방식으로 결정되는 것이 아니라, 상황과 투쟁하는 관계에서 이룩되는 인간 경험과 실천의 표상이다. 때문에 문화는 정적이고 고착된 것이 아니라 역사와 상황에 따라 나름대로 특성과 다양성을 드러내고 있다고 본다. 윌리엄즈가 제시한 문화에 대한 개념의 확대는 인간의 가치가 삶의 전 과정에 걸쳐 보편적이고 일상적일 뿐 아니라 인간의 일과 경험에 새로운 활력을 붉어넣음으로써 인간이 문화를 만들어 간다는 주동자로서의 역할에 비중을 두었다.

이에 비해, 구조주의는 종래 인간 중심의 사변저 논리에 머물고 있던 문화주의에 비해 문화의 형성이 전체 사회의 구조와 밀접히 연관되어 있다고 보는 입장이다. 언어학적 패러다임에 기초를 둔 구조주의는 문화를 언어처럼 구조화된 것으로 보고 해석을 시도했다. 구조주의는 문화주의가 역사나 실천을 강조하는 데 비해 모든 문화를 관통하고 있는 숨겨진 관계 체계로서 구조를 살펴보는 데 보다 많은 비중을 두었다. 구조주의 대표 학자인 레비 스트로스는 문화를 하나의 체계로 보고 그 체계 안에서의 모든 문화 양식은 공통적이고도 보편적인 특정 법칙의 지배를 받는다고 주장했다. 예를 들면 한 문화권내 신화, 결혼 풍습, 친족 체계, 식사 예법 등은 그 문화의 발현태로서 공통적인 무엇인가를 반영하고 있다는 것이다.

요컨대, 커뮤니케이션 현상에 연관지어 문화론적 연구를 살펴볼 때 문화주의란 커뮤니케이션 현상을 사회 각 계급 집단들이 그들의 문화적 실천을 통해 경험하는 문화 현상에 관심을 갖고 연구하는 것이라 할 수 있다. 반면 구조주의는 미디어가 사회 구성 과정 안에서 다른 사회적 구조들과 어떻게 관련되어 있느냐 하는 구조적 문제에 관심을 갖는 것이라 할 수 있다.

이처럼 문화주의의 장점은 의식적인 투쟁과 조직 발전의 긍정적인 순간을 역사 이데올로기 및 의식의 분석에서 필요한 요소로 강조한다는 점이다. 문화주의는 문화적 범주의 무의식성과 의식적 조직의 순간과의 변증법을 적절히 복원시켰다. 따라서 문화주의는 경제적 관계에서만 자신을 파악하는 즉자적 계급이 능동적인 역사와 정치의 힘으로 자신을 파악하는 대자적 계급으로 되는 과정을 복원시킨 것이다.

그러나 문화주의는 위와 같은 장점에도 불구하고 주의적(主意的)이 되기 쉽고 순진한 인본주의가 되기 쉽다. 그것은 인간이 자신의 조건을 바꾸기 위해 투쟁한다는 사실이 인간을 구속하는 조건이나 사회구조를 무시하는 선까지 갈 우려가 있기 때문이다. 또한 문화주의는 이데올로기를 지나치게 경시하는 경향이 있다. 그것은 자본주의 사회에서 생산력과 생산관계에 기여하는 문화의 역할을 제대로 고려하지 못하는 것이라 볼 수 있는 것이다.

# 5장. 성, 젠더, 페미니즘

## 1. 성의 의미

우리 사회에서 성을 학문적으로 탐구하기 시작한 것은 1980년대 페미니즘 운동에서이다. 그리고 1990년 이후부터는 성에 대한 담론들이 본격적으로 이루어지고 있다. 성에 대한 논의는 주로 생물학적 본질주의나 사회·문화적 측면에서 이루어지고 있다.

생물학적 본질주의에 의하면 인간의 성은 생물학적인 토대에서 이루어진 것이기 때문에 그것은 생물학적인 설명을 통해서 가능하다는 것이다. 성에 대한 생물학적인 논의는 인간의 자연적인 본능이나 생리적인 충동에서 성의 본질을 규정하는 것이다. 이것에 의하면 인간의 성욕이나 남녀의 성차, 성의식, 성과 관념, 관습, 제도 등이 모두 나 생물학을 통해서 설명될 수 있다는 것이다.

인간의 성이 생물학적으로 규정된다는 것은 인간이 DNA에 의해 규정된다는 것을 의미한다. 생물학적 본질주의는 또한 인간이 가진 성에 대한 본능을 개인의 인성과 사회제도를 형성하는 독자적인 힘으로 본다. 아울러 인류 문명의 역사도 이러한 본능을 통제하기 위한 금기와 규제 체계의 전개로 본다.

사회·문화적인 측면에서의 성은 인간의 성을 인간의 심리와 사회·문화적 구조와의 상관 관계 속에서 파악하는 것이다. 인간은 사회적 산물이기 때문에 인간의 성도 생물학적인 성의 차원을 넘어서 사회·문화적 구성물로서의 성(gender)임을 강조한다. 인간의 성적 행동 양식은 사회화 과정 속에서 형성되며, 성욕, 성행위 역시 사회적·역사적·문화적 요소의 내면화의 결과로 본다.

성을 생물학적으로만 보거나 또는 사회·문화적인 것으로만 보는 단편적인 견해는 성에 대한 잘못된 편견에 빠질 수 있는 위험이 있다. 성은 생물학적, 사회·문화적인 두 측면을 상호 연관해서 보아야 한다. 생물학적인 성도 그에 대한 규제나 규범 질서는 사회·문화, 경제적 여건에 따라 변하게 마련이다.

여기서는 성이란 무엇인지 성에 대한 개념 정리를 먼저 해 보기로 하자.[47] 한자어에서 성(性)은 심(忄)과 생(生)이 합쳐진 말이다. 심(心)의 상형은 사람의 심장의 모양을 본뜬 것이다. 생(生)은 '태어남', '삶', '새로움', '자람', '발생함'을 의미한다. 이렇게 보았을 때, 성(性)은 '심장이 만들어짐', '심장이 태어남', '심장이 새롭게 됨', '심장이 살아있음' 등을 뜻한다고 볼 수 있다. 심장은 난자와 정자의 결합으로 잉태되고 만들어진다. 심장의 박동 개시는 삶의 시작이며, 심장의 박동 중단은 삶의 종말이다. 그런 의미에서 심장은 곧 생명의 원천이며, 생명은 성교를 통하여 잉태된다.

또한 성(性)의 자전적(字典的) 의미는 '성품', '타고난 사람의 천성', '사물의 본질', '생명', '생활', '만유의 원인', '남녀, 자웅의 구별' 등이다. 그 후 의미가 고정화되는 과정에서 남녀 및 암수의 구별을 뜻하게 된 것으로 보여진다. 그러나 오늘날에는 성이 다의적으로 쓰여져서, 경우에 따라서는 성교를 의미하기도 한다. 그것은 아마 영어의 섹스(Sex)를 우리말로 번역할 때 성(性)으로 옮긴 데서 연유하는 것으로 보인다.

---

47) 성, 젠데, 섹슈얼리티의 개념에 관한 이하 정리는 김주완·조수동·김용섭·이윤아 공저의 『성과 사랑』(이문출판사, 2002.), 32쪽~41쪽을 요약 정리한 것이다.

오늘날 성에 관련된 개념들로서 영어권에서는 섹스(Sex)와 젠더(Gender)와 섹슈얼리티(Sexuality)를 일반적으로 사용하고 있다. 섹스는 우선 생물학적으로 양성(남성/여성; 수컷/암컷; male/female)을 구별짓는 개념이다. 남자와 여자를 생물학적으로 구분할 때 쓰이지는 용어가 섹스인 것이다. 이러한 의미에서 남자로서의 섹스가 남성이고 여자로서의 섹스가 여성이 된다. 다음으로 섹스는 성행위라는 특정한 신체적 행위 관계를 의미하기도 한다. 생물학자들은 성을 구분하는 기준으로 첫째, 성염색체의 XX와 XY로 구분, 둘째, 성호르몬, 셋째, 생식세포인 정자와 난자를 생산하는 기관, 넷째, 내부 생식기, 다섯째, 외부 생식기, 여섯째, 남자의 수염이나 여자의 젖가슴 등과 같은 2차 성징과 같은 여섯 가지를 제시한다. 섹스란 말은, 라틴어의 Sexus에서 유래된 것으로서 19세기 이전까지 이 말은 어원 그대로 'Section'의 의미인 Seco(자른다, 나눈다: cut)란 동사의 파생어였으며, 라틴어의 섹스툼(Sextum)에서 나온 것으로 나누어진 것, 구별된 것을 뜻하는 말이었다.

섹스라는 용어는 16세기초에 남성집단과 여성집단간의 성별적 차이와 관련하여 처음으로 사용되었다. 19세기 초 이후부터는 양성간의 육체적 관계, 즉 성관계를 맺는 것이라는 의미로 사용되었다. 성이 주고받을 수 있는 대상, 매매될 수 있는 상품, 그리고 개인이 가진 경제적 재산으로서 본격적으로 부각되기 시작한 것은 20세기 이후이다.

젠더(Gender)는 원래 '인류' 또는 '인간 일반'을 의미하는 말이었다. 이것이 현실에서의 성별 구별의 의미를 갖게 된 것은 1960년대 페미니즘 운동의 시기부터라고 할 수 있다. 젠더는 사회적, 문화적으로 부여받게 되는 성역할로서 남녀의 성적 정체성을 말한다. "그는 남성답다"거나 "그녀는 여성스럽다"라고 말해지는 그

때, 남성으로서의 그의 성과 여성으로서의 그녀의 성이 젠더인 것이다.

젠더로서의 성은 남녀의 정체성을 결정하는 것은 생물학적 성이 아니라 사회·문화적 환경과 조건이라는 것을 강조한다. 현대적 젠더 개념은 "여자는 태어나는 것이 아니라 만들어지는 것이다."[48]라고 하는 보부아르의 유명한 명제를 통해서 잘 나타난다. 2기 여성주의자[49]들은 사회·문화적 환경과 조건은 역사적으로 끊임없이 주도권을 행사해 온 남성들에 의해 만들어진다고 보고, 사회적으로 구성된 젠더를 여성 억압의 주된 원인으로 본다.

그들은 젠더의 성 역할이 남성이 여성의 통제를 확실히 하기 위해 고안해낸 사회체제이며 습득된 것이라고 본다. 남성은 합리적·논리적인 데 반해서 여성은 비합리적·감정적이라고 하는 구분이나, 남성은 용감해야 하고 여성은 온순해야 한다는 등의 사회적 요구가 생물학적인 성 역할의 자연스러운 분화가 아니라, 사회적, 제도적으로 구성된 성 역할이며 그것은 여성 통제를 위한 것이라는 것이다.

사람은 태어나면서부터 제도적인 강제에 의하여 이원적 젠더

---

48) S. d. Beauvoir, *Le Deuxieme Sexe,* 조홍식 역, 『제2의 성』, 을유문화사, 392쪽. "여자는 태어나는 것이 아니라 만들어지는 것이다."라는 이 명제는 보부아르(Simone de Beauvoir, 1908~1986)가 1949년에 펴낸 『제2의 성』을 대표하는 명제이다. 『제2의 성』은 1970년대부터 본격화되기 시작한 페미니즘 이론가들에게 광범한 영향을 미쳤으며, 여성 문제를 다루는 최고의 저작으로 평가받고 있다.

49) 여성과 남성은 생물학적인 차이로 인하여 서로 다른 성 역할을 하게 된다는 것을 긍정하는 입장을 제1기 여성주의라 하고, 이를 비판하고 사회, 문화적 환경과 조건은 역사적으로 끊임없이 주도권을 행사해 온 남성들에 의해서 만들어진다고 보고 이에 도전하는 입장을 제2기 여성주의라 한다.

체제에 길들여진다. 그리하여 남성은 사회가 요구하는 그러한 남성이 되고, 여성은 사회가 요구하는 그러한 여성이 됨으로써 남성의 여성 통제가 계속된다는 것이다.

섹슈얼리티란 개념은 19세기 중반 이후부터 등장하고 있는데, 그 의미는 성적인 것 혹은 성을 갖는 것의 성질이다. 이것은 생물체는 성적인 차이를 가지고 있다고 하는 생물학적인 의미의 섹스와 유사한 개념으로 쓰였다.

섹슈얼리티는 섹스보다 그 의미하는 범위가 더 넓다. 섹스가 생물학적인 성의 구별이나 직접적인 성교를 의미하는 데 비하여, 섹슈얼리티는 성적인 것의 전체를 의미한다. 성욕과 그 구체적인 충족 방법이나 수단, 성의 정체성, 성적 이데올로기, 성과 관련된 사회적 제도나 관습 등의 전부를 포함하는 것이 섹슈얼리티의 외연이다. 남성 혹은 여성이라는 성적 자기의식도 섹슈얼리티에 포함된다.

섹슈얼리티를 규정하는 것으로는 섹스에 관한 생각과 그 의미, 성적 욕망, 성적 행위, 성과 관련한 사회적 관행, 성적 경향성이나 정체성, 성의 정치성 등이 말해진다. 섹슈얼리티는 개인의 욕망을 창조하고, 조직화하고, 표현하며, 특정방향으로 향하게 함으로써 결국 사회적 존재로서의 남성과 여성, 즉 젠더를 창조한다. 그리고 이들의 관계가 사회를 구성한다.

또한 섹슈얼리티는 우리 자신의 성적 정체성을 형성시키는 영역이며, 그것에 기반하여 성별 관계가 결정되는 영역이며, 끊임없이 진행 중이기 때문에 새로운 구성이 가능하다는 점에서 정치적인 영역이다.[50] 남성으로부터 끊임없이 억압받고 차별화되어 온

50) 조주현, 「섹슈얼리티를 통해 본 한국의 근대성과 여성 주체의 성격」, 한국성폭력상담소 역음, 『섹슈얼리티 강의』, 동녘, 1999, 48쪽.

쪽은 언제나 여성측이었기에 섹슈얼리티의 정치성은 페미니즘의 주요한 이슈가 된다.

## 2. 페미니즘

### 1) 성적 불평등과 억압

우리 나라는 성에 관한 한 남성 위주의 사회이고, 이중적인 성 잣대를 가지고 있는 나라이다. 그 대표적인 문구 중의 하나가 "암탉이 울면 집안이 망한다."라는 속담일 것이다. 이러한 이중성은 우리 전통 사회에 있어서의 남성 중심의 성 차별적 이데올로기의 산물이라 할 수 있다.

우리는 의식적이든 무의식적이든 세대와 지역, 인종, 특히 성별의 차이에 따라 많은 선입견과 편견을 가지고 살아가고 있다. 성에 대한 이중적인 편견과 차별도 마찬가지이다. 그러면서도 우리는 지금까지 전통적인 관념에 따라 그러한 이중성과 편견을 당연한 것으로 여기고 받아드리면서 살아왔기 때문에 우리가 그러한 차별적인 편견에 사로잡혀 있다는 것조차 분명하게 자각하지 못하고 있다.

성적으로 여성과 남성은 동등함에도 불구하고 남녀는 성의 정의에 있어 각각 그 출발점을 달리 하고 있다. 남성의 성은 신체 구조상 어쩔 수 없는 성적 충동, 성적 본능을 가진 존재로서 관용적인 대접을 받았으나, 여성의 성적 충동과 욕망은 부정한 것이기 때문에 그것은 숨기고 은폐해야 되는 것이었다. 우리 사회에서 일부일처제가 공식적인 혼인제도이지만, 남성들에게는 혼인 외에도 다른 여성과 관계를 가지는 것이 남자이기 때문에 허용되어 왔다. 그러나 여성들에게는 순결과 정절이 그 무엇보다도 소중한 덕목이라고 하는 '순결' 이데올로기가 강요되었다.

우리 사회에는 여전히 전통적인 가부장제 이념, 부계 혈통의식, 남아 선호사상 등 전근대적인 요인들이 살아 움직이고 있다. 여성주의자들은 가족의 영역에서 여성의 정체성이 확보되지 못하는 까닭은 타자의 시선과 권력이 개입하기 때문이라 본다. 그들은 여성이 주체로 서기 힘든 것은 우리 사회의 권력 관계 때문이며, 그러한 권력 관계의 핵심은 근대적 가부장제라고 주장한다. 그와 함께 고부 갈등, 동서 갈등, 양가 가족간의 갈등이 부부 중심인 핵가족과 함께 지속되고 있다.

가부장제 사회는 여성성과 여성의 인간성이 양립하기 어려운 구조를 갖고 있다. 여성은 타자의 시선 즉 권력 아래 놓여 있고, 그로 인해 여성으로만 대접받기 일쑤다. 여성은 가족과 법, 제도 그리고 문화 등에서 권력으로부터 소외되어 있다. 그런데 이러한 가부장적인 이데올로기는 우리 나라의 근대화가 이루어지면서 남성과 여성의 갈등 요인으로 작용하게 된다. 왜냐하면 가부장제의 문화유산은 그 문화 안에서의 구성원간의 권력의 서열 구조를 유지하고 있기 때문이다.

전통적으로 가부장적인 사회는 여성의 존재를 가정의 영역 안에서 어머니, 아내로서 충실할 것을 강요하고 있다. 또한 여성은 아름다워야 했다. 그것은 여성 자신을 위한 것이라기보다는 남성을 위한 아름다움의 추구였다. 여성은 여성 자신의 주체성을 가진 존재가 아니라 남성에 종속되어 있는 존재였다.

오늘날에도 우리 사회의 여성들은 전근대와 근대 사이의 이중적 잣대 속에서 혼란을 거듭하고 있다. 가족의 기능은 근대 이후 크게 변화해 왔으나 남성 중심적인 가족 관계나 가족 구조는 크게 변한 것이 없기 때문이다. 여성주의자들은 가부장 이데올로기에 충실한 전통적인 가족관을 갈등과 여성 억압의 원천으로 파악하고 있다.

우리 나라의 경우 그 대표적인 예가 호주제이다. 여성주의자들은 호주제가 가부장적 남성 이데올로기를 나타내는 가장 대표적인 것이라고 주장한다. 호주제는 태어나면서부터 장남, 또는 남자이기 때문에 당연히 전통적인 가계의 승계권을 가진 호주가 된다는 제도이다. 호주 승계 순위에 있어 여자는 제외된다. 이혼하게 되면 여자는 더 이상 남자의 가족이 될 수 없으며 자식과의 관계도 끝이 난다. 이혼한 남편이 아이의 양육을 포기해서 그 아이가 어머니와 함께 살아도 아이는 아버지의 호적에 남게 되는 모순을 가지고 있다. 이같이 호주제는 남성의 권력을 대표하는 것이라 할 수 있으며, 남녀 성차별의 본보기라 할 수 있다. 이로 인해 남녀 성비 불균형, 낙태, 남성들의 결혼 문제 등 심각한 사회 문제가 초래되고 있는 것은 말할 필요도 없다.

성적 차별의 문제는 결혼제도에도 나타난다. 혼인제도에 있어 전통적으로 우리 나라는 일부일처제를 유지해 왔다. 그것은 표면적으로 보면 혼인에 있어 남녀 평등을 실현한 것으로 보이지만, 전통적으로 우리 사회에서 일부일처제도는 여성에게 한 지아비만을 섬기고 정절을 지킬 것을 강요하는 제도로 변질되었다. 남성은 일부일처제의 예외에 있었던 것이다. 따라서 전통적인 가부장제의 일부일처제는 여성의 남성에 대한 종속을 제도화한 것이다.

이와 같은 성 차별적 구도 속에서 여성들은 인권적으로 남성과 동등한 대우를 받지 못했을 뿐만 아니라 문화적 수혜 대상에서도 제외되었다. 즉 여성은 인간으로 대접받지 못했던 것이다. 전통적으로 여성은 인권의 사각지대에 있었다. 이러한 여성의 인권에 획기적인 영향을 미친 사건이 프랑스 혁명이었다. 프랑스 혁명은 물론 남성 위주의 시민사회 건설에 그 목적이 있었지만, 그 사건을 계기로 여성들도 여성 자신의 인권의 문제를 되돌아보게 되었다. 여성들도 정치에 적극 참여하여 자신들의 권리를 찾아야 되겠다는 자각이 일어난 것이다. 이러한 의식이 이후 페미니즘 운동으로 이어졌다고 할 수 있다.

### 2) 페미니즘

페미니즘은 그 의미가 매우 다양한 개념 중의 하나이다. 페미니즘(feminism) 즉 여성주의는 남녀 평등에 대한 믿음을 근거로 여성 문제의 해결을 모색하는 이론이다. 페미니즘은 여성이라는 이유만으로 단지 사회로부터 소외되고 권력으로부터 배제되는 이중적이고 차별적인 사회구조에 대해 이의를 제기하며 나타난 여성운동이다. 지금까지 역사에서 여성은 남성과 동일한 인권을 가진 인격적 주체임에도 불구하고 사회적으로 한번도 주체가 되지 못하고 타자로서 역사의 주변에 머물렀다는 것이 그들의 주장이다.

또한 페미니즘 운동은 우리의 역사와 문화에 자리잡고 있는 젠더의 위계 질서를 해체시키는 작업이다. 아울러 페미니즘 운동은 권력과 종속이라는 남녀의 왜곡된 관계를 해체하여 남녀를 모두 자유롭게 만드는 작업이다. 그것은 또한 여성의 종속에 책임이 있는 다양한 권력 형태에 이의를 제기하여 남녀 불평등의 사회구조를 변혁하려는 사회운동이기도 하다.

페미니즘은 여성 억압과 차별의 기원, 근본 원인, 차별 구조의 특성, 해결 방법 등의 관점에 따라 몇 가지로 구분된다. 앨리슨 재거(A. Jagger)는 자유주의 페미니즘, 마르크스주의 페미니즘, 급진적 페미니즘, 이중체제론 등의 페미니즘을 말하고 있고, 로즈마리 통(Rosemary Tong)은 급진주의 페미니즘, 마르크스주의 페미니즘, 자유주의 페미니즘, 심리분석 페미니즘, 사회주의 페미니즘, 실존주의 페미니즘, 포스트모던적 페미니즘의 관점이 있다고 주장한다.

이들 각각의 페미니즘은 여성의 억압에 대한 원인 분석이나 그 해결책에 대해 각기 나름의 의견들을 제시하고 있다. 그들의 공통적인 관심사는 인류의 보편적인 요구인 인간의 자유와 평등 그리고 인간 존엄성에 대한 것이라 할 수 있다. 주요 페미니즘의 유파와 그들의 주장을 살펴보면 다음과 같다.

#### (1) 자유주의 페미니즘

서구 여성운동의 태동에서부터 19세기 중엽까지 여성운동의 이론적 토대를 제공해 준 것은 바로 자유주의 페미니즘이었다. 자유주의 페미니즘의 이론적 배경은 계몽주의 사상과 근대의 합리주의 정신이다.

자유주의 페미니즘에서는 여성 억압의 원인이 가부장제나 자본주의에 있다고 보지 않는다. 그들은 인간의 본성이 이성이라는 관점에서 인간을 본다. 이성은 남성이나 여성 모두에게 동등하게 있기 때문에 남녀는 모두 이성적 존재로 동등하다. 모든 사람이 이성적 존재로서 동등하기 때문에 모든 사람들이 평등하고 보편적 권리가 있다는 것이다.

그렇지만 전통적으로 남성들은 여성들이 이성적 존재가 아니라 감성적 존재라고 본다. 그래서 여성은 남성의 통제를 받아야 한다고 주장한다. 자유주의 페미니즘에서는 우리들에게 뿌리깊게 남아 있는 이러한 남성 중심의 관행에 맞서 인간의 본성이 이성이라는 자유주의 원칙을 여성에게도 적용해야 한다고 주장한다.

자유주의 페미니즘에서는 여성들이 감성적으로 보이는 것은 여성들의 타고난 본성 때문에 그러한 것이 아니라 여성을 가정에 얽매이게 하여 남성에 비해 상대적으로 교육이나 사회적 진출을 제한해 온 사회적·문화적 요인에 그 원인이 있다고 본다. 즉 여성 억압의 문제를 다른 페미니즘처럼 가부장제나 자본주의에 두지 않고 사회제도나 문화 등 삶의 여러 분야에서의 남성의 편견에 의해서 여성들을 소외시킨 데서 온 결과로 본다.

자유주의 페미니즘은 여성 차별적인 여러 관행이나 제도를 불합리한 것이라고 주장한다. 따라서 자유주의 페미니즘은 사회 구조 자체보다는 관습과 제도의 개선에 중점을 두고, 현 사회의 틀 안에서 여성의 지위를 높이는 데 주력하였다.[51] 그들은 사회(공적 영역)와 가족(사적 영역)을 분리된 영역으로 보고, 가정과 개인이 속한 사적 영역은 공적인 기구가 간섭해서는 안 된다는 입장이었으나, 여성들이 현실적으로 부딪히는 일들이 이 사적 공간에서 벌어지므로, 가족이라든가 성애 같은 개인사에도 어느 정도 국가의 개입이 필요하다는 입장으로 엄격한 공사 분리의 틀을 수정하였다.[52]

자유주의 페미니즘에서는 이같이 인간이 모두 이성적 존재이기 때문에 그 본성에 있어서는 차별이 없다고 주장한다. 그러나 우리 사회가 전통적으로 오랜 동안 유지해 왔던 남성 중심의 사회 관습이나 사회 구조가 쉽게 변화할 수 있는 것은 아니다. 오늘날에도 여성들을 차별하고 억압하는 호주제 등 법 체계의 불평등, 교육과 취업의 차별, 억압적 성 규범, 우리 사회의 성 차별적 태도, 여성을 구속하는 가사노동의 전담 등은 여전히 우리 사회가 남녀 평등의

---

51) 김주완·조수동·김용섭·이윤아, 같은 책, 214쪽.
52) 한국여성연구소,『새 여성학 강의』, 동녘, 1999, 37~40쪽.

사회를 이루기 위해서는 개선되어야 할 문제로 남아 있다.

### (2) 마르크스주의 페미니즘

마르크스주의 페미니즘에서는 여성 억압과 차별의 궁극적 원인이 자본주의적 구조 체계에 있다고 본다. 마르크스주의 페미니즘 운동은 19세기 이후 여성 노동자들이 사회 운동에 진출한 이후 시작되었다. 마르크스주의 페미니즘에서는 여성 차별과 억압의 원인이 인류 역사에 있어 계급과 사적 소유가 생기면서부터 시작된 것이라 본다. 즉 남성에 의한 여성 지배는 노동에 대한 자본의 지배에서 빚어진 결과라는 것이다.

자본주의 경제 체제 아래에서 여성의 가사노동은 가족들이 사회적 생산에 기여할 수 있도록 하는 매우 중요한 기능을 한다. 그렇지만 여성의 가정 내에서의 가사노동은 교환가치가 없기 때문에 그 노동가치를 말할 수 없다. 또한 전통적으로 여성의 본래 임무를 가정에 충실하는 것으로 규정했기 때문에 여성들이 직장을 갖고 노동에 참여하는 것은 부차적인 것이라고 보았다. 설령 여성들이 노동에 참여한다 하더라도 여성들의 노동가치는 남성들에 비해 떨어지기 때문에 그러한 이유로 인해 여성을 차별하고 있다는 것이다.

이러한 여성 차별과 억압에 대한 해결책으로 마르크스주의 페미니즘에서는 가사노동의 사회화와 여성의 생산 노동에의 적극적인 참여를 주장하고 있다. 그들은 노동현장에서의 남녀 평등이 이루어져야 되며, 더 나아가 사적 소유와 계급제도가 철폐되어야 한다고 주장한다.

이같이 마르크스주의 페미니즘은 계급 불평등이 구조화되어 있는 자본주의 사회의 다양한 차별 기제 중의 하나가 성차별의 원인이라고 규정함으로써 자본주의 체제 자체의 개혁을 주장한다. 즉 여성 노동자들이 성적 억압과 차별로부터 벗어나기 위해서는 계급투쟁을 하지 않을 수 없다는 것이다. 마르크스주의 페미니즘은 사회 전체를 통일된 시각으로 보면서 여성 억압을 자리 매김 하는 틀을 마련했다는 장점이 있지만, 사회주의 혁명 이후에 나타난 여성 문제를 경시하고 그것을 이데올로기의 탓으로 돌려버리는 폐해도 생겨났다.[53]

### (3) 급진주의 페미니즘

급진주의 페미니즘에서는 여성 억압과 차별의 근본 원인이 가부장제에 있다고 보고, 성차별을 계급차별보다 더 근본적인 것으로 파악한다. 즉 집단으로서의 남성이 집단으로서의 여성을 지배하는 체제인 가부장제 때문에 성차별이 일어난다고 본다. 다시 말하면 급진주의 페미니즘에서는 가부장적인 여성 지배가 남성에 의한 경제적 독점보다는 성차에 기초하고 있다고 규정한다.

그래서 급진주의 페미니즘은 성에 대해 가장 근본적이고 포괄적인 문제를 제기하여 성을 여성을 해방시킬 수 있는 가장 핵심적인 부분으로 보고 있다. 이 운동은 베티 프리단으로부터 시작되어 케이트 밀레트, 슐라미드 파이어스톤에 의해 본격적으로 행해졌는데, 초기의 이론가들은 여성의 성을 문제로 삼는 반면 후기 이론가들은 남성의 공격성에 초점을 맞추고 있다.

케이트 밀레트는 성교가 표면적으로 생물학적·육체적 행동인 것처럼 보이지만 이 행동에 포함되어 있는 태도와 가치는 인간 행동을 규정하는 문화 구조의 소우주라는 점을 지적한다. 그는 남녀

53) 한국여성연구소, 같은 책, 41~44쪽 참조.

의 성 관계도 개인간의 그리고 여성과 남성 집단간의 힘의 구조에 의해 규정되는 관계로 보고 있다. 그리고 슐라미트 파이어스톤은 성 자체를 근거로 유물론적 관점을 발전시킬 수 있다는 전제를 가지고 출발한다.[54]

또한 급진주의 페미니즘은 이성끼리의 사랑만을 정상적인 것으로 여기는 이성애 중심적인 사고와 관행이 남성 중심주의와 긴밀히 연결되어 있다고 본다. 그것은 여성으로 하여금 남성에 관심을 집중하도록 만들고, 남성 위주의 성애와 사랑을 강요함으로써 여성을 통제하고 지배한다는 것이다. 여성을 가장 내밀한 부분에서부터 남성에게 얽매인 부차적인 존재로 만든다는 것이다.[55]

급진주의 페미니즘에서는 또 임신과 출산이 여성 억압의 한 원인으로 보고, 임신과 출산을 여성 자신이 지배할 수 있어야 한다고 주장한다. 아울러 우리 사회의 남성 중심의 문화나 대중문화도 여성 억압과 차별을 반영한다고 본다. 남성에 의해서 지배되고 있는 남성 중심의 대중문화 예컨대 포르노 등과 같은 것을 여성을 차별하는 대표적인 것으로 보고 있다.

급진주의 페미니즘에서는 이러한 가부장적이고, 권력적인 남성 중심의 문화로부터 벗어나기 위해서는 여성만의 문화, 남성의 언어가 포함되지 않는 여성들만의 언어에 의한 문화를 그 대안으로 제시하기도 한다.

### (4) 사회주의 페미니즘

사회주의 페미니즘은 1960년대 후반에 등장하였는데, 내용적으로 보면 급진주의 페미니즘과 마르크스주의 페미니즘을 합친 것

---

54) 김주완 · 조수동 · 김용섭 · 이윤아, 같은 책, 216쪽 참조.
55) 김주완 · 조수동 · 김용섭 · 이윤아, 같은 책, 216쪽.

이다. 학자들에 따라서는 사회주의 페미니즘을 이중 체계론이라 하기도 한다. 사회주의 페미니즘에서는 여성 억압과 여성 차별의 문제를 가부장제 및 역사적·유물론적으로 접근하는 것을 비판적, 발전적으로 통합하자는 문제 의식에서 출발한다.

사회주의 페미니즘에서는 여성에 대한 억압과 차별이 가부장제와 자본주의의 복합적 결과라고 본다. 다시 말하면 사회주의 페미니즘에서는 여성에 대한 억압과 차별은 가부장제가 갖는 모순과 자본주의의 구조적 모순 등이 중첩되어 발생한다는 것이다. 이들은 급진주의 페미니즘의 주장에는 여성들 내부의 계급적 차별에 대한 배려가 없으며, 마르크스주의 페미니즘에서는 여성 억압을 부차적인 것으로 여겨 성의 범주를 무시한다고 비판한다. 사회주의 페미니즘은 계급제도 이전의 성별 분업도 이미 여성 차별적이었으며 이 성별 분업이 가부장제를 낳고 유지하는 주요 기제라고 주장한다. 그러므로 현재의 여성 문제는 자본주의와 가부장제의 결합을 통해 빚어진다고 보는 것이다.[56]

지금까지 언급한 네 종류의 페미니즘 외에도 현대에는 여러 종류의 페미니즘이 있다. 최근의 페미니즘의 입장은 성적인 정체성의 형성에 주목한다. 해체주의적 페미니즘은 "여성은 없다."로 표현할 수 있는데, 그들의 주장은 일상성 속에서의 여성의 억압적 상황은 여성적 특수성과 복합적으로 얽혀있는 요소들과의 유기적 관계를 통해 비로소 드러날 수 있는 것이지 "여성이기 때문에"라고 말할 수 있는 일반적 경우는 없다고 주장한다.[57]

또한 푸코를 비롯한 후기 구조주의자들은 인본주의적 주체의

56) 김주완·조수동·김용섭·이윤아, 같은 책, 217쪽.
57) 김성민, 「성차별과 인간해방」, 『문화와 철학』, 동녘, 1999, 229쪽.

죽음을 선언하고 개인이 일정한 권력과 담론의 장에서 형성되는 과정을 중시한다. 푸코에 있어 인간 주체는 본질적으로 존재하는 것이 아니라 다른 사람과 세계와의 관계 속에서 형성된다. 푸코는 권력은 사회적 관계의 그물망을 통해서 널리 퍼져 있다고 본다. 그래서 권력은 어떤 한 단체나 개인의 소유물이 아니다. 이런 까닭에 권력을 단지 억압자와 피억압자라는 이중 구조의 관계에서만 보아서는 안된다고 말하고 있다. 이러한 관점은 여성의 성적 차별과 억압이라는 문제를 좀 더 다양한 관계 속에서 보아야 될 필요가 있음을 말하는 것이라 할 수 있다.

페미니즘은 이처럼 당연시되고 있는 기존의 관념들과 가부장적 제도하에서의 성적 불평등과 억압에 도전한다. 페미니즘은 18세기와 19세기 서구에서 근대 시민사회가 형성되면서 태동한 이후 세계 곳곳에서 다양한 모습으로 전개되어 왔다. 이 운동은 남성들에 대한 여성의 권리를 찾기 위한 운동, 즉 여성에 대한 차별과 억압에 저항하고 여성의 권리와 평등을 쟁취한다는 공통된 목적을 가진다.

페미니즘 운동은 이러한 목적을 가지고 지금까지 기존의 가치 관념들과 관습, 법적 제도에 맞서 치열하게 전개되어 왔으며, 나름대로의 성과에 힘입어 더욱 더 활발한 운동으로 전개되고 있다.

# 제3부 현대문화의 제영역

# 1장. 생명·생태, 환경

## 1. 생태 위기

20세기 중반 이후 오늘날까지 과학기술의 발달, 산업화, 폭발적인 인구 증가 등으로 인하여 인구문제, 식량문제, 자원문제, 환경오염문제, 공해문제, 지구 환경 파괴문제 등이 우리들의 삶에 있어서 가장 심각한 문제로 등장했다.

2002년 7월 <세계 야생 동물기금>이 내놓은 보고서에 의하면 2030년부터 지구의 자원 고갈 현상이 본격화될 것이라고 하고 있다. 이 보고서는 육지와 해양에 서식하고 있는 개체수가 급속하게 줄어들고, 생태계가 회복 불가능할 정도로 파괴되면서 경제 성장이 곤두박질치고, 인류의 복지 수준도 뒷걸음칠 것이라고 전망하고 있다. 인구 증가와 소비수준 상승으로 인류가 필요로 하는 자원은 더욱 늘어나 인간은 현재도 지구의 생태적 능력을 20% 초과 사용하고 있는데, 이런 추세로 가면 2030년부터는 지구가 인간의 자원 사용을 감당할 수 없다는 것이다. 이 보고서는 또 생물 다양성과 생태계의 생산성을 유지하기 위해서는 환경을 보호하면서 자원을 재활용하는 생산과 소비 체계를 구축해야 한다고 하고 있다.[1)]

인간의 무분별한 개발 욕망이 자연 생태계를 파괴하게 되면 그에 따라 인간의 삶도 위협받게 된다. 자연 생태계가 붕괴되면 인

1) 중앙일보, 2002. 7.11. 43판.

간이 살아갈 수 없다는 것은 당연하다. 생태계의 위기를 초래한 첫 번째 원인은 과학 기술문명의 발달에 있다. 과학 기술문명은 인간의 삶을 편리하고 안락하게 하였지만, 자원과 에너지를 마구 낭비하고 폐기물을 방출해 온 결과 생태계 파괴, 환경 위기 문제 등이 도래하게 된 것이다.

생태계의 위기를 초래한 두 번째 원인은 우리들의 자원 남용에 있다. 특히 북미, 유럽 등 선진국의 자원 남용은 심각한 수준에 도달해 있다. 자연을 마구 사용하고, 화석연료를 남발한 결과 지구의 평균 기온은 날이 갈수록 올라가고 있다. 유엔 산하기관인 <기후변동에 관한 정부간 패널(IPCC)>은 최근 10년 사이에 기온이 급상승하고 있는 점에 비춰 2100년까지 지구 평균기온이 지금보다 1.4도~5.8도 오를 것으로 전망하고 있다. 기온이 1도~2도만 올라가도 해수면이 상승하고, 새로운 질병이 창궐할 수 있으며, 인간 역시 피해 대상에서 예외일 수 없다.

지금 현재에도 지구 온난화로 인해 에이즈를 비롯해 에볼라 출혈열, O-157 식중독 같은 인간에 치명적인 새로운 질병이 등장하고 있고, 지구상에서 사라진 것으로 보고되었던 결핵과 말라리아, 홍역 등의 전염병도 다시 생겨나고 있으며, 바이러스와 박테리아·균류·기생충 등 각종 병균이 새로운 지역과 새로운 대상으로 확산되고 있다. 지구 온난화로 인해 인간을 포함한 육지와 바다의 동식물 생태계의 안전이 위협받고 있는 것이다.

날로 심각해져 가는 생태계 파괴와 환경 오염문제를 해결하기 위한 전지구적인 대책이 요구된 지는 오래이다. 1972년에는 스톡홀름에서 열린 '유엔 인간 환경회의'가 개최되었고, 1992년 6월 브라질 리우에서는 'UN 환경개발회의(UNCED)'가 개최되어 지구 환경 질서의 기본원칙을 규정한 '리우선언'과 지속 가능한 개발을 위한 행동계획을 담은 '의제 21'을 채택했다. 그 주된 내용은 환경과 개발 문제를 조화시키기 위한 이념적 방안을 설정하고, 지구 환경 보호를 위한 원칙을 제시하는 것이었다.

우리는 우리의 미래에도 살아있는 자연과 환경을 물려주기 위해서 환경, 생태의 위기를 극복할 수 있는 방법을 강구하지 않으면 안 된다. 그러기 위해서는 과학 기술문명을 잉태한 서구의 인간과 자연과의 관계를 고찰하고, 자연 생태를 회복하기 위한 방법을 고찰해야 한다.

## 2. 인간과 자연

우리들이 살고 있는 이 지구가 처음 생겨난 것은 약 45억 년 전이라고 추정되는데, 인류는 대략 200만년에서 일만 년 전에 생겨난 것으로 추정된다. 우리 인간도 대자연의 한 산물로 생겨났고, 그 자연 속에서 삶을 영위해 왔다. 인간이 자연 속에서 살아간다는 것은 자연이 인간 생명의 근원이요, 인간의 모체라는 것이다. 인간은 자연의 산물이면서도 반드시 자연과 관계하면서 살아가는 존재인 것이다. 그러나 인간의 지능이 발전함에 따라 인간은 자연에 대해 능동적으로 대응하게 되고 자연을 이용, 개발, 파괴하게 된 것이다.

### 1) 서구 자연관의 변화

서양 고대에 있어 인간은 인간을 둘러싸고 있는 자연과 본질적으로 다르지 않는 것으로 생각했다. 자연도 인간과 같이 생명을 가지고 있는 것이라고 생각하였으며, 자연현상은 인간 이상의 큰 생명, 큰 힘에 의해서 지배되고 있다고 생각했고, 자연 그 자체가 생명에 가득 찬 것으로 여겼다. 자연에 대한 이와 같은 생각은 인간이 신화적 관념을 벗어난 단계 즉 자연철학 시대에도 그대로 지속되었다.

철학적 사고가 처음 태동한 것은 그리이스의 식민지 밀레토스였는데, 당시의 철학자들은 자연은 그냥 살아있는 것, 생명을 지닌 것으로 보았다. 철학의 아버지라고 부르는 탈레스는 만물의 근원을 물이라고 하였는데, 그는 물을 생명의 근원이며 살아있는 것이라고 보았다. 이같이 고대 철학자들은 자연이란 그 근저에 큰 생명을 가지고 있는 것이며, 인간의 생명도 이 큰 생명의 부분적인 발현에 지나지 않는다고 보았던 것이다. 그들에게 있어 인간과 자연은 함께 생명을 지닌 것으로 결코 대립하는 것이 아니다. 다시 말해서 인간은 어머니인 자연의 품속에 안겨있는 것이라고 생각하고 있었다. 자연은 인간을 포용하고 살아있는 보다 큰 생명체이며, 인간 이상의 힘을 지니고 있다. 따라서 인간은 결코 이 자연이 가진 이법(理法)을 거역할 수 없다고 생각하고 있었다. 이같이 자연 그 자체가 생명을 가지고 있다고 보는 생각을 물활론(物活論)이라 한다.

물활론은 인간과 자연이 똑같은 생명적 유기체로서 서로가 목적론적 질서 속에서 연대성을 가지면서 함께 공존하는 것으로 파악한다. 이같이 고대 자연철학에서는 인간과 자연은 서로 적대적이지 않았다. 고대 자연 철학자들은 자연 역시 살아있는 생명을 가진 것으로 규정하였으며, 인간 행동의 규범을 오히려 자연에서 이끌어 내었다.

그러나 고대철학 말기의 데모크리토스에 이르면 자연은 제 스스로 살아 움직이는 것이 아니라 순수하게 물질적인 것이며, 기계론적으로 설명되는 것이라고 생각되게 되었다. 이렇게 하여 자연은 생명 없는 죽은 물질로 이해되고, 생명이 있는 인간과 생명이 없는 자연은 서로 대립되는 것이라는 의식이 생기게 되었다.

그리하여 아테네기의 철학에 있어서는 자연의 탐구에 의해서는 이제 더 이상 인간의 문제를 해결할 수 없다고 자각하게 되었다. 이제까지 자연은 인간과 이질적인 것이 아니고 자연은 인간 이상의 큰 힘을 가진 것이라 생각했기 때문에 자연 속에 숨어있는 이법을 인간도 따라야 하는 것으로 생각해 왔다. 그러나 자연이 인간과 이질적인 것이며, 생명이 없는 것이라는 의식을 가지게 되면 자연의 탐구로서는 어떻게 살 것인가 하는 인간의 문제를 해결할 수 없게 된다. 아테네 철학자들은 인간이 영혼과 정신을 가진 존재이며, 인간의 본질을 영혼으로서의 이성에서 찾았다. 여기에서 인간 중심의 사고가 생겨난 것이다.

중세에 있어서는 인간이나 자연은 다같이 신에 의해 창조된 것이 된다. 인간은 자연이 가지지 못한 정신, 영혼을 소유하고 있다. 따라서 인간은 자연의 이법에 따라 거기에 만족해 있을 수는 없다. 인간은 자연보다 뛰어난 존재이며, 자연과는 다른 것이다. 이와 같이 중세에 있어 인간은 자연 이상의 존재가 된다. 그렇지만 그러한 인간도 최고의 존재는 아니다. 인간은 신에 의해 창조되었으며, 신에 종속되어 있는 존재이다. 신이 마지막 날에 창조한 인간은 자연을 지배할 주인이 아니라 자연을 지키고 보호해야 할 목자이다.

인간과 자연이 신의 피조물이라는 이러한 견해에 변화가 일어난 것은 중세 말 범신론적 자연관이 나타나면서부터이다. 중세의 자연관은 성서의 말을 아리스토텔레스의 학설에 의해서 설명하는 것이었다. 그러나 르네상스 시대가 되어 자연에 대한 새로운 연구가 행해지면서 중세적 자연철학에서 벗어난 새로운 자연철학이 생겨나게 되었다. 니콜라우스 쿠자누스는 자연을 신의 현현(顯現)으로 보려는 범신론적 사상을 가지고 있었고, 코페르니쿠스(1493~1543)의 지동설은 중세적 자연관을 그 근저에서부터 무너뜨렸다. 초월적인 신은 자연 속에 내재되어 있다는 범신론적 세계관이 현저하게 퍼졌다. 브루노는 인간이 살고 있는 이 자연은 그 자체가 신의 발현이라고 보았다. 그는 신은 자연 속에 내재한다고 하여 신을 인간의 손이 미치는 범위 안으로 끌어내렸다. 인간은 이제 외적인 권위에서 떠나 스스로 자연 가운데서 신을 탐구할 수 있게 되었다.

근세에 있어서의 인간은 자연에 포함되거나 신에 종속되어 있는 존재는 아니다. 인간은 분명 인간 자신일 뿐이다. 인간이란 자연 이상의 존재이다. 그리고 신에 대해서도 독립적이다. 이 시대는 자연도 신도 아닌 인간이 중심이 되는 시대이다. 인간은 자연을 인간 자신을 위해서 이용할 수 있게 되었다. 이러한 인간 중심의 사고에 의해서 자연과학이 발달하게 된다. 고대 자연철학의 경우와 같이 자연이 인간 이상의 힘을 가지고 있는 것이라고 생각하였다면 인간은 결코 자연을 정복하고 이용한다는 생각을 가질 수가 없었을 것이다. 또 중세와 같이 자연도 신이 창조한 것이라고 믿는다면, 인간이 자연을 함부로 이용·정복한다는 것은 신을 모독하는 일이 된다.

그러나 인간 중심주의가 되면 인간이 자연을 연구하고, 그 법칙을 이용하여 그것을 인간을 위해 사용한다는 것은 아무 상관이 없다. 자연은 다만 기계적인 법칙에 의해 지배되고 있는 생명이 없는 물질에 불과하다. 인간도 자연 속에 살고 있지만, 인간은 정신을 지니며, 이성을 가지고 있다. 이 점에서 인간은 자연보다 월등하게 뛰어난 존재이다. 이 뛰어난 인간이 자연을 정복해 간다는 것은 당연한 일이다. 자연은 인간에게 이용되고 정복되기 위해 존재한다고도 말할 수 있다.

이러한 자연관의 원칙에 이론적 근거를 제공한 사람은 근세철학자 베이컨 (F. Bacon, 1561~1626)이다. 그는 "지식은 힘이다."라고 하였다. 자연에 대한 지식은 확실히 인간이 자연을 정복해 나가기 위한 힘이다. 인간은 지식을 가짐으로써 자신의 힘을 강하게 하고, 자연을 지배하게 된다.

또한 근세 자연과학의 정초자 갈릴레이(1564~1642)는 자연은 그 자체로부터 탐구되어야 한다고 주장한다. 그 자체 안에 근거를 두는 자연은 근대인이 서 있는 기반이며, 그것은 건전하고 완벽한 것으로서 가치의 규범이 된다. 자연은 무한이며, 엄밀한 필연적 법칙에 따라 기계적으로 운동·변화하는 것으로 이는 수학적·계량적으로 인식된다.

인간은 자연에 소속하고 있더라도 자연의 연관 밖에 나와서 그것과 대면하고 있는 주관이다. 이제 인간은 자연과 함께 신의 피조물이 아니다. 르네상스 이래 인간은 세계의 중심적인 지위를 차지해 왔다. 인간은 이 우주의 중심에 서서 자율적으로 세계를 향해간다.

근대의 이러한 자연관은 현대에도 그대로 이어지고 있다. 현대에 있어 자연이란 생명 없는 단순한 물질이며, 그것은 물질 자체가 가지는 기계적인 법칙에 의해 지배되고 있을 뿐이라고 본다. 자연은 단순한 물질이기 때문에 인간이 자연을 이용할 수 있고, 또 그것을 정복할 수 있다는 견해는 자연과학의 발달로 이어지고, 그 결과 엄청난 과학 기술적 업적을 가지고 왔지만, 그로 인한 자원 고갈, 환경 파괴, 생태계의 파괴 등의 심각한 부작용이 생겨나고 있다.

이러한 서양적 자연관에 비해서 동양적 사고는 자연과 인간, 인간과 자연의 조화를 중시한다. 인간에게는 마땅히 인간이 걸어야 할 바른 길이 있으며, 자연에는 그 운행에 있어 반드시 있어야 할 하나의 법칙이 있다. 동양사상의 주된 핵심적 쟁점은 생명의 문제이다. 우리가 어떻게 생명을 조절하고, 우리의 생명을 안전하게 하고, 어떻게 운전할 것인가에 관심을 둔다. 여기서 말하는 생명은 일반적으로 말하는 자연생명, 즉 생리적 생명보다 훨씬 더 깊은 의미를 내포하고 있다. 이 생명은 실천의 주체로서의 생명이다. 생명을 가장 중시하는 한 바깥의 대상에는 관심을 두지 않는다. 즉 자연을 대상으로 파악하지 않는다는 것이다.

동양사상이 일체 생명을 중시하는 사고를 가지고 있다고 해서 동양의 사상이 현재 우리가 지금 당면하고 있는 생태·환경의 위기를 해소하는 데 바로 모범 답안을 제시해 줄 수 있다고 생각해서는 안 된다. 인간의 물질적 삶의 질을 상승시키기 위해서 지금까지 우리들이 초래한 환경·생태파괴 문제와 끊임없이 욕구되는 인간의 삶의 질 향상의 문제를 어떻게 조화시킬 수 있는가 하는 것은 중요한 문제로 제기되고 있다.

### 2) 인간중심에서 자연중심으로

근세에는 오로지 경험적 사실에 입각하여 자연을 관찰하고 실험함으로써 근대 과학이론의 터전을 닦았다. 자연에 대한 새로운 인식방법론을 세우려고 한 철학자 베이컨은 초자연적 형이상학적 원리에서 자연을 설명하는 아리스토텔레스 이래의 논리는 새로운 인식을 획득하기 위한 방법으로서는 무력한 것이라 하고, 자연 탐구는 관찰과 실험에 의한 귀납적 방법에 의하지 않으면 안 된다고 하였다. 그는 또 학문의 목적은 무엇보다도 인간의 권력을 증대시키고 인간을 행복하게 하는 데 있고, 자연을 지배하고 사회를 개혁하는 데 있다고 하여 자연을 지배하려면 무엇보다도 먼저 자연 그것을 관찰하는 데 충실해야 한다고 하였다.

"아는 것이 힘이다."라는 베이컨의 선언은 인간에게 자연을 지배할 권리를 남겨주는 철학적 원리가 되었다. 다시 말하면 근대 이성적 인간이 자연을 지배할 권리를 정당하게 가질 수 있게 됨으로써, 이성은 자연을 공격하고 조작하고 가공하고 이용하는 힘을 가지게 된다. 인간과 자연의 근원적인 연대성이 파괴되기 시작한 것은 바로 근대 이성이 자연에 대해 주도권을 가지게 되면서부터이다. 베이컨의 이 선언은 또한 인간 사유의 패턴을 과학적 사유로 변형시켰다. 이제 지식은 자연을 정당하게 지배하기 위한 도구로서 등장한다. 그러나 근대의 과학성은 결국 자연의 파괴성이란 이름으로 대체되고, 이성철학의 승리 후에 남은 전리품은 황폐화된 자연뿐임을 근대인은 알아야 한다.[2)]

이성이 자연에 대해 지배권을 가지게 되었다는 것은 인간이 본래적으로 가지고 있는 가치가 어떤 존재가 가진 가치보다도 우월하다는 것이다. 그것은 오로지 인간의 이해 관계나 복지만을 우월한 가치로 여기는 인간 중심주의(anthropocentrism)가 된다. 인간 중심주의는 인간이 가진 이성의 우월성에 근거하고 있는데, 이것 역시 편견의 산물이다. 테일러는 인간이 이성을 가지고 있는 반면에, 동물은 인간이 갖지 못한 다른 능력을 갖기 때문에, 이성이 인

2) 김영필, 『우리 시대의 철학적 문제들』, 세종출판사, 2000, 265쪽 참조.

간의 고유한 기능은 될 수 있지만, 그것 때문에 인간에게 특권이 부여될 수는 없다고 말한다.

인간 중심주의는 환경 윤리적 관점에서 보면 자연의 적이 된다. 왜냐하면 환경 윤리학은 인간 중심주의 즉 이성 중심주의를 비판적으로 극복하면서 등장하기 때문이다. 인간 중심주의가 환경 윤리학과 양립할 수 없는 이유를 피터 싱어는 다음과 같이 말하고 있다. 인간 중심주의는 인간 종족만큼이나 편견에 사로 잡혀 있다. 동물에 대한 인간의 우월 의식은 흑인에 대한 백인의 우월 의식, 여성에 대한 남성의 우월 의식만큼이나 오래된 편견이라고 말한다.

인간 중심주의에 의한 환경 파괴라는 이러한 위기를 극복하기 위해서는 먼저 그 원인이 된 인간 중심의 사고에서 벗어나야 한다. 이러한 인간 중심주의의 폐해를 지적하고 그것을 극복하기 위한 대안들이 여러 학자들에 의해서 제기되고 있다.

먼저 하이데거는 존재론적 대안을 제시하여 탈인간중심주의를 제시하고 있다. 하이데거에 의하면 인간이든 동물이든 그 이외의 어떤 다른 존재도 '존재한다'는 관점에서는 동일한 권리를 갖는다. 그는 인간이 존재의 중심에 서서 자연을 인간을 위한 도구나 부품으로 전용해 온 것은 인간 중심주의의 편견에 기인한 것이라 본다.

하이데거는 또 전통적으로 기술을 단지 무엇을 만들기 위한 수단으로 생각해 온 것을 비판하고, 기술은 자연을 은폐되어 있는 상태에서 억지로 밖으로 드러내어 노출시키려는 데 그 본질이 있다고 말한다. 자연을 그것이 있는 그대로 내버려두지 않고 어떻게든 인간의 이익을 위해 개발하고 가공할 목적으로 인위적인 방식으로 인간 앞에 세워 놓는 것이 바로 기술의 본질이라는 것이다. 기술은 자연을 있는 그대로 내버려두지 않는다. 자연은 인간이나 신들에 의해 간섭받기 이전부터 스스로 발현하고 스스로 소멸하는 질서를 가지고 있다. 자연은 이러한 질서대로 생성 소멸하도록 내버려두어야 한다.

자연을 있는 그대로 내버려둔다는 것은 자연이 더 이상 인간에 의해 개발되고 착취되어서는 안 될 그 자체 고유한 가치를 지니고 있는 존재로서 인식함을 의미한다. 근대인들이 유한한 인간의 운명을 인위적으로 극복하기 위해, 자연을 생명 없는 내구재로 가공하면서 가속화된 환경의 심각한 황폐화는 결국 인간 자신도 내구재로 전락시킨다. 그리고 인간의 생존을 위해서는 자연을 지속적으로 닦달하지 않을 수 없는 상황으로 나아가지 않을 수 없었다는 것이 하이데거의 해석이다.[3]

그리고 한스 요나스의 목적론적 자연관도 인간 중심주의를 비판하고 자연에게 도덕적 권리를 돌려주라고 하고 있다. 목적론적 자연관이란 인간만이 목적을 가지고 살아가는 것이 아니라 자연 자체도 목적을 가지고 활동하는 것으로 인정하는 자연관이다. 그것에 의하면 인간이나 자연은 스스로 목적에 부합하는 활동을 하면서 목적론적으로 하나의 유기체를 구성한다는 것이다.[4]

삶의 초점을 인간에게만 맞추어 인간의 물질적 복락만을 추구하는 편협한 인간 중심주의의 반생태적 사유는 생태계의 붕괴를 초래하여 생태사슬의 파괴를 가져왔다. 인간 중심의 이성적 사고는 자연을 생명 없는 존재로 보아 인간과 자연을 상호 연관 관계가 아닌 대립적인 지배와 피지배의 이원론적인 관계로 만들었다. 자연은 유기체의 생태 사슬을 가지고 있다. 그것은 단순한 기계적인 무생명의 존재는 아니다. 자연과 생명은 대상화시킬 수 없다. 그것은 원래 "그렇게 스스로 있는 것"이며, "그로부터 그렇게 있는

3) 김영필, 같은 책, 267~269쪽 참조.
4) 김영필, 같은 책, 270쪽.

자연한 것"이다. 인간이 자연을 착취의 대상으로만 볼 때 자연은 자유를 상실한다. 그 대가로 인간 역시 자유롭지 못하게 된다.

## 3. 생명 · 생태이론

### 1) 생명 중심주의와 생태 중심주의

생태주의(ecologism)란 말은 아주 넓게 사용되고 있다. 그것은 생태 중심주의, 생물 중심주의, 심층 생태론, 근본 생태론, 영성 생태론, 혁명적 생태론이라는 순수 생태주의 흐름을 가리키기도 하고, 사회 생태주의의 흐름을 포괄하여 사용하기도 하는데, 현실적으로 실현 가능한 대안을 모색하는 하나의 환경철학 또는 환경운동이라 할 수 있다.[5)]

---

5) 우리는 환경철학, 환경윤리학, 생태철학(ecological philosophy), 생태윤리학(ecological ethics)을 구분 없이 사용하고 있는 경향이 있다. 환경은 인간의 생활 환경에 국한되는 것으로 지구 환경뿐 아니라 생태계 전반, 미래 세대, 우주적인 차원의 문제에 대해서는 관심 밖이다. 환경윤리는 자연 보호, 자연 보존 등 환경을 문제 삼는다. 환경윤리는 생명계 윤리가 아니라 환경 파괴에 직면한 인류가 보다 쾌적한 삶을 유지하기 위하여 환경 친화적인 규범을 설정하고, 그 가능성과 타당성을 탐구하는 윤리학의 한 분야이다.
생태철학은 환경윤리의 형이상학적 배후, 자연관 및 세계관, 생태, 환경 문제의 철학적 전제를 탐구하는 쪽으로 나아간다. 이는 새로운 생태적 형이상학을 세우기 위해 위기를 반성하고, 원인을 분석하고, 생태학의 철학적 이해의 틀을 제시하고자 시도하는 학문이다. 생태철학은 과학으로서의 생태학의 철학, 생태학의 윤리가 아니라 철학의 생태적 규범 설정을 주된 목표로 삼는다. (구승회, 『생태철학과 환경윤리』, 동

생태주의는 지구 환경 문제를 유발시킨 현대 문명에 대한 사상적 반성으로 등장하였다. 생태주의는 60년대 중반 미국에서 시작되어 처음에는 '환경'이라는 말로 시작되었다. 60~70년대에는 주로 환경적 관심에서 출발하여 공해, 오염, 보존, 보호 등 인간 중심적인 관점에서부터 어떻게 하면 지속 가능한 자연환경을 지킬 것인가에 초점이 맞추어졌다. 최근에 와서는 생활양식으로서의 생태적 관심으로 이행하면서 생태-환경문제로 인식되기에 이르렀고, 인간과 자연의 관계 양상만이 아니라 삶의 양식, 세계관의 문제로 되었다.[6]

생태주의는 생명 중심주의적인 경향과 생태 중심주의 즉 심층 생태론적 경향으로 갈라진다. 생명 중심주의 즉 얕은 생태학은 인간이나 인간이 아닌 모든 생명을 가진 존재가 자신의 고유한 존재가치를 가지고 있다는 점을 강조하는 반면에, 생태 중심주의는 생태학적 체계를 강조한다. 생태 중심주의는 자연을 이해하고 평가하는 데 있어서 먼저 생태학이 일차적 역할을 해야 한다고 주장한다. 생명 중심주의가 생명을 가진 하나 하나의 고유한 존재 가치를 지나치게 강조함으로써 생태학적 관점에서 접근하지 않는다는 입장에서 생태 중심주의는 일종의 심층 생태학의 관점을 취한다.

생명 중심주의는 다음과 같이 정의할 수 있다. 첫째, 인간은 다른 생명체들과 마찬가지로 지구 생명 공동체의 구성원이다. 둘째, 지구의 자연적 생태 체계는 그 구성원들이 서로 복잡하게 얽혀 있다. 셋째, 모든 생명체는 나름대로 자신의 존재에 가장 바람직한 것을 추구하는 생의 목적론적 중심이다. 그리고 마지막으로 인간은 다른 생명체보다 우월하지 않다.[7]

---

국대학교 출판부, 2001, 242~244, 254쪽 참조.)

6) 구승회, 같은 책, 103쪽.

생명 중심주의는 근대의 이성 중심주의를 나름대로 극복할 수 있는 충분한 계기는 제시했지만, 생물과 무생물 사이의 생태학적 통일성을 충분히 인식하지 못했다는 점에서 비판을 받는다. 그리고 생명을 가진 것에만 윤리적 기준을 적용함으로써 아직 전통적인 인간 중심의 윤리학을 벗어나지 못했다고 본다.

생태 중심주의, 심층 생태론(deep ecology)이란 개념은 노르웨이 철학자 안 네스(Arne Naess)가 환경에 최소한의 피해가 가도록 하는 선에서 사회적 생산이 지속되도록 하자는 전략을 채택하고 있는 환경 개량주의, 또는 환경 보호주의를 비판하면서 처음 사용하였다. 환경 개량주의는 과학의 진보를 믿는 가운데 현실의 문제를 현실의 구도 안에서 풀어보려고 시도한다. 환경 개량주의는 자연에 대한 기계론적인 태도를 바꾸지 않는 상태에서 과학적인 방법으로 환경 문제를 해결할 수 있다는 보수적인 사유를 갖고 있기 때문에 생태문제에 대한 근원적인 해결을 기대하기는 어렵다. 환경 개량주의가 오염과 자원 고갈에 대한 법적이고 제도적인 개선만을 다루는 데 반하여 심층 생태론은 인간과 자연 관계의 근본적인 변화를 다루는 점에서 양자는 차이가 있다.

그래서 심층 생태론은 현 사회 체제와 문명의 존재를 인정하는 바탕에서 전개되는 환경보호 운동을 거부한다. 심층 생태론에서는 현재의 지구상의 환경 문제는 그 원인인 현대의 사회 체제와 문명 자체를 변혁해야만 해결할 수 있다고 본다. 그러기 의해서는 현대인의 지배적인 세계관이나 가치관을 고쳐 의식이나 생활 양식을 변화하지 않으면 안 된다고 한다.

안 네스는 심충 생태론의 철학적 원리를 7가지로 제시하고 있

---

7) 김영필, 같은 책, 272쪽.

다. 그것을 살펴보면 첫째는 생명체나 인간을 서로 독립적으로 존재하는 것으로 파악하지 않고, 상호 연관적, 전체적인 것으로 파악한다. 둘째는 생명권 평등주의이고, 셋째는 다양성과 공생의 원리이다. 다양성은 생존의 잠재적 가능성을 증대시키고, 새로운 생명 양식이 출현할 기회를 증대시키며, 생명 양식을 더욱 풍요롭게 한다. 넷째는 계급적 질서에 반대하며, 무계급의 다양성을 지향한다. 다섯째는 오염과 자원 고갈에 맞서 싸운다. 여섯째는 복잡성의 원리를 채택하고 있으며. 일곱째는 지역의 자율과 탈중심화를 지지한다.[8)]

심층 생태론은 환경 문제의 해결에 있어 자연에 대한 보다 근본적이고 영적인 접근이 필요하다고 생각한다. 그리고 그 해결 방법에 있어서는 동양적 신비주의나 초자연주의의 도움을 받아야 된다고 하고 있다. 그들은 서구사회를 지배해 온 기계론적 세계관에 반대하며, 자연에 대한 전일적 유기체적 관계적 · 그물망적 사고를 기본 세계관으로 하고 있다.

생태 중심주의에서는 우리가 자연을 이해하는 길을 생태학 이전과는 전혀 다르게 제시해 준다. 자연은 서로 분리된 개별자들의 단순한 집합체가 아니라 서로서로 내적으로 의존하고 있는 생명 공동체이다. 굿페스터는 자연을 생태적으로 연관되어 있는 통일체로 규정하지 않을 경우, 자칫 생명을 가진 것에만 도덕적 존경의 가능성을 인정하는 위험에 빠질 수 있음을 지적한다.

이와 같이 심층 생태론은 나와 다른 것과의 모든 관계를 중시한다. 그 관계는 모든 개체가 내적으로 중층적으로 그리고 시간 공간적으로 서로 밀접히 연관되어 있다고 한다. 그러므로 각 개체는

8) 박준건, 「생태사회의 사회철학」, 『문화와 철학』, 동녘, 1999, 260~261쪽 참조.

고립된 것이 아닌 서로 얽혀 있는 공존의 존재이다. 그래서 한 개체는 각자 생명을 가진 존재로 전체 속의 개체이며, 각자 자유로운 삶의 주체성을 가지고 있다.[9)]

이같이 생태 중심주의는 개별적 유기체의 중요성을 강조하기보다는 유기체들 사이의 관계를 더 강조한다. 왜냐하면 그렇지 않을 경우, 생명을 가진 것 중에서 인간이 아직도 그 중심에 자리잡으려는 경향을 완전히 떨쳐 버릴 수 없기 때문이다. 모든 하나 하나의 존재는 똑 같은 도덕적 권리를 가진다고 생각하기보다는 각각의 능력에 따라, 예컨대 고통과 쾌감을 느끼는 정도인가, 아니면 그것을 넘어서 지능을 가지는가? 등등의 정도에 따른 도덕적 중요성의 다양한 단계를 인정하는 인간 중심주의적 경향을 떨쳐 버릴 수 없다는 것이다.

생명 중심주의(얕은 생태학)가 자연의 오염이나 자원 고갈에 접근하는 방식은 어디까지나 인간의 건강과 보다 나은 삶을 위한 것이다. 인간 이외의 다른 존재의 생명이나 가치를 고유한 것으로 존경한다는 생명 중심주의자들은 결국 인간과 자연의 각각의 고유한 가치를 인정함으로써 또 다시 근대적인 이원론에 빠질 위험성이 있다. 생태 중심주의에서는 생태학적 연관성을 먼저 강조함

---

9) 이것은 불교 화엄사상에 말하는 중중무진(重重無盡)의 법계연기(法界緣起)설의 내용과 유사하다. 『화엄경』이 말하고 있는 세계는 시공간적으로 한정지을 수 없는 광대 무변한 세계이다. 이 광대 무변한 세계가 원융무애(圓融無碍)한 관계를 맺고 있다. 하나가 전체이고 전체가 하나이다. 그것은 마치 인드라망 구슬의 비유가 나타내는 것과 같다. 인드라 궁전의 그물 구슬에 하나의 구슬이 비치고, 그 구슬이 또 다른 구슬에 비추이는 것과 같이 무한하게 겹쳐 비추어지기 때문에 重重無盡의 관계를 맺고 있다는 것이다. 즉 존재하는 모든 것은 다른 것과 관계를 맺어 서로 간에 연관 관계를 가지고 있다는 것이다.

으로써 이와 같은 근대적 오류에 다시 빠져들지 않으려고 한다.[10)]

생태 중심주의자들은 자연의 활용은 어쩔 수 없는 것으로 보지만, 범죄에 가까운 자원의 낭비는 배격한다. 생태 위기로부터 탈출하기 위해서 우리가 선택할 수 있는 방안은 생산 자체를 변화시키는 것이며, 도시 주민의 소비 습관을 개조하는 것이다. 자연을 다시 복원하기 위해서 심층 생태론은 작은 욕망, 녹색 욕망을 그 대안으로 제출하고, 자연을 영원히 건강하게 유지시키려면 생태윤리학이라는 예방의학에 의존해야 한다고 주장한다. 그러나 이러한 대안은 자연 환경의 문제를 사회 윤리적 차원에서 모색하려는 점에서 지나치게 개인 윤리의 차원에 머물고 있다.

생태 중심주의자들은 인간 중심주의를 포기하고 자연 중심주의로 되돌아가야 한다고 주장한다. 그들은 지금까지 인간이 자연을 지배할 수 있다는 우월감이 자연을 파괴했다고 본다. 그래서 자연을 회복하기 위해서는 인간의 자연 지배 의식을 버리고 자연은 인간과 동등한 관계에서 보아야 한다고 주장한다. 이러한 입장에서 본다면 생태 중심주의자들 역시 도덕적 주체로서의 인간의 특수한 지위를 결코 포기하고 있는 것은 아니며, 정도의 차이는 있지만 역시 인간 중심주의에 서있는 것이다.

인간의 우월적 지위를 포기하라는 생태주의자들의 주장은 인간이 근본적으로 자연과 같은 속성을 가지고 있다는 사실에 근거하고 있다. 인간도 자연성을 가지고 있기에 인간이 자연에 비해 특수한 지위를 누릴 이유가 없다는 것이다. 그러나 인간이 비록 자연성을 가지고 있긴 해도 그렇다고 해서 인간을 다른 자연 존재와 동등시해야 할 근거는 없다. 왜냐하면 인간만이 다른 자연 존재가

10) 김영필, 같은 책, 273쪽.

갖지 못하는 비자연성, 즉 도덕적 주체가 될 수 있는 속성을 가지고 있기 때문이다.[11]

### 2) 생태주의 비판

생태 중심주의는 생물/무생물이라는 이원론을 생태학적 통일성 속에서 충분히 극복할 수 있었다. 그렇다고 생태 중심주의가 우리가 지금 당면하고 있는 환경, 생태 문제를 모두 해결해 줄 수 있는 대안은 아니다. 생태 중심주의는 윤리적 기준을 생태학적 체계 전체에로 지나치게 확장함으로써 개인의 복지와 삶이 생태 지상주의, 인간 혐오증, '생태-파시즘' 등으로 나타날 수 있다. 또한 현대 문명에 대한 기피증이 자연주의에로 돌아가라는 주장으로 나타날 수 있다. 생태적 통합이나 생태적 균등 등과 같은 신비주의에 기댐이 없이 인간 이외의 세계 즉 자연에 도덕이 적용될 수 있는 근거가 있는가 하는 것도 문제로 제기될 수 있다.

인간 중심주의는 어떠한 유형으로도 환경 윤리학의 이념과 양립할 수 없다는 사실이 생태 중심주의자들에 의해 확증되었다. 그런데 인간이 중심이 되지 않는 세상은 인간에게 의미가 없는 것은 사실이다. 이런 점에서 인간 중심주의와 환경 윤리학의 이념이 양립 불가능한 것처럼 보일 수도 있다. 그런 점에서 급진적인 생태 중심주의는 인간이 타 존재의 생명을 손상시키지 않고서는 생존할 수 없다는 너무나 자명한 현실을 무시하는 이상주의에 치우쳐 있는 것 같이 보인다.

생태 중심주의(심층 생태론)에 대한 비판은 사회주의자 또는 사

---

11) 김영필, 같은 책, 278~279쪽 참조.

회 생태론자들에 의해서 제기되고 있다. 그들의 주장을 정리해 보면 첫째, 심층 생태론은 다양한 생태적 조망을 단순화하면서 이를 자연적 한계로 받아들이는 보수주의로 전락한다. 둘째, 녹색정치는 산업주의와 기술에만 반동적으로 대립하며, 자본주의의 환경 파괴적 성격을 간과한다. 셋째, 환경의 지속 가능성에 대한 인류의 보편적인 이해 관계라는 이름 아래에서 계급과 지역적 불평등에 대해서는 관심을 갖지 않는다. 넷째, 녹색의 주장도 일종의 특수 이익을 위장하고 있다. 정치적 비판력이 부족하며 사회 구조에 대한 언급과 비판이 부족하다.[12]

바이에르츠도 생태 중시의 환경 윤리학이 안고 있는 치명적인 문제점을 지적하고 있는데, 그는 생태계 파괴의 주된 원인을 과학 기술에만 돌리는 것은 제한적으로만 타당하다고 주장한다. 그는 과학 기술 이전에도 원시적 형태의 자연파괴가 이미 이루어지고 있었다고 주장한다. 또한 그는 생태계 균형이란 생태 중심주의자들이 자신들의 입장을 타당한 것으로 조작하기 위해 끌어들인 검증되지 않는 하나의 신비적인 가설일 뿐이라고 비판한다.

바이에르츠는 인간 행위의 정당한 근거를 자연으로부터 찾을 수 없다면, 우리는 어차피 인간 중심적 윤리학이라는 본래의 의미에로 되돌아가지 않을 수 없다고 한다. 행위에 대해 도덕적 책임을 묻기 위해서는 그 행위를 일으킨 의도나 동기가 선한지 악한지를 확인해야 하는데, 자연적 사건은 목적이나 의도를 가지고 일어나는 것이 아니기 때문에 그 사건에 대해 도덕적 평가를 내릴 수 없다. 자연에서 일어나는 천재지변에 대해 우리는 어떠한 책임도 물을 수 없는 것과 같다.

---

12) 박준건, 같은 책, 266쪽 참조.

자연이 권리를 인정받을 수 있는 것은 인간과의 관계 속에서만 가능하다. 생태 문제가 제기되는 것도 그것이 바로 인간의 실존에 심각한 영향을 주기 때문에 문제가 되는 것이다. 역으로 자연이 인간의 삶에 아무런 문제가 되지 않는다면 그것은 고려의 대상이 되지 않을 것이다. 도덕적 행위의 주체는 인간 자신이며 자연은 도덕적 고려의 대상일 뿐이다. 만약 이런 도덕적인 주체와 객체의 관계까지도 환경파괴의 원인으로 돌린다면, 생태적 신비주의로 빠져들고 만다. 자연을 오염시킨 것도 인간이며 그것을 치유해야 할 주체도 인간일 뿐이라면, 그리고 자연은 자연에 대한 인간의 어떤 행동에 대해서도 무관심하다면, 환경의 문제는 결국 인간 자신이 해결해야 할 문제이다.

이러한 심층 생태론의 문제점을 지적하고 그 극복을 제시한 대표적인 사람은 사회 생태론자 머레이 북친(Murray Bookchin)이다. 머레이 북친은 인간과 자연의 변증법적 관계를 회복하여 생태의 문제를 사회적 차원의 문제로 파악하고, 생태학적 계급 없는 사회를 그리고 있다. 그가 생태학적으로 계급이 없다고 해서 인간과 자연의 생태적 평등권을 극단적으로 주장하는 것이 아니다. 그것은 인간이 지금까지 자연을 지배해 온 특권을 자연에게 돌려주라는 의미이다. 인간만이 주체성을 갖고 자연을 지배할 권리를 가질 수 있다는 근대인들의 생각을 버리고 자연 역시 인간이 간섭할 수 없는 나름대로의 자주적 질서가 있음을 인정해야 한다는 것이다.

그는 사회적 차원의 문제를 무시하고 인간/자연이라는 측면만으로 생태문제를 바라보는 심층 생태론을 비판하고 인간 사회 내부의 위기가 오늘날의 환경문제를 발생시켰다고 본다. 다시 말하면 북친에 있어 생태 문제는 사회문제이다. 북친은 현대 사회에 팽배해 있는 인간이 자연을 지배, 착취해야 한다는 관념은 인간에 의한 인간의 지배 관념에 있으므로 이를 극복하기 위한 생태운동은 사회운동이어야 하며, 이 운동은 지배와 위계 질서를 생산하는 인간 사회의 도덕적 제도적 변화를 추구한다. 인간은 자연의 질서에 순응하여 자연의 질서에 영향을 받으면서도 다른 한편으로 자연에 능동적으로 참여하고 창조적 역할을 하여 인간과 자연의 생태적 통일성을 이루어 내어야 한다. 인간이 다른 인간을 억압하고 착취하는 구조가 근본적으로 시정되지 않는 한 생태문제는 해결될 수 없다는 것이다.

라일(Martin Ryle)도 생태학과 사회주의를 결합한 생태사회주의를 주장하고 있는데, 그는 자본주의의 근본 모순은 성장 우선주의에 있다고 본다. 그에 의하면 자연은 경쟁 또는 적자 생존 등으로 표현될 수 있는 갈등적 측면과 상호 공존하는 상보적 측면을 동시에 가지고 있다. 따라서 생태문제는 자연의 이러한 양 측면을 적절하게 고려하여야 한다고 본다. 그에 의하면 생태문제에 대한 이론화 작업은 조화로운 공존 및 일반 이익을 강조하는 녹색 입장과 이해 관계를 중심으로 하는 정치·경제학적 역학 관계를 결합시키는 논의로 나타날 수밖에 없어 녹색과 적색의 결합은 필연적인 것이라 하고 있다.[13]

## 4. 생태윤리의 과제

제임스 러브럭의 『가이아의 시대』에 의하면 지구는 하나의 거대한 유기체인데 그것을 가이아라고 하고 있다.[14] 가이아란 그리

13) 박준건, 같은 책, 272쪽 참조.
14) 제임스 러브럭, 『가이아의 시대』, 홍욱희역, 범양사, 1992, 55쪽.

스의 신화에 등장하는 대지의 여신인데, 지구는 생물과 무생물이 복합하여 구성된 하나의 거대한 유기체로 살아 있는 생명체라는 것이다. 이 이론과 같이 우리는 우리가 살고 있는 지구를 나의 신체처럼 생각한다면 우리가 살고 있는 자연을 함부로 하지는 않을 것이다.

인간의 환경 파괴는 우리가 자연을 무생명, 기계론적으로만 보았기 때문에 생긴 결과이다. 인간의 이성주의는 근대 과학을 낳고, 산업화를 이루면서 물질적 풍요를 얻었다. 특히 현대산업사회의 광적인 성장 욕구는 환경을 더욱 더 파괴하고 있고, 지구로부터 더 이상 재생이 불가능한 자원들을 도둑질해 가고 있다. 우리는 자연을 기계나 생명 없는 것으로 보았기 때문에 자원을 활용하는 것에만 열중하고 자연과 더불어 살아가는 지혜를 갖지 못했다.

환경 파괴, 생태 파괴를 극복하기 위해서는 자연을 원래 살아 있는 모습 그대로 보려는 우리들의 의식의 변화가 선행되어야 한다. 자연이란 말에는 너와 나, 산천초목이라는 관계가 포함되어 있다. 생명의 진정한 의미는 관계에 있다. 생명은 너와 내가 그 관계 안에 들어와 있을 때에만 이해 가능하다. 나의 삶은 고립된 삶이 아니고 환경과 공유된 삶이다. 산천초목을 무생명한 것으로 보지 않고 모두 하나의 생명 테두리 안에 있는 것으로 이해하여야만 자연의 생명성을 인정할 수 있다. 그러므로 자연은 내가 그 안에 들어가서 호흡을 같이하는 생명성에서 보아야 한다.

환경 윤리학의 출발점은 근대의 인간 중심주의, 정확하게는 이성 중심주의를 비판적으로 극복하는 데서 찾아야 한다. 환경 윤리학은 인간의 행동 규범, 즉 어떤 행동이 윤리적으로 적절한 행동인지를 결정하는 도덕적 기준을 제시하는 전통적 윤리학과는 다르다. 그것은 자연환경에 대해 인간이 마땅히 지켜야 할 윤리적 규범을 제시하기 때문이다. 전통적인 규범 윤리학이 인간의 행동의 규범을 제시하는 인간 중심의 윤리학이었다면, 환경 윤리학은 인간과 인간 이외의 다른 존재들에게까지 윤리적 원리의 적용 범위를 확장해야 할 필요성을 제기한다.

전통 윤리학이 이성에 호소하여 윤리적 원리를 정립하려고 했다면, 이제 환경 파괴에 직면하여 생명 자체에 위협을 당하고 있는 현대의 윤리학은 생명 자체를 존경하고 책임지는 윤리학으로 전환하지 않으면 안 된다. 그것은 인간뿐만 아니라 자연의 생명 자체에 대한 책임과 존경을 강조하는 새로운 윤리학으로 전환되어야 한다. 그렇지 않고서는 인간은 이제 더 이상 자신의 실존을 보장받을 수 없기 때문이다.

자연에 대한 책임은 한 개인의 도덕적 완성을 위한 것이 아니라 공공의 생존을 위한 불가피한 선택이다. "너의 의지의 준칙이 항상 그리고 동시에 보편적 입법의 원리로서 타당하도록 행동하라."는 칸트의 정언명법은 "너의 행위의 결과가 진정한 인간적 삶이 이루어질 미래의 가능성을 파괴하지 않도록 행동하라."로 전환되어야 한다.[15)]

서구 물질문명에 의해 황폐화된 환경을 서구적 방식으로 해결하려는 것은 자기 모순 내지 태생적 한계를 지닌다. 그러므로 우리는 서양적 전통에 의해 손상된 자연의 권리와 가치를 동양적 방식으로 접근하여 복권하려는 시도를 해볼 수 있다. 그러나 무엇보다 중요한 것은 자연에 생명성을 부여하는 자연에 대한 우리의 의식의 전환이다.

나와 남이 더불어 살아가며, 인간과 자연이 서로 연관되어 살아

---

15) 김영필, 같은 책, 272쪽.

가고 있다는 사고와 물질적 욕망에 대한 절제 즉 적은 것에 만족할 줄 아는 지혜가 요구된다. 인간 중심주의는 극복되어야 하는 것이지만, 아울러 인간을 제외하고 생태 문제와 환경 문제를 말하는 것은 의미 없다. 그러므로 인간과 자연, 기술과 생태의 합리적인 조화가 요구된다.

# 2장. 대중매체로서의 영화

## 1. 문화읽기란 무엇인가?

문화읽기란 흔히 문화연구라고 불리는데, 간단하게 말해서 문화라는 매체를 둘러싸고 있는 보이지 않는 정치적·경제적 연결고리를 밝혀낼 수 있는 상징구도의 독해적 분석을 의미한다. 그렇다면 문화에 대한 이러한 분석이 어떻게 가능한가? 제1부에서 이미 살펴보았듯이, 문화에 대해서는 여러 가지 정의가 가능하지만 한 가지 분명한 것은 문화는 자연적 상태를 벗어난 인간의 존재 방식이기에 물질이 아니라 의식이며 이러한 의식이 표상화된 의미와 상징의 영역이라는 사실이다.

그런데 새로운 세기는 '문화의 시대'가 될 것이라는 전망이 지배적이다. 이것이 사실이라면, 인류를 오랫동안 지배해 온 근대의 논리적·역학적 사고 방식은 앞으로 의미와 상징성을 중심으로 하는 인문학적 사유로 전환되어야 하며, 이러한 시대의 징후를 읽기 위한 텍스트로 문화가 가장 바람직하다는 것이다. 물론 단지 시대의 징후를 읽기 위해서만이 아니라, 궁극적으로는 문화를 읽음으로써 문화를 비판하는 능력을 기르는 데 목적이 있을 것이다.

그 동안 문화라는 단어는 이른바 고급문화에 한정되어 사용되어왔다는 것은 당연하다고 볼 수 있다. 그러나 이제는 고급문화와 대중문화 사이의 구분이 별다른 의미를 가지지 못하며, 이러한 벽 허물기가 포스트모던 시대의 가장 큰 특징 중의 하나이다. 더구나 문화읽기를 통해 우리의 일상적인 삶에 대한 관찰은 물론이거니와 삶의 구체적인 모습을 비판적으로 읽어내려면, 다시 말해서 한 시대의 권력구조와 지배형태의 본질적 모습을 읽어내려면 추상적인 순수문화보다는 대중문화가 훨씬 더 실제적이고 구체적이다. 동시에 이것은 대중문화 자체를 더 이상 '주변부 문화', '하부문화'의 하나로 이해하기를 거부한다는 인식론적 변화를 반영하기도 한다. 생산되고 향유되고 그냥 소비되어 버리는 대중문화에 대한 고정된 인식을 적극적이고도 실천적으로 바꾸어보자는 것이며, 이러한 접근방식은 바로 대중문화를 통해서 후기산업사회에서의 은폐된 실체와 그 실체 내에서 자본과 권력이 결합된 지배구조를, 다시 말해서 자본주의 사회에서 모든 문화양식을 '상품'으로 균등화시키는 힘의 실체를 확인하자는 것이다.

## 2. 대중문화의 정의

문화라는 용어 자체가 그러하듯이 대중문화라는 용어도 매우 포괄적이고도 모호한 개념이다. 따라서 대중문화에 대한 정의도 다양할 수밖에 없지만, 편의상 가장 일반적으로 받아들여지는 윌리엄즈의 정의를 인용해보기로 하겠다.[16] 윌리엄즈는 대중문화를 논하기 전에 우선 대중적(popular)이라는 용어의 다양한 의미를 설명한다. 윌리엄즈에 따르면 여기에는 네 가지 의미가 있다.[17]

---

16) 존 스토리, 같은 책, 18~31쪽에서 재인용.

17) 대중문화라는 용어자체가 영어의 번역어로서 그에 상응하는 개념으로 popular culture, mass culture 등이 있다. 이때 대중문화의 '大衆'을 mass로 파악하느냐 아니면 popular로 파악하느냐에 따라서 그 의미가

'많은 사람들이 좋아하는 것', '열등한 작품', '사람들의 선호에 일부러 맞춘 작품들', '사람들이 사실상 자신들을 위해 만들어낸 문화'이다. 여기에다가 '문화'라는 단어를 결합하면 대중문화에 대한 개괄적인 정의가 가능해진다는 것이다.

첫째, 대중문화는 단순히 많은 사람들이 폭넓게 좋아하는 문화이다. 이는 대중이란 말이 지니고 있는 양적인 측면을 중요하게 받아들여 정의한 것이다. 그러나 조심해야 할 것은 양적으로 많은 사람들의 폭넓은 기호를 만족시킨다고 해서 꼭 대중문화는 아니라는 점이다. 공인된 고급 문화 즉 '고전'과 관련된 책이나 음반 또는 텔레비전 프로그램이 일시에 많은 사람들의 관심을 끌 수도 있기 때문이다. 이는 대중문화를 양적인 측면에서만 정의하면 문제가 있음을 보여 준다.

둘째, 대중문화는 고급문화라고 결정된 것 이외의 나머지 문화를 의미하는 것이다. 이 정의에서 대중문화는 고급문화에서 요구하는 수준에 이르지 못한 나머지 문화물 혹은 문화 행위들을 지칭하게 된다. 말하자면 대중문화를 기준 이하의 문화로 정의한 것이다. 이때 기준은 도덕적, 심미적 그리고 비판적 정도를 나타낸다. 이러한 정의의 첫 번째 문제는 이 구분이 대중을 배제시키며 특정 관객의 배타성을 확고히 해준다는 점이다. 사실 취향(taste)은 매우 이데올로기적이고 사회 경제적인 범주이다. 프랑스 사회학자

---

매우 달라질 수 있다. 전통적으로 매스 컬쳐로서의 대중문화는 유럽의 근대 시민사회가 성립된 이후의 문화현상으로 보는 반면에, 포퓰라 컬쳐로서의 대중문화는 그 역사성을 훨씬 더 거슬러 올라감으로써 전통적인 민속 내지 민중문화로부터의 기원이 강조된다. 따라서 매스 컬쳐는 다분히 가치 부정적인 문화로 비판받지만, 포퓰러 컬쳐는 가치 중립적이거나 심지어는 가치 긍정적인 문화로 인식되고 있는 것이다. (강현두 편, 『대중문화론』, 나남, 1994, 17~18쪽 참조.)

피에르 부르디외는 문화적 구분이 계급적 구분을 유지시키고 정당화시키는 역할을 하고 있음을 강조한다. 따라서 고급문화를 선호하는 특정 계층의 구분을 정당화하는 이러한 정의의 이면에는 엘리트주의가 자리잡고 있음을 쉽게 알 수 있다. 이 정의가 타당하지 않은 또 하나의 이유는 다수의 예술적 생산물들이 이러한 구분의 경계선상에 놓여 있다는 사실 때문이다. 예를 들어 월드컵이 개최되는 국가를 순회하며 공연하는 이른바 '쓰리 테너'의 음반은 대중들에게도 상당한 반향을 일으키면서 클래식과 대중음악의 접합을 시도한 대표적인 경우로 꼽힌다. 이런 경우 고급문화를 즐기는 계층과 대중문화를 즐기는 계층의 구분이 무의미해진다.

셋째로 대중문화를 '대량문화'로 보는 것이다. 대량문화로서의 대중문화는 대량소비를 위해 대량 생산된 것이며, 이같은 대중문화를 소비하는 대중은 무분별하고 무감각한 수동적인 태도를 지닌 것으로 평가된다. 따라서 대중문화는 사회의 지배 계층이 강요한 것으로 평가된다. 대중문화를 지배 이데올로기를 쉽게 재생산해 내는 이데올로기 제조기로 보는 구조주의자들의 시각도 이와 상통한다. 말하자면 대중문화가 대량으로 생산되면서 그 와중에 대중들을 끌어넣어 무비판적으로 사회를 바라보게 함으로써 지배 이데올로기를 더 쉽게 통용되게 한다는 것이다. 대중문화를 대량문화로 보면서 문화비평을 하는 연구자들은 대중문화가 대중들을 상업적인 목적으로 이용하고 있다고 본다. 그러나 존 피스크는 "엄청난 광고에도 불구하고 80~90 퍼센트의 신제품들이 실패하며, 많은 영화들이 수익면에서 광고비도 건지지 못한다."는 사실을 지적하면서 "자본주의 사회에서는 대량문화의 '비정통성'과 대비되는 소위 정통적인 민속문화란 존재하지 않기 때문에 정통성의 상실을 슬퍼하는 것은 쓸모 없는 낭만적 향수에 불과하다."[18]는 것이다.

넷째, 대중문화는 민중(the people)으로부터 발생하는 문화이다. 이는 대중문화를 위로부터 민중에게 강요된 것으로 보는 견해를 거부한다. 이 개념에 의하면, 대중문화는 참된 민중의 정서에서 우러난 것이 된다. 이제 민중문화가 공동체의 진정한 대중문화로 자리잡게 된다. 여기에서 대중문화로서의 민중문화는 현대 자본주의 사회에 대한 저항의 상징으로 나타나며, 동시에 매우 낭만적으로 처리된 노동계급 문화와 같은 것으로 취급된다. 그러나 문제는 민중의 범주에 들어갈 자격이 있는 자들이 누구인가 하는 것이다. 또 다른 문제는 민중문화의 재료와 출처가 모호하다는 사실이다. 민중문화를 어떻게 보든 간에 분명한 것은 그 재료 자체는 상업적으로 제공된 것이라는 점이다. 다시 말하자면 민중이 어떤 사람들인지는 알 수 없지만 그들 스스로 문화를 위한 재료를 조성해 내고 또 자발적으로 문화물을 만들어 내는 것은 아니라는 점이다. 예를 들어 80년대 우리 사회를 풍미하였던 민중문화, 즉 사회에 대한 정치적인 저항을 표현하는 노래나 그림, 영화들도 궁극적으로 그 표현 양식은 전통적인 기법에 의존할 수밖에 없는 것이다.

이처럼 대중문화가 때로는 대중들의 사회·정치적인 감각을 마비시키는 역할을 하기도 하고, 때로는 사회의 요구에 저항하는 역할을 하기도 하지만, 한 가지 확실한 것은 대중문화가 대중들이 어떤 관계 속에서 어떤 방식으로 살아가는가를 간접적으로 보여준다는 사실이다. 따라서 대중문화를 중심으로 하는 문화연구는 문화 그 자체가 놓여있는 자리에서 출발하되, 문화라는 매체를 둘러싸고 있는 보이지 않는 정치적·경제적 연결고리를 밝혀낼 수

---

18) John Fiske, *Understanding Popular Culture* (London : Unwin Hyman, 1898), 31쪽.

있는 암호로서의 독해적 분석에 집중된다는 사실이다. 이러한 접근 방식은 대중문화를 통해서 자본주의 사회에서 모든 문화양식을 '대중문화'로 균등하게 만들어버리는 힘의 실체를 확인하는 것을 의미한다.

그러므로 무엇보다도 시급한 것은 대중문화의 이러한 이데올로기적인 본성을 간파하는 일과 대중문화 자체를 좀더 비판적으로 바라볼 수 있는 눈을 가지는 것이다. 동시에 이러한 이데올로기적인 지배문화 혹은 대중문화를 극복할 수 있는 대항문화를 만들어 내는 일도 중요하다. 물론 지배권력은 이러한 대항문화를 끊임없이 억압하겠지만 이러한 방법만이 이미 우리의 삶의 모든 영역뿐만 아니라 의식자체를 지배하는 대중문화를 극복할 수 있기 때문이다.

## 3. 자본주의의 독해적 대상으로서의 대중문화

사실 대중문화는 이 시대 문화의 중심일 뿐 아니라 우리 주위를 둘러싸고 있다. 따라서 어느 누구도 대중문화로부터 자유롭지 못하다. 따라서 현대사회의 급격한 변화에 대응하기 위해서라도 대중문화에 대한 지금까지의 통념을 버려야 하며, 과거의 선입견으로부터도 자유로워져야 한다. 대학의 강의실에서 대중가요와 연속극 드라마를 이야기할 수 있어야 하고, 영상매체에 대한 비판적 분석이 학제적 차원에서 다루어져야 한다. 왜냐하면 대중문화야말로 가장 정확하게 일상의 삶을 드러내 주기 때문이다. 문화읽기란 대중문화의 다양한 장르를 통해서 이같은 삶의 형태를 관찰하고, 비판함으로써 현대사회를 정확하게 읽어낼 수 있는 창의적인 독해력이라 할 수 있다. 따라서 문화읽기란 바로 창의적인 인간을 위한 총체적 삶읽기라 하겠다. 문화읽기에서 시시각각으로 변화해 가는 우리들 삶의 모습을 있는 그대로 바라보고 그곳에서 의미를 찾아내고자 하는 진지한 자세가 중요한 것은 이러한 차원에서이다.

영국의 문화연구에서 주도적인 역할을 하고 있는 리처드 호가트의 문화에 대한 정의는 이런 의미에서 매우 시사적이다. 호가트에 의하면, 문화란 어느 특정한 사회의 총체적인 삶의 방식, 신념, 태도 그리고 특징을 의미하며, 이러한 것들은 그 사회의 모든 구조, 의식, 몸짓뿐만 아니라 전통적으로 정의된 예술형태로 표출된다. 따라서 문화읽기를 통하여 시대의 징후를 읽고 대중이 추구하려는 가치를 읽어낼 수 있다면, 문화읽기는 새로운 문화에 대한 대응책을 마련하는 데도 유용하다는 것이다.[19] 빠른 속도로 변화하는 문화 속에서 다양한 현상과 징후를 읽어냄으로써 미래에 대한 준비도 좀 더 확실하게 할 수 있다는 것이다. 따라서 문화읽기는 단순히 주변에 있는 문화를 어떻게 볼 것인가 하는 차원에 머물지 않고 앞으로의 새로운 문화에 대한 대응책을 강구한다는 점에서 적극적이고 긍정적인 활동이라 할 수 있다.

사실 '읽기'는 엄밀하게 말하자면 언어로 된 기호 체계에 적용될 수 있는 용어이다. 그런데 기호학이라는 학문은 그림, 사진, TV화면과 같은 비언어적 기호 체계까지도 언어적 기호 체계로 환원시키면서 의미를 찾아내려고 한다. 가령 특정 상품 판매를 위한 팜플렛에 여배우가 매우 선정적 옷차림으로 서 있는 사진이 실려 있다고 하자. 그 사진의 일차적인 의미는 그 여배우 자체일 것이다. 그러나 그 사진은 단순히 누구누구라는 여배우만을 의미하지 않

19) Richard Hoggart, *The Use of Literacy* (Harmondsworth : Penguin, 1990), 18쪽.

는다. 그 사진에서 우리는 그 옷차림이 상징하는 의미를 읽어 낼 수도 있고 나아가서는 이러한 의미가 유포시키는 이데올로기를 발견해낼 수도 있다. 즉 표지사진인 기표는 1차적 기의를 함축하며 이 1차적 기의는 또 다른 기표로서 2차적 기의를 함축하고 있는 것이다. 이처럼 '읽기'는 기호학적 접근과 밀접한 관련을 가지고 있다. 비언어 체계까지도 언어 체계인 기표와 기의로 분석하고 그 기표에서 함축적인 기의들을 읽어낼 수 있기 때문이다.

현대사회에서 대단한 영향력을 미치는 영상매체 중의 하나가 텔레비전인데 거기에 나오는 광고는 우리의 무의식을 지배하면서 기호에 대한 물신숭배를 충동한다. 소비활동을 위한 의욕을 기호작용을 통해서 강력하게 촉진시키고 조장하는 것이 바로 광고이다. 그러므로 광고영상도 하나의 언어로서 '읽기'의 대상이 된다. 텔레비전 화면의 기표 속에 감추어진 기의들을 읽어내려는 분석적이고 비판적인 자세는 비단 텔레비전뿐만 아니라 영화, 잡지, 신문, 심지어는 만화 등 모든 대중매체에도 동일하게 요구된다. 이러한 다양한 매체를 대상으로 하여 우리들의 삶의 모습을 읽어내고 거기에서 제기된 문제들을 함께 논의하고 토론해 보아야 한다. 이러한 볼 때 이들 매체 가운데서 지난 세기말에 탄생하였고 금세기에 놀라운 진보를 보여준 영화는 현대사회 독해를 위한 가장 바람직한 텍스트로서의 받아들여지고 있음은 당연하다고 볼 수 있다. 왜냐하면 영화는 처음부터 예술성이나 미학적 측면과는 상관없이 그 장르 특유의 대중적 속성으로 인하여 현대사회의 독해를 위한 텍스트로서 풍부한 상징과 의미를, 즉 기의와 기표를 함의하고 있기 때문이다.

## 4. 영화의 사회적 의미

영화의 역사는 사회사로서의 의미를 지니면서 대중들과 호흡하며 전개되어 왔다. 영화를 자본주의 시대에 탄생한 제7의 예술로만 규정하는 것은 그 성격을 지나치게 축소하는 것이다. 이제 영화는 생산 과정, 생산된 텍스트, 대중에 의한 수용 과정에 있어 다양한 측면을 고려하지 않고는 그 실체를 파악할 수 없다. 한 편의 영화는, 자본이라는 양탄자를 바닥에 깔고 수천 년의 역사를 지닌 여타의 예술 장르들을 꿰어찬 채 마술 램프 같은 스크린을 통해 관객을 맞고 있으며, 매년 수천만 명의 관객이 모든 장르의 패권자로 군림하고 있는 거인을 보기 위해 영화관 문을 두드리고 있다. 게다가 단순히 영화관에서뿐만 아니라 텔레비전이나 비디오를 통해 영화를 접하는 인구도 헤아릴 수 없을 정도가 되어버린 지금, 영화는 'Mass Culture'가 아닌 명실상부한 'Popular Culture'로서 대중 문화의 대표 주자로 군림하고 있는 것이다.

이처럼 사랑 받는 장르로 자리 매김 한 이상, 영화는 단순한 오락거리로서의 의미를 벗어난다. 욕망, 환상, 즐거움은 영화라는 매체의 존재 기반이지만, 영화가 이러한 얼굴로 대중들을 유혹하는 이면에는 또 다른 의도가 존재한다. 이데올로기라는 대중 문화의 뿌리는 안개처럼 그 실체를 파악하기 어려움에도 불구하고 대중의 사고와 삶에 막대한 영향력을 행사한다. 이데올로기란 단순하게 표현하면 모든 문화에 내재하는 현실에 대한 이론이다. 그것은 현실을 선과 악, 옳고 그름, 그들과 우리 등으로 단순화하는 구조의 원리다. 따라서 물질적 형태를 갖지 않지만 모든 계급 구조로부터 성 간의 관계, 한 개인을 구성하는 이념에 이르기까지 모든 사회적 구성체에서 물질적 영향력을 행사한다. 개개의 영화는 나름대로의 현실을 보는 눈을 가지고 대중을 대하고 있으며, 따라서 영화를 감상하는 동안 대중은 알게 모르게 그 이데올로기를 수용 혹은 거부하는 것이다.

역설적으로 이러한 영향력으로 인해서 영화는 어떠한 예술성도 보여주지 못한다는 지속적인 비난을 받아왔고, 이것이 영화의 치명적인 약점으로 간주되었다. 사실 처음부터 영화는 전통적 의미로서의 도덕적 그리고 미학적 기준에 전혀 부합되지 못했고, 예술장르로서의 영화에 대한 불신은 다수의 양식 있는 지식인들로 하여금 이 매체의 최소한의 존재의미까지도 의심하게 하였다. 이리하여 같은 이차원의 표현양식인 회화에 비해서, 같은 서술적 구조를 가지고 있는 소설이나 연극에 비해서, 영화는 훨씬 열등한 표현양식으로 간주되었다. 물론 예술성을 전혀 고려하지 않는 것은 아니지만, 이것은 일차적 목적이 아니라 부차적 산물에 불과하며, 영화는 오직 그 오락적 기능에 충실할 때 그 존재의미를 가지는 것이었다. 그런데 예술성 여부를 둘러싼 영화에서의 이러한 논쟁은 사회적 차원에서 영화의 기원과 심리적 차원에서 영화의 수용방식을 살펴봄으로써 설명이 가능하다.

금세기에 들어서서 급속하게 진행된 산업화 과정은 다수의 노동자들을 도시로 이주시켰고, 이들 노동자들에게 영화는 다른 어떠한 예술 장르나 대중매체보다도 친근한 매체가 되었다. 적어도 20세기초에 영화는 도시의 노동자 계층을 위한 가장 이상적인 오락이었다. 이것은 긴 역사를 통해서 이미 그 양식이나 내용 모두가 체계를 갖추고 있어서 어느 정도의 문화적 배경이나 지적 이해도를 요구하는 전통적인 예술양식과는 달리, 이제 갓 출발한 이 '오락물'의 감상에는 어떠한 부담도 뒤따르지 않았기 때문이다. 도시 노동자들이 영화관을 '꿈의 궁전'이라고 부른 것도 이런 이유에서였다.

이리하여 초기에는 노동자 계층이 대도시 관객의 다수를 차지하였다. 이것은 가장 기초적인 교육계층으로 통합된 시민계급과 노동자 계층이 영화라는 새로운 대중매체의 수용자로 등장했음을 의미한다. 처음에는 주로 보드빌 하우스에서 여러 가지 쇼가 진행되는 중간에 눈요기감으로 상영되었던 영화의 내용은 주로 연극이나 오페라의 복사물이나 영화 기술을 이용한 트릭으로 가득 찬 기괴한 오락물 등이었다. 영화는 단순히 오락을 제공하는 것 이상인 중요한 사회제도다. 따라서 영화는 단순히 오락이나 단조로운 일상생활로부터의 기분전환 이상이었으며, 이것이 처음부터 사회구조 속에서 우월한 위치를 차지할 수 있는 요인들 중의 하나이다. 영화가 이런 상황에서 이런 목적으로 만들어졌다는 사실이 대중매체로서의 영화의 성격을 다음과 같이 근본적으로 규정하였다.

이처럼 영화는 도시화, 산업화 그리고 이 시대부터 보편화된 대중매체의 보급과 더불어 대중사회의 등장을 상징한다. 앞에서도 보았듯이 영화는 증가하는 도시인구, 특히 노동자 계층을 위한 이상적인 오락매체였다. 따라서 초기에는 노동자들의 주거지역에 영화관이 우선으로 들어섰으며, 저소득의 노동자들은 값싼 영화를 쉽게 감상할 수 있었다. 특히 미국의 경우, 구대륙으로부터 대량 유입된 이민들에게 영어의 완벽한 이해를 필요하지 않은 초기의 무성영화는 그들이 속한 새로운 사회를 이해하기 위한 가장 친근한 텍스트로 이해되었다. 이러한 다양한 요소들이 결합되었을 때 영화는 그 구성원들로 하여금 동질성을 고무하는 매체로서 기능하였고, 이러한 매체를 통한 사회적 결합은 바로 삶의 양식과 사고방식까지도 변형시켰다.

영화가 초기부터 그렇게 성공할 수 있었던 또 다른 이유는 무엇보다도 그들의 일상적인 삶의 모습이 영화 속에 존재하는 요소들과 결합되었기 때문이다. 다시 말해서 영화의 내용이 사회를 어느 정도 정확하게 '반영'하였으며 따라서 영화의 서술내용들과의 친밀한 일체감을 가지게 되었다. 매우 과장된 방식이지만 이들 영화에서 묘사된 멜로 드라마적인 상황은 그들의 삶을 적절하게 묘사된 것으로 이해되었다. 이리하여 실제로 가난한 노동자들이 거주하는 빈민굴에는 영화에서처럼 술주정뱅이 부모들이 자식들을 학대하고 있었고, 가난으로 인한 고통과 슬픔이 있었던 것이다. 바로 이러한 점에서 영화는 관객들의 삶을 정확하게 반영하였고 역으로 관객들의 삶의 방식이나 생각을 변화시켰다. 영화가 생활과 문화의 필수적인 부분이 되는 것을 확실하게 하였던 마지막 요인은 교회, 학교, 그리고 정부기관과 같은 확립된 다양한 단체들에 의한 커뮤니케이션 형식인 영화의 채택이다. 영화의 이러한 비상업적인 사용은 오락영화처럼 매력적이거나 널리 감상되지는 않았지만, 그들은 교육과 커뮤니케이션의 과정에 신중하게 그리고 광범위하게 이용되었다. 따라서 그 비상업적인 영화들은 커뮤니케이션 하부구조의 필수적인 한 부분으로서 사회의 부정할 수 없는 사실로서, 영화의 전면적인 승인에 공헌하였다.

사회와 영화 사이의 상호 관계는 매우 복잡하지만 이에 대한 주의 깊은 분석은 사회·문화적 긴장에 관한 많은 것을 파악할 수 있게 한다. 한 사회에 새로운 대중매체의 유형이 도입되면, 그것은 사회를 인지하는 방식에 커다란 변화를 주기 때문이다. 미국의 대공황 시기에 관한 여러 가지 조사에서 입증되었던 것과 같이 영화는 오락의 차원을 넘어서 사회의 다른 욕구를 충족시켜 준다. 또한 영화는 사회적 가치나 국가적 이념을 선전하기 위한 방편으로 사용되어 왔다. 문화적인 면에서 볼 때 영화는 한 집단의 시각적 견해를 형성하는 데 매우 중요하다. 이처럼 '영향력'이란 관점에서 볼 때 영화는 다른 어떠한 매체보다도 우선적으로 고려되어야 할 대상이다. 현대 대중매체 이론에서 가장 중요하게 다루어지는 이미지의 표준화 문제라든가 시각의 힘과 반복의 결합을 가장 절실하게 보여주는 것이 바로 영화이기 때문이다.

이처럼 우리의 삶은 영화에 의해 창조되고 육성된 이미지에 의해 직접적으로 영향을 받는다. 영화는 우리는 개인이나 집단을 쉽게 인식할 수 있도록 하는 시각적 속기의 유형을 제공하기 때문이다. 따라서 이탈리아인들은 모두 마피아들이며, 프랑스인은 본성이 호색적이며, 독일인은 강인하고 금발이며, 영국인은 달변으로 사람을 현혹하며 품위가 있다. 이러한 이미지는 다른 대중문화에서도 어느 정도 전형적인 것이지만, 특히 영화의 경우, 강력한 시각적 효과 때문에 그 파급효과는 다른 매체와 비교할 수 없었다. 따라서 라디오 드라마를 들을 때나 소설을 읽을 때조차도 사람들은 이러한 묘사들을 영화적 표현으로 영상하한다. 이처럼 영화를 자주 보러 가지 않을지라도 영화가 만들어낸 이미지는 매우 강해서 마음속 형상의 근본을 형성한다.

동시에 영화는 그것의 상업적인 특성으로 인해서 가능한 광범위한 소비자들에 의해서 수용될 수 있는 보편적 소재와 내용을 제공하도록 요구받는다. 따라서 주로 친숙한 소재와 일체감을 가질 수 있는 등장 인물, 그리고 예상할 수 있는 결말이라는 도식적 방식으로 만들어진다. 만일 영화가 당시의 관습에서 너무 벗어난다면 관객들은 그 영화를 이해하지 못할 것이고, 너무 어렵거나 인기 없는 주제를 다루는 경우에도 관객들은 외면할 것이다. 헐리우드 영화가 친숙하고 오래된 플롯에다가 가장 일상적인 소재를 다루는 것은 바로 이러한 이유에서이다. 또한 영화는 사회의 모든 계층의 홍미를 끌었으며, 특히 어린이들에게 인기가 있다는 이유로 사회적 통제의 필요성이 대두되었고, 이리하여 초기부터 부정적 관점에서의 영화의 영향력에 관한 많은 연구가 고무되었다.

## 5. 영화의 심리학

영화는 심리적 차원에서 다른 어떠한 매체보다도 사회구성원들의 '이미지 형성'과 관객 개인의 심리적 발달에 강력한 영향을 미치고 있다. 특히 영화의 관객들은 항상 젊은이들이고, 영화 관람은 근본적으로 집단 행위다. 젊은 관객은 영화에서 관념과 사물을 동일시하며, 또 개인적인 통찰을 제공하는 자기 관찰을 위한 정보를 찾고자 한다. 물론 "잊어버리고 도피하려는 것"과 "시간을 보내려는 것"은 명백히 다른 동기이기는 하지만 이러한 동기들이 영화를 통해서 오락적 욕구의 공허를 충족시키고 동시에 스크린 속의 행위에 몰입함으로써 일상생활의 세계로부터 도피한다는 차원에서 일치하게 된다.

영화매체의 이러한 영향력은 스타 시스템이라는 영화 특유의 제작 방식이 상징적으로 보여준다. 예를 들어서 헐리우드가 열광하는 젊은 관객들의 마음을 끌게 하는 데 가장 크게 작용하는 요인이 이른바 '스타'들이다. 어느 나라에서도 영화 스타가 된다는 것은 그 사회에서의 급격한 신분 상승을 의미한다. 그러나 스타에의 열광이라는 현상은 신분 상승이라는 사회적인 면 이외에도 다른 심리적 요인에서도 설명해야 한다. 그 의도가 무엇이건 간에 스타 시스템은 특정한 시점에서 대중의 특정한 요구에 부합하는 이미지를 제조하기 위한 의식적인 시도이며 동시에 상업적 매체로서의 영화의 대중성을 가장 잘 보여준다. 그런 면에서 에드가 모랭의 지적처럼 "스타 시스템은 자본주의의 한 특수한 제도이며, 스타는 영화라는 상품의 절대적인 품목인 것이다."[20]

물론 영화를 각 개인에게 영향을 미치는 것으로 인식하는 방식에는 그 동안 많은 수정과 변화가 있어 왔다. '직접효과' 이론으로부터 시작하여 각 개인이 영화가 지닌 메시지와 상호 영향을 주고받는 방식에 관한 논의는 많은 논쟁의 대상이 되어 왔다. 그러나 영화를 보러 가는 심리가 사회적 맥락, 영화관의 유형, 그리고 영화가 지닌 내용의 유형과 같은 요소들의 다양성과 관계가 있다는 것은 이미 알려진 사실들이다. 따라서 영화 관람의 경험은 영화서사에 집중하도록 하는 테크닉을 기꺼이 무시하고자 하는 성향과 관련된다. 영화산업에서는 영화 관객의 심리학을 어떤 특정 영화의 효과를 측정하는 데, 그리고 새로운 작품에 대한 흥미를 유발시키는 데에 이용한다.

관객의 기대와 충족 사이의 상호 작용에 기초한 모델로 영화 관람을 이해할 수 있는 강력한 실례를 제공하였다. 간단히 말해 관객들은 어떤 특정 영화를 보러 감으로써 즐거움을 얻고자 하는 그들의 욕망이 어느 정도 충족될 것이라고 믿는다. 배우나 이야기와의 긴밀한 동일시의 요청, 사교적인 접촉의 욕망, 오락의 욕구 또는 추위나 더위를 피하려는 단순한 희망은 모두 영화를 보러 가는 정당한 이유들이다. 그러나 여기에는 확실히 그러한 이유들 이상의 것이 있다. 그것은 영화가 우리 영혼의 좀더 깊은 곳을 두드리기 때문이다. 그것들은 계속해서 생생한 이미지를 제공하고, 우리

20) 에드가 몰랭, 『스타』, 이상률 역, 문예출판사, 1992, 137쪽.

의 꿈을 자극한다. 영화는 불가사의한 사회・문화적 실체이고, 덧없음에서 헤어나게 하는 오락형식이고, 때때로 시간을 초월하는 유희이며, 사회변혁에 관심을 가진 사람들에 의해 흔히 무시되는 사회적 세력이다. 영화는 실제에 있어 보기보다 훨씬 더 많은 것을 함축한다. 영화는 완벽한 남자와 여자의 이상형을 창조할 수 있고, 또는 이상적인 생활 양식에 대한 의제를 제공하기도 하는데, 이 모든 것은 의식하지 못하는 사이에 관객들에 의해 받아들여진다.

여기서 주목할 것은 영화를 대하는 수용자의 태도이다. 영화를 수용함에 있어 대중은 여론 선도자(opinion leader)의 지도를 받기도 하지만, 나름대로의 잣대를 갖고 평가하고 난 후 특정 영화 현상에 대해 수용 혹은 저항의 태도를 취한다. 자신이 처한 물질적 조건과 생활방식 등에 따라 다양한 방식으로 영화를 수용하고 해독하는 것이다. 이 과정 속에서 문화적 헤게모니가 수립된다. 영화를 수용하는 과정에서 대중은 각 집단의 속성이나 물질적 조건 등에 따라 그 넓은 스펙트럼 상의 어느 한 지점에 해당하는 대응을 보이게 되는데, 이러한 집단 특유의 해독과 변용의 형태가 각 집단의 독특한 특성을 반영하는 하위 문화를 구성하고, 지배 문화에 의식적, 무의식적 대응을 하게 된다. 즉 하위 문화는 지배 문화의 '지배 메커니즘'과 하위 집단의 '저항 메커니즘'이 일정한 수준에서 타협한 결과인 것이다. 문화적 헤게모니는 이러한 과정 속에서 수립되고 수정된다. 지배 문화는 하위 집단의 저항적 에너지를 부분적으로 수용하면서 지배 문화의 헤게모니를 유지한다. 그러나 중요한 것은 그것이 일방적인 '지배'의 관철이 아니라 헤게모니 과정이라는 점, 하위 집단의 저항적 에너지를 일정하게 수용함으로써 이미 '순수하게' 지배적이지 못하다는 점이다.

## 6. 학문의 대상으로서의 영화

그럼에도 예술적 장르로서의 영화에 대한 회의적인 태도는 학문적 대상으로서 영화에 대한 연구에도 영향을 끼쳤다. 미국을 비롯한 서구에서는 60, 70년대에 이르러 비로소 영화에 대한 본격적인 연구가 가능하게 되었다. 일반적으로 독특한 연구방법에 의해서 특정 대상에 대한 학문적 관심과 특별한 목적과 결합될 때 학문의 정체성이 가능한데, 오랫동안 오락적 매체로서만 이해된 영화의 경우에는 자체의 고유한 방법론이 존재하지 않았고, 따라서 기존하는 방법과 새로운 방법의 결합을 통해서만 영화라는 대상에의 이해가 가능하게 되었다. 그렇기 때문에 다른 복합적인 매체들이 그러하듯이, 영화는 그 메시지의 특성을 이해하기 위해서 다학문적(multidisciplinary)인 그리고 상호 학문적(interdisciplinary)인 관점—구조주의 기호학, 마르크스주의, 정신분석학, 페미니즘 등—이 요구되었다.

접근 방법의 이러한 다양성, 즉 상이한 영역에서의 이러한 비체계적인 접근은 필연적으로 충돌과 갈등을 보여주었다. 이것이 하나의 독립된 학문분야로 정립하려고 했던 초기의 몇몇 이론가들의 노력에도 불구하고 영화가 그 학문성을 인정받지 못했던 이유중의 하나이다. 그리고 특히 미국에서처럼 영화를 대중문화와 대중매체의 한 양상으로만 이해하려고 할 경우, 영화의 고유성과 그 호소력은 미학적 측면보다는, 대량으로 생산, 유통되는 커뮤니케이션이라는 측면에서만 계속 찾을 수밖에 없는 것이다.

결론적으로 대상에의 관심과 연구가 그 자체의 예술성보다는 상업성에 집중된 것이 이 영화매체의 근본적인 특징이자 한계이며, 이러한 경향은 앞에서도 언급했듯이 영화를 후기 산업사회의 다양한 징후의 분석을 위한 텍스트라고 이해하는 70년대 이후에 와서 더욱 두드러졌다. 이러한 관점에서 본다면 영화는 가치 평가를 떠난 사실 분석의 근거로 충분히 제시될 수 있는 것이다. 물론 이러한 정치경제학적 혹은 정보기호학적 접근은 비단 영화뿐만 아니라 대중문화 전체에 해당되는 방법이지만, 매체의 특성상 영화가 이러한 방법의 가장 유효한 수단이 된다는 점에서 이러한 접근방법은 계속될 것이고, 그 유효성도 계속 확인될 것이다.

# 3장. 사이버 문화

## 1. 현실과 환상

### 1) 가상공간

영화 「토탈리콜」[21)]은 2084년 지구에서 노동으로 살아가는 주인공 더글라스가 자신의 현재의 삶이 타인의 기억을 이식한 가짜라는 것을 깨달으면서부터 사건은 시작된다. 그는 어느 날 멋진 추억을 두뇌에 이식시켜 주는 사업을 전문으로 하는 리콜 회사를 찾아가 화성에서 첩보원으로 활약하는 추억을 고른다. 이 과정에서 그는 현재 자신의 기억들이 대부분 가짜라는 것을 깨닫게 된다. 아내와 8년간의 결혼 생활에 대한 기억도 모두 가짜로 주입된 것이며, 그의 아내는 그를 감시하기 위한 비밀 요원이었다는 것을 알게 된다. 그의 진짜 기억이 지워지고 대신 가짜 기억이 그의 두뇌 속에 주입되었던 것이다. 그는 정체 불명의 사나이들에게 계속 쫓기면서 자신의 진짜 기억들을 되찾아 가게 된다. 그 과정에서 그는 결국 자신의 기억을 위조한 악의 세력들을 응징하게 된다.

이 영화에서는 자신이 가보지 않았던 공간을 실제로 간 것처럼

---

21) 「토탈 리콜 total recall」은 네덜란드 출신의 폴 버호벤 감독이 1991년에 발표한 영화이다. 아놀드 슈왈츠제네거와 샤론 스톤, 마이클 아이언사이드 등이 출연하였다. 이 영화는 미국의 작가인 필립 K. 딕이 1966년에 발표한 소설 『도매가로 기억을 팝니다』를 원작으로 삼아서 만든 영화이다.

느끼게 하고, 또 그것을 기억 속에 심어 주고 있는데, 어느 것이 진짜 현실인지 알 수 없도록 만들고 있다. 우리들의 기억까지도 사고 파는 상황에서 알 수 있듯이 현실은 조작과 가변이 가능한 것이라는 메시지를 이 영화는 보내고 있다. 어디까지가 현실이고 어디까지가 환상인지 분간하기 어렵게 한다.

현대사회는 지식정보의 사회이다. 하루가 다르게 발전하고 있는 정보 통신기술은 종래 우리의 전통문화를 변화시키고 있을 뿐만 아니라 개인의 정체성까지 변화시키고 있다. 이러한 현대 과학기술의 총아가 컴퓨터이며, 컴퓨터를 통한 인터넷은 매우 빠른 속도로 확장되어가고 있으며, 그것은 날이 갈수록 우리들의 삶에 매우 중요한 의미를 가지면서 침투하고 있다.

인터넷의 가상공간을 사이버 스페이스라고 하는데, 이 명칭은 미국의 대표적 사이버펑크 작가인 윌리엄 깁슨(William Gibson)이 1984년에 출간한 디스토피아 소설인 『뉴로맨서 Neuromancer』에서 처음 사용하였다. 그 후 이 개념은 전자 통신망 사용자들에 의해 즉각적으로 받아들여져 가상공간을 가리키는 말로 사용되게 되었다.

그러므로 사이버 공간은 컴퓨터를 통해 세계적으로 긴밀하게 연결됨으로써 형성되는 커뮤니케이션의 새로운 공간이다. 그것은 디지털 커뮤니케이션의 물적 인프라를 지칭할 뿐만 아니라 정보의 바다, 그리고 그 공간에 자료를 공급하고 항해하는 인간들까지 포함하는 개념이다.[22] 이같이 사이버 공간은 컴퓨터들이 전지구적으로 상호 연결됨으로써 열려진 공간이기 때문에 그것은 보편적인 생체 전자적 환경(universial bioelectronic environment)이고,

22) 피에르 레비, 『사이버 문화』, 김동윤·조준형 역, 문예출판사, 2000, 32쪽.

그 중요한 기능은 컴퓨터의 다양한 자원을 원거리에서 접근할 수 있다는 것에 있다.

사이버 공간은 새로운 접속자들과 새로운 정보들로 공간이 확장되면 될수록 더욱 더 보편적이 된다. 그래서 정보세계에서는 획일적이거나 전체주의적인 성격은 점차 없어지게 된다. 이와 같이 인터넷은 정보와 기계 그리고 인간의 상호 연결을 지향함으로 점점 더 보편화된다. 사이버 문화의 가치는 보편성에 있다.

사이버 문화는 이같이 보편성을 추구하지만, 사이버 공간의 특성은 철저하게 개인적인 영역이다. 그리고 또한 사이버 공간은 사용자가 자신의 의지대로 능동적으로 참여할 수 있는 공간이다. 지금까지 우리가 사용해 오고 있는 대중매체의 소통방법은 하나의 정보가 동일한 시간대에 많은 사람들에게 전달되는 체계였다. 이러한 특성으로 인하여 일방적이고 획일화된 지식 주입과 여론 형성이 용이하였다. 그 결과 대중들은 도식화된 정보를 수용할 수밖에 없어 꼭두각시화될 수 있는 가능성이 있었다. 그러나 사이버 공간에서의 정보의 사용 주체는 바로 접속자 자기 자신이 된다.

사이버 공간에서는 자신이 원하는 정보를 자기 스스로 찾고 향유한다. 또 한편 그러한 정보를 상대방과 공유할 수 있다. 사이버 공간에서는 정보가 더 이상 소수에 의해 독점되어 주도되거나 지배되지 않는다.

사이버 공간은 이같이 대화형이고, 쌍방향적이며, 탈중심적이라는 특성을 갖고 있다. 사이버 공간에서 제공되는 모든 지식과 아이디어는 수요자의 요구에 따라 기본적으로 현실화될 수 있는 잠재력과 가상성을 가지고 있다. 수요자는 구매라는 수동적인 입장에만 머무르는 것이 아니라 사이버 공간을 구축하면서 창의적 생산 활동에 참여하는 역할을 동시에 갖게 된다.[23]

이와 같이 인터넷은 개인 각자에게 한없이 열려진 지식 정보의 세계로 우리를 인도하고 있다. 사이버 공간에서의 지식과 정보는 그 세계에 들어가는 모든 사람들에게 공유된다.

## 2) 가상현실

가상현실(virtual reality)이란 아직 명확한 정의가 내려져 있는 개념은 아니지만, 그것은 대체적으로 "컴퓨터로 창조된 인조 공간 Cyberspace에서 인간이 현실감을 느끼는 것"이라고 말할 수 있다. 즉 컴퓨터 시뮬레이션을 통해 마련된 3차원 그래픽 환경으로서, 마치 실제 현상을 체험하듯이 가상적인 경험을 할 수 있게 구성된 인조 환경[24]이 가상현실이다. 가상현실을 가장 실감나게 표현한 것은 영화 「론머 맨」이다. 그 내용을 살펴보면 다음과 같다.

가상현실을 이용하여 인간의 두뇌를 개발하는 프로젝트를 연구해 온 천재 과학자 래리 엔젤로는 미국 정부 비밀 기관의 재정 지원을 받아 가상현실 기술을 연구한다. 그가 책임진 제5 프로젝트 프로그램은 동물의 공격 본능을 자극하는 약물과 가상현실을 이용하여 새로운 전쟁 무기를 만드는 것이었다. 그렇지만 그의 본래 의도는 가상현실을 이용하여 인간의 삶을 유익하게 만드는 데 있었다. 그런데 실험 대상인 침팬지에게서 공격 본능이 나타나고, 침팬지가 우리를 뛰쳐나와 사살되는 사고가 발생하자, 엔젤로는 비밀기관에서의 연구를 포기하고 집으로 돌아온다.

---

23) 피에르 레비, 같은 책, 18쪽.

24) 김동중 · 김종현 · 정찬종, 『섹슈얼리티로 이미지 읽기』, 인간사랑, 2000, 289쪽.

그러나 그는 가상현실 기술을 완성하겠다는 일념으로 남의 집 잔디를 깎아 주는 정원사이자 정신 지체아인 조브라는 청년을 다시 자신의 연구 대상으로 하여 실험을 계속한다. 그는 가상현실을 이용하여 조브의 지능을 향상시키기 위해 두뇌를 자극하는 약물과 가상현실 프로그램을 사용하고, 이 연구를 다시 비밀기관 연구소로 옮겨 진행한다. 조브의 놀라운 지적 능력을 목격한 비밀기관 사람들은 엔젤로 몰래 연구 프로그램 내용을 변경하여 공격성의 증대를 도모한다. 지능이 극도로 발달하고 공격성까지 극대화된 조브는 평소 그를 무시했거나 못살게 한 사람들에게 복수한 뒤, 스스로 지력 향상 약물을 과다 투약하여 무시무시한 악의 화신으로 둔갑하여 네트워크 속으로 빨려 들어가게 된다.

「론머 맨 The Lawnmower Man」은 가상현실의 붐이 전세계적으로 크게 일어나던 시기인 1992년도에 제작되었다. 이 작품은 가공의 현실을 마치 실제 있는 것처럼 느낄 수 있도록 한 가상적인 영상기법으로 인간세계의 환상을 해부하고 있다. 「론머 맨」이 가상현실의 원리는 뇌의 제어에 있다. 즉 우리가 어떤 환경에서 느끼는 감각의 70%는 뇌에서 느끼는 것이라는 원리를 응용한 것이다. 인간의 정신과 신체에 무한한 능력의 컴퓨터를 결합하여 그러한 목적을 이루고 있는 것이다.

이같이 가상현실은 가상적인 현실을 창조해 낸다는 뜻을 가진 개념으로 컴퓨터가 창조해낸 디지털 세계에 사람이 들어가서 마치 현실과 같이 생생한 체험을 하게 할 수 있는 기술이라 할 수 있다. 윌리엄 깁슨의 『뉴로맨서』에서는 가상현실을 "컴퓨터 네트워크상에서 참가원들이 서로 말하고, 듣고, 접촉할 수 있는 세계"로 표현하고 있다.

가상현실이라 할 때 가상(virtual)이라는 말에는 적어도 정보과학과 관련된 기술적인 의미, 일반적인 의미, 철학적 의미라는 세 가지 의미가 포함되어 있다. 철학적 의미에서 가상이라는 것은 실제적인 것이 아닌 잠재적 힘으로만 존재하는 것, 즉 이것은 힘과 문제의 영역으로 현재화를 통해 해결되는 경향을 갖는다. 가상은 실질적 혹은 형식적 구체화의 이전 단계에 있는 것이다. 철학적 의미에서, 가상은 분명히 현실의 매우 중요한 차원이다. 그러나 일반적인 의미에서 가상이라는 말은 흔히 비현실을 나타내기 위해서 사용된다. 현실이라는 것은 물질적인 구현, 감지할 수 있는 모습을 가정하기 때문이다.[25] 일반적으로 가상현실이라 할 때에는 이 세 가지 의미가 복합되어서 나타난다.

가상현실이라는 개념은 1960년대 마이런 크루거(Myron Kreuger)가 가상환경(Virtual Environment)이라는 개념을 도입하면서 소개되었다. 그후 가상현실은 인공지능, 컴퓨터 그래픽 분야에서의 연구를 거쳐 1980년대 초반 윌리엄 깁슨, 브루스 스터링(Bruce Sterlling)과 같은 사이버펑크(Cyberpunk) 작가들의 문학에서 사용되기 시작하면서 일반화된 개념이다.

사이버펑크란 공상과학 소설의 하위 장르를 말한다. 사이버펑크라는 용어는 브루스 베프키(Bruce Bepkie)의 단편에서 처음 사용되었다. 전자 Cyber와 반항족 Punk의 합성어인 사이버펑크는 “고도로 발달된 전자사회에서 나타나는 사회의 소외인들”을 나타내는 말이다. 원래 사이버펑크는 자신들만의 문화에만 탐닉하는 사람들로 해커들이 그 대표적인 부류라 할 수 있다. 최근에는 광의로 “전자 기술의 발달에 의해서 파생되어 생기는 문화”를 지칭하

25) 피에르 레비, 같은 책, 74쪽 참조.

게 되었다.

사이버펑크 운동은 1980년대 중반 대안문화와 기술의 교차점에 서있는 자의식적인 하위문화로 나타났다. 그것은 공상과학과 보헤미안 분위기의 융합을 대표하며, 사회 비판적이고 부패한 체계에 저항한다. 또한 그것은 모습을 드러내지 않는 부패한 체계에 맞서 반란을 일으키는 개인주의적 영웅을 불러내었고, 인간에 대한 새로운 이해를 가져오는 가상현실을 상상하고 있다.[26] 이러한 의미에서 보면 컴퓨터와 인터넷이 결합된 사이버 문화는 기성문화에 대항하는 저항문화의 소산임을 알 수 있다.

사이버펑크 문학에서 시작된 이러한 가상현실의 세계를 사실적인 모습으로 나타내고 있는 것은 「론머 맨」과 같은 영화이다. 영화에서는 가상현실을 실재적인 것처럼 나타내기 위해서 가상현실 도구들인 컴퓨터 그래픽으로 표현된 인공 세계나 가상현실을 접하는 데 사용되는 데이타 슈트(data suit), 아이폰 등을 사용하고 있다.

영화에서의 이러한 가상현실의 표현은 곧 현실에 있어서도 우리들이 컴퓨터가 창조해 낸 가상적인 환경에 아이폰(eye phone)이나 파워 글러브(power glove)라는 장비를 착용한다면 체험 가능하다는 것을 말해준다. 아이폰은 머리의 움직임에 따라 영상의 변화를 출력하는 헬멧처럼 생긴 장치로 컴퓨터 그래픽 영상을 입체적으로 볼 수 있게 해준다. 파워 글러브에는 압력을 전달하는 센서가 부착되어 있어 가상공간에서의 대상물의 촉감을 느끼게 해준다. 그렇게 함으로써 탐색자는 데이터 베이스에 의해 규정되는 상황에 빠져들어 가는 듯한 입체적인 느낌을 받을 수 있다. 이러

26) 홍성태, 『사이버공간, 사이버문화』, 문화과학사, 1999, 270쪽 참조.

한 시뮬레이션을 통하여 환상과 현실이 혼란을 일으킬 수 있다.

실제로 가상현실 프로그램을 통한 원격현전이나 텔레딜도닉스 그리고 인공장기를 갖춘 사이보그 등의 등장은 곧 구체화될 것으로 보인다. 이것을 보드리야르는 "모든 실재가 코드라는 하이퍼 리얼리티, 시뮬레이션이라는 하이퍼 리얼리티에 흡수되고 말았다. 이제는 실재의 원리가 아니라 시뮬레이션의 원리가 사회생활을 지배하고 있다."라고 표현하고 있다.

시뮬레이션이란 실제적 사건이나 과정을 컴퓨터나 기계 등을 이용해 사실과 거의 비슷하게 재현해 내는 것을 일컫는 말이다. 시뮬레이션은 사이버 문화가 가져온 새로운 인지 방식 가운데 중심을 차지한다. 시뮬레이션은 사유 경험을 사유화하는 방법으로서 태동하는 사이버 문화의 고유하고 특수한 인지 양식이다.[27] 그리고 시뮬라크라란 바로 이런 시뮬레이션을 통해 재현된 것을 지칭한다. 시뮬레이션은 개인적 상상력을 키우고, 모델이 아무리 복잡하더라도 공통되는 정신모델을 집단적으로 공유·협의하고, 세련화하는 모종의 지적 기술이다. 시뮬레이션은 고정된 이미지들이나 텍스트 또는 수치표가 아닌, 복합적인 내적 다이나믹스와 관련된 단기적인 기억을 위한 지원이다.

시뮬레이션은 사이버 공간에서의 지식 생산과 정보 전달의 중요한 기능을 담당한다. 시뮬레이션은 현실을 드러내는 데 목적이 있는 것이 아니라 마치 우리가 실제적인 상황에 처한 것처럼 느끼게 만들면서 인간의 상상력을 자극하는 데 사용된다. 오늘날 시뮬레이션은 과학 기술 영역의 모든 부분에서 사용되고 있을 정도로 과학적 연구, 산업적인 구상, 경영, 학습활동, 게임의 영역 등에서

27) 피에르 레비, 같은 책, 230~231쪽.

그 역할이 커지고 있다.

가상세계는 일반적인 세계와는 다른 법칙에 의해 지배되는 상상이나 가상의 물리적인 환경을 시뮬레이션할 수 있다. 탐색자는 자신의 일상적인 물리적 모습과는 매우 다른 가상 이미지를 스스로 만들 수 있다. 시뮬레이션은 현실과 환상을 착각하게 만든다. 이러한 내용을 가장 잘 보여주는 작품이 영화 「매트릭스」이다. 이 영화는 컴퓨터가 지배하는 가상 세계를 배경으로 하고, 이것에 저항하는 인간과의 대결을 그린 SF 액션물이다.

2199년 인공 두뇌를 가진 컴퓨터(Artificial Intelligence)가 이 세상을 지배한다. 인간은 가축처럼 인공 자궁에서 재배되어 에너지원으로 활용된다. 사람들의 몸은 매트릭스 밖 인체 공장에서 사육되고, 정신은 몸을 정상으로 살찌우기 위해 매트릭스 안에서 살고 있다. 인공 두뇌를 가진 컴퓨터에 의해 뇌세포에 매트릭스라는 1999년의 가상현실 프로그램을 입력 당한 인간은 매트릭스 프로그램에 따라 평생을 1999년의 현실로 살아간다. 프로그램 안에 있는 동안 인간의 뇌는 인공 두뇌를 가진 컴퓨터의 철저한 통제를 받는다. 인간이 보고 느끼는 것들은 항상 그들의 검색 엔진에 노출되어 있고, 인간의 기억 또한 그들에 의해 입력되고 삭제된다.

이러한 가상현실 속에서 진정한 현실을 인식할 수 있는 인간은 없다. 매트릭스 밖은 가상현실의 꿈에서 깨어난 인간들이 생존해 있는 곳이다. 한편 매트릭스를 움직이는 인공 지능에 대항하는 모피스를 리더로 한 일단의 해커들은 인공 두뇌를 가진 컴퓨터의 인큐베이터에서 탈출해 인류의 구원자를 찾아 나선다. 그들의 당면 목표는 인류를 구원할 영웅을 찾아내는 것이었다. 그들은 인공 두뇌를 가진 컴퓨터 통제 요원들의 삼엄한 검색망을 뚫고 매트릭스 안에 들어가 드디어 오랜 동안 찾아 헤매던 구원자 네오를 발견한다.

유능한 컴퓨터 프로그래머인 네오는 낮에는 평범한 회사원이지만, 밤에는 유능한 컴퓨터 해커다. 그는 사이버 공간에서의 매트릭스에 대해 의문을 품고, 그 정체를 알아내려고 노력한다. 네오는 모피스와 그의 동료인 매혹적인 여인 트린에게서 매트릭스에 대한 단서를 얻는다. 매트릭스의 실체를 추적해 나가는 네오는 마침내 또 다른 숨겨진 세계, 즉 매트릭스 밖의 우주를 만나 가상현실의 꿈에서 깨어난다. 그리고 인공 두뇌를 가진 컴퓨터에게 양육되고 있는 인간의 비참한 현실을 확인한다. 매트릭스를 탈출한 네오는 모피스의 도움으로 컴퓨터 프로그램 훈련을 통해 사이버 전사로 거듭 태어난다. 한편 모피스의 동료 중 사이퍼는 기계들의 끊임없는 위협과 공격으로 인한 두려움을 견디지 못하고, 다시 매트릭스 안의 가상현실로 들어가기 위해 동료들을 배신한다. 네오와 모피스 일행이 매트릭스 안에 잠입한 사이 사이퍼는 광케이블을 교란시켜 그들이 매트릭스에서 빠져 나올 출구를 봉쇄해 버리고 만다. 네오 일행은 엄청난 괴력을 지닌 해커 제거반과 사투를 벌인다.

매트릭스(matrix)는 우리말로 자궁을 뜻하는데, 영화에서는 영화 속의 배경이 되는 가상공간을 가리키는 말로 사용되고 있다. 이 가상공간은 인공 컴퓨터가 인간을 지배하고 통제하는 곳인데, 이곳에 사는 사람들은 이 사실을 조작된 기억 탓에 모르고 있다.

사이버 공간 안에서 사람들이 경험하는 체험은 사실보다 더 생생하다는 점에서 허구는 아니다. 그것은 신화가 단순히 허구가 아니라 고대인들의 그들 나름의 가치관이 묘사되어 있는 것과 같다.

신화의 세계와 사이버 공간은 모두 허구와 진실을 구별하는 것이 무의미한 환각 체험을 제공한다. 환각이란 대응하는 외부 자극 없이도 어떤 모습이나 소리를 실재하는 것처럼 듣고 보는 체험이다. 현실이 매트릭스라는 사이버 공간이기 때문에 네오는 꿈과 현실이 뒤엉킨 느낌을 갖게 된 것이다.

현실이 꿈이 되고 꿈이 현실이 되는 이런 류의 전형적인 이야기는 고대 중국의 고전『장자』에 있다.『장자』에 보면

> 전에 장주는 꿈에 나비가 되었다. 훨훨 나는 것이 분명히 나비였다. 스스로 즐겁고 뜻대로인지라 장주인 줄 알지 못했다. 그러다가 조금 뒤에 문득 깨어보니 분명히 장주였다. 장주가 꿈에 나비가 된 것인지 나비가 꿈에 장주가 된 것인지 알지 못하겠다. 장주와 나비는 반드시 구분이 있을 것이니 이를 물화(物化)라고 한다.[28]

라고 하고 있다. 이 이야기는 유명한 '호접몽'인데, 원래의 뜻은 보통 사람들은 꿈과 현실, 나와 나비를 구분한다. 그러나 진리를 터득하게 되면 그러한 구별이 없어지게 되고 모든 것이 하나로 된다. 즉 모순과 대립이 없어지고, 꿈도 현실이고, 인간도 나비로 물화될 수 있다는 것이다.

환각 체험은 무의식의 영역에 속한다. 정신 분석학자 융에 의하면 무의식은 백지가 아니라 원시 이미지를 저장하고 있다고 한다. 그러므로 현대인의 마음속에도 환각 체험의 가능성은 잠재해 있다. 가상현실은 실제는 아니지만 현실감 있는 가상의 공간을 제공한다. 영화 속의 가상현실은 다소 허구적인 측면이 없는 것은 아니지만, 경험하지 않는 공간을 실제로 경험한 것처럼 느끼게 하고,

---

28)『莊子』,「齊物論」.

또 기억에 심어준다.

우리들이 현재 체험할 수 있는 가상현실에는 몰입형 가상현실과 데스크탑 가상현실이 있다. 몰입형(Immersive) 가상현실이란 데이터 글러브, HMD[29] 등 특수한 장비를 사용한 가상현실 시스템이다. 그것은 5가지 감각을 감지할 수 있는 센서들과 가상 환경을 시뮬레이트해 주는 기계들로 구성된다. 현재의 가상현실 기술은 시각, 청각, 후각, 미각, 촉각 등 우리들의 다섯 가지 감각의 측정과 제어에 초점을 맞추는 수준이다.

데스크탑(Desktop) 가상현실이란 PC상에서 가상현실을 구현하는 것을 말한다. 이 경우는 PC용 3차원 입체 그래픽과 간단한 안경 형식의 장치인 고글(Goggle)을 착용함으로써 그 실현이 가능하다. 3차원 게임들은 이미지적인 요소를 강조한 가상현실의 초보적인 형태라 말할 수 있다. 이 경우는 몰입형 가상현실에 비해 상대적으로 몰입감이 떨어진다. 가상현실을 제대로 구현하기 위해서는 장갑이나 헬멧만으로는 부족하다. 온몸의 움직임을 그대로 재현해 주는 데이터 옷이나 3차원 입체 레이저 입력장치 등이 필요하다. 혹은 이런 역할을 대신해 주는 시뮬레이트라는 장치를 사용하기도 한다.[30]

가상현실이 응용되는 분야는 다양한데, 데이터의 시각화, 모의 군사훈련 등과 같은 시뮬레이션 분야, 실내 자동차 운전 등과 같

29) HMD Head-Mounted Display는 가상현실의 컴퓨터 영상을 보기 위해 머리에 쓰는 것과 같은 기구를 총칭하는 말이다.

30) 개인용 컴퓨터에서 사용되는 가상현실은 크게 3부분으로 나뉠 수 있다. 첫 번째는 개인용 컴퓨터와 입체 안경을 사용하는 방식이고, 두 번째는 데이터 장갑과 헤드셋을 사용하는 방법, 세 번째는 보다 전문적인 장비를 사용하는 방법을 들 수 있다.

은 교육분야, 의료분야, 오락분야, CAD/CAM 분야, 원격 조정 및 위험한 환경에서의 작업 등에 사용되고 있다.

## 2. 사이버 문화

과학 기술의 발달 특히 인터넷의 발달은 계급, 민족, 국가와 성을 초월한 새로운 전자적 컴뮤니티를 구성하는 단계에까지 도달하였다. 그것으로 인해 오늘날 인류는 인종과 계급, 시간과 공간의 제약과 문화의 차이를 넘어 전지구적으로 통합되고 있다. 그런데 과학 기술의 발달은 인간 해방이라는 정기능적인 역할도 하지만, 기계에 대한 인간의 예속이나 인간성 상실의 역기능도 가지고 있다.

사이버 문화는 디지털 테그놀로지에 의해 구성되는 상호 관계의 문화이다. 그것은 사이버 공간 속에서의 실천, 기술, 가치, 행동 등을 구성요소로 한다. 디지털 테크놀로지가 인간의 기어, 상상력, 지각, 사유 능력을 함양하는 데 결정적인 역할을 하고 있기 때문에 사이버 공간은 단지 소통뿐만 아니라 디지털정보 수단을 매개로 하는 사회적·인지적 활동의 총체를 포함하고 있다.

또한 사이버 문화는 상호 연결, 가상공동체의 창조, 공동의 지적 자산이라는 세 가지 원칙을 가지고 있다. 사이버 문화는 고립보다는 연결을 선호하며 관계성을 중시한다. 사이버 문화의 기술적 지평은 보편적 커뮤니케이션이며, 이를 통해 지구상의 모든 컴퓨터가 연결될 수 있게 한다. 이것은 인류를 국경 없는 연속체로 구축하고, 정보의 바다 한가운데서 인간 존재와 사물들을 동일한 대화형 의사 소통의 구조 속으로 들어가게 한다. 그리고 상호 연결에 의해 가상공동체가 형성 발전된다. 하나의 가상공동체는 접속자들 각자의 이해 관계와 관심사, 지식의 친연성이나 공동의 기획에 바탕을 두면서 서로 공조하고, 교환하는 과정 속에서 구축된다. 가상공동체는 지역이나 국가라는 영토가 없고, 수평적 평등 관계에 있으며, 상호 자유로운 인간 관계를 구축한다. 이러한 상호 접속이나 가상공동체를 통해서 공동의 지적자산이 형성된다.

사이버 문화를 지탱하는 이들 세 가지 원칙들은 상호 밀접하게 연관되어 있다. 상호 연결 없이는 가상공동체도 없고, 사이버 공간의 가상화나 탈영토화 없이는 대규모의 공동 지적자산의 구축도 불가능하다. 상호 연결은 가상공동체를 조건지우고, 가상공동체는 잠재적인 상태의 공동 지적자산을 구성한다.[31]

이같이 사이버 문화는 현대 과학기술이 가져온 기계화, 정보화의 산물이다. 거기에는 인간 해방이라는 정기능적인 역할과 인간성 상실이라는 역기능적인 문제를 동시에 포함하고 있다. 정보 과학기술의 발전이 우리들에게 무한한 지식과 정보의 세계로 이끌어 우리들의 삶의 질을 높여준 점은 분명 정기능적인 역할이다. 그렇지만 그것은 다른 한편에서는 인간성 상실, 음란물의 범람, 윤리 부재 등과 같은 여러 가지 역기능적인 병폐를 낳고 있다.

인터넷은 성에 대한 다양한 정보를 제공하고 있는데, 그러한 성에 대한 정보가 반드시 부정적인 것만은 아니다. 사이버 공간에서의 성의 추구도 인간의 성적 욕구 충족의 본능에서 나온 것이기 때문에 성에 대한 다양한 정보의 공개는 지금까지 금기되었던 성에 대한 관심을 사회 공론의 장으로 이끌어 내는 데 큰 역할을 하였다. 그렇지만 그러한 긍정적인 측면이 있음에도 불구하고 무절

31) 피에르 레비, 같은 책, 179~187쪽 참조.

제한 음란물의 범람 등에서 보는 것과 같이 현실적으로 부정적인 측면이 더 많은 것이 사실이다.

그런데 디지털 과학기술은 인간의 육체적인 성욕마저도 사이버 공간에서 달성될 수 있는 길을 열어놓고 있다. 바로 가상현실에서의 사이버 섹스가 그것이다. 시뮬레이션은 테크놀로지가 인간의 육체와 감정에 침입하는 도구인데, 가상현실이 만들어 내는 시뮬레이션 중 가장 인기 있는 것은 사이보그와 사이버 섹스라 할 수 있다.[32)]

사이버 섹스라는 말은 두 가지 정의가 가능하다. 첫째는 인터넷과 같은 사이버 공간 안에서 이루어지는 포르노 등과 같은 섹스산업을 자유롭게 향유하는 것을 말한다. 둘째는 가상현실이라는 기술적 발전에 의해 실제의 성행위는 아니지만 실제 행위를 하는 것처럼 다섯 가지 감각으로 체험하는 섹스를 말한다.[33)]

우리가 일반적으로 사이버 섹스라고 일컫는 것은 두 번째 경우이다. 이 경우의 사이버 섹스는 과학 기술과 에로티시즘의 결합 즉 네트워크 기술, 디지털 이미지 프로세싱 기술, 그리고 가상현실 기술의 결합에 의해서 가능하다. 다시 말하면 사이버 섹스는 가상현실 테크닉을 이용한 인터랙티브 멀티미디어와 결합된 원격통신을 이용하여 비육체적 접촉이 가능해지고, 거기에 소리와 이미지와 행위까지를 결합하는 다차원의 감각이 소통되게 되면 가능하다는 것이다. 그것은 최첨단 고글과 움직임을 감지하는 body suit의 장비를 갖추면 가상현실에서 섹스를 즐길 수 있다는 것이다.

---

32) 사이보그는 반은 인간 반은 기계이다. 이것은 기계적인 형태로 제조되는 것이 아니라 유기적인 유전적 과정을 통해 조작(복제)되는 안드로이드와는 구분된다.

33) 김동중 · 김종현 · 정찬종, 같은 책, 288쪽 참조.

정보고속도로가 개통되고 시각, 청각, 촉각 등 오감을 구비한 원격 조정 시스템이 연결되면 이 시스템에 의해서 지구상의 어느 누구와도 대면 통신을 하면서 성적인 접촉까지 주고받을 수 있다. 이른바 원격 성교 텔리딜도닉스(teledildonics)가 실현될 것으로 전망된다.[34]

텔리딜도닉스는 딜도닉스에서 비롯되었다. 딜도닉스는 음파를 사용하여 사람의 성감대를 자극하는 장치를 가리키기 위해서 만들어진 말이다. 텔리딜도닉스가 실현되면 3차원의 특수안경을 쓰고 감촉이 느껴지는 보디 슈터 안으로 몸을 밀어 넣은 다음 전화 다이얼을 돌려 수천마일 떨어진 곳에 있는 상대를 불러내어 바로 옆에서 속삭이고 애무하면서 성행위를 즐길 수 있다.[35] 이것이 가능한 것은 우리들의 성감대의 90%는 대뇌의 상상에서 나오며 단지 10%만이 신체 접촉으로 이뤄지기 때문이다. 따라서 직접적인 육체 접촉이 없는 사이버 섹스로도 얼마든지 성적 쾌감을 느끼고 오르가즘에 빠져 들 수 있다는 것이다.

가상현실에서의 사이버 섹스는 SF 영화에서 이미 등장하고 있다. 예를 들면 「데몰리션 맨 Demolition Man」이나 「론머 맨 Lawnmower Man」, 「타임 캅 Time Cop」 등이 그것이다. 이들 영화에서는 남녀가 실제로 육체적 섹스를 하는 대신 자극을 교류하는 센서와 전극, 환상을 일으키는 아이폰과 같은 컴퓨터 섹스 시스템을 이용하여 원격 섹스를 한다. 「타임 캅」에서는 버튼을 눌러서 가상의 상대에게 접근해 섹스를 하는 간단한 사이버 섹스가 등장한다. 사이버 섹스의 전형은 「론머 맨」이나 「데몰리션 맨」에서

34) 텔리딜도닉스는 텔리 섹스, 사이버 섹스, 버추얼 섹스, 디지텔 섹스와 거의 같은 의미로 사용된다.

35) 이인식, 『성이란 무엇인가』, 민음사, 1998, 300~301쪽 참조.

볼 수 있다.

「론머 맨」에서는 주인공 조브 스미스와 젊은 여성 사이의 가상 섹스가 상대 여성에게 정신적 상처를 주어 영원한 충격 상태에 남게 한다. 가상현실에서 그들이 허구의 섹스를 즐길 때, 현실과 육체의 경계가 무너지고, 성적 친밀성이 붕괴되어 매우 난폭해지게 된다. 이 영화에서는 가상의 성 경험이 현실의 성 경험보다 더 강력할 것이라는 점을 말해주고 있다.

「데몰리션 맨」에서는 주인공 실베스터 스탤론과 산드라 불럭이 마치 컴퓨터 게임을 하듯 헬멧을 쓰고 자연스럽게 마주앉아 가상현실이 제공하는 자극적인 영상에 사로잡혀 사랑을 나눈다. 가상 섹스를 위한 장치는 뇌 속에 자리한 쾌락의 중추를 전기로 자극하여 그들을 섹스의 쾌락으로 인도한다. 이 영화에서는 육체적인 성행위도 묘사되고 있는데, 양자의 비교를 통해 육체를 통한 성적 즐거움이 사이버 섹스보다 더 좋은 것이라는 결론을 내리고 있다.

이같이 사이버 섹스는 우리들의 성문화에 일대 변화를 가져올 수 있다. 육체적 접촉과 영혼의 교감을 동반하는 전통적인 애정행위를 비육체적인 사이버 섹스가 대체할 수 있을까 하는 의문이 들지 않는 것은 아니지만, 만약 이것이 실현된다면 우리의 성문화에 엄청난 변화를 초래할 것임은 틀림없다.

사이버 섹스를 포함한 인터넷 상에서의 성에 대한 문제는 성을 사회적 담론의 장으로 만들었다는 긍정적인 측면보다는 부정적인 측면이 훨씬 더 많이 제기된다. 인터넷은 누구나 쉽게 접속 가능하다는 점에서 그것이 청소년에 미치는 영향은 매우 심각한 문제로 등장하고 있다.

또한 사이버 공간은 주로 익명성에 의존하기 때문에 접속자 개인 각자의 윤리의식이 희박해지게 된다. 사이버 공간의 특성상 사이버 공간 안에서 개인의 정체성은 언제나 바뀔 수 있다. 이것은 사이버 공간 안에서는 개인 자신의 정체성은 그리 중요하지 않다는 의미이다. 그러므로 현실에서의 윤리적 규범은 여기서는 크게 문제되지 않는다. 사이버 공간에서의 성 윤리의 붕괴가 현실세계에 있어 기존의 성에 관한 보편적인 윤리와 금기를 무너뜨릴 수도 있다는 것에 문제의 심각성이 있다. 즉 사이버 공간에서의 비윤리적인 행위가 현실에서 그대로 적용될 위험성은 항상 잠재하고 있는 것이다.

사이버 섹스의 긍정적인 면으로는 그것이 성 기능의 장애를 극복하게 할 수 있고, 임신의 두려움이나 에이즈와 같은 무서운 질병의 공포로부터 해방될 수 있으며, 또 성의 정체성으로 인한 남녀간의 불평등도 없앨 수 있다고 말해진다. 또한 사이버 섹스는 여성들에게 임신과 출산의 고통이 없는 그야말로 남녀 평등의 세계를 맞이할 수 있다고 주장되기도 한다.

그렇지만 사이버 섹스가 보편화되어 인간의 종족 보존도 육체적인 접촉 없이 인공적으로 수정하여 생산해 내게 된다면, 그것으로 인해 여성들의 고유한 정체성이 소멸될 가능성도 있다. 가족의 해체는 물론이고, 지금까지 우리들이 추구해 왔던 전통적인 도덕적 가치관의 혼란과 붕괴도 자명하다.

지식 정보과학의 발달은 마땅히 인간 중심의 사회 건설에 그 초점을 맞추어야 한다. 그럼에도 불구하고 지식 정보과학의 사회로 나아가는 과정에서 나타날 수 있는 여러 가지 문제점들은 인간의 존엄성과 인간의 본래의 가치를 위협하고 있고, 도덕적 혼란을 초래하고 있다. 이러한 도덕적 혼란을 극복하기 위해서는 도덕적 규범에 바탕을 둔 건전한 사이버 문화의 창출이 필요하다. 과학 기술문명의 발달은 인간을 인간답게 만드는 데 그 목적이 있지 비인간화하는 데 목적이 있는 것이 아니다.